# 打印设备产业
# 专利竞争格局分析

张秋月　王延晖　蓝　娟　杨雄文 ◎ 著

知识产权出版社
全国百佳图书出版单位
—北京—

**图书在版编目（CIP）数据**

打印设备产业专利竞争格局分析/张秋月等著. —北京：知识产权出版社，2025.1.
ISBN 978-7-5130-9534-1

Ⅰ. D923.424

中国国家版本馆 CIP 数据核字第 2025UD2972 号

**内容提要**

打印机行业技术和市场高度集中，行业专利壁垒森严，近年来，产业竞争已经进入全方位的产业链竞合阶段。本书聚焦打印设备产业，以产业规划类专利导航为工具，梳理出打印设备产业国内外的竞争态势，从专利角度分析产业发展方向和喷墨打印技术发展路线，结合中国打印设备产业的基础与发展需求，重新审视产业比较优势，提出相关建议。本书适合国家相关政府职能部门、知识产权管理部门、高校师生与企业研发人员阅读参考。

责任编辑：张利萍　　　　　　　　责任校对：潘凤越
封面设计：杨杨工作室·张冀　　　　责任印制：孙婷婷

## 打印设备产业专利竞争格局分析

张秋月　王延晖　蓝娟　杨雄文　著

| | | | |
|---|---|---|---|
| 出版发行： | 知识产权出版社有限责任公司 | 网　　址： | http://www.ipph.cn |
| 社　　址： | 北京市海淀区气象路 50 号院 | 邮　　编： | 100081 |
| 责编电话： | 010-82000860 转 8387 | 责编邮箱： | 65109211@qq.com |
| 发行电话： | 010-82000860 转 8101/8102 | 发行传真： | 010-82000893/82005070/82000270 |
| 印　　刷： | 三河市国英印务有限公司 | 经　　销： | 新华书店、各大网上书店及相关专业书店 |
| 开　　本： | 720mm×1000mm　1/16 | 印　　张： | 15.25 |
| 版　　次： | 2025 年 1 月第 1 版 | 印　　次： | 2025 年 1 月第 1 次印刷 |
| 字　　数： | 240 千字 | 定　　价： | 86.00 元 |
| ISBN 978-7-5130-9534-1 | | | |

出版权专有　侵权必究
如有印装质量问题，本社负责调换。

# 前言
*PREFACE*

随着科技的迅猛发展，一方面我国进入新发展、新机遇阶段，另一方面各产业也在技术发展和运行中面临新环境、新要求、新矛盾、新挑战。党的二十大报告指出，完善科技创新体系，坚持创新在我国现代化建设全局中的核心地位。深化科技体制改革，加强知识产权法治保障，形成支持全面创新的基础制度。知识产权事业是党和国家事业的有机组成部分，在新时代作为国家发展战略性资源和国际竞争力核心要素的作用更加凸显。

打印机行业技术和市场高度集中，且行业专利壁垒森严，至今全球掌握自主核心技术且有制造能力的厂商不超过十家，主要为中美日企业。同时，打印机是计算机外设的重要组成部分，能够直接接触和处理计算机系统的数字信息资料，是核心信息数据输入及输出的重要设备，在信息安全领域重要性极高。中国是全球打印机的最大市场，打印机国产化提升空间巨大。近年来，打印设备及耗材产业已进入成熟与缓慢增长期，产业竞争已经进入全方位的产业链竞合阶段。我国产业在经历长期高速增长之后，从速度到质量的转变已经成为产业持续健康发展转型升级的必然要求。

在这一背景下，开展打印机产业规划类专利导航，有助于重新审视产业比较优势，制定新的产业发展路线。打印设备产业作为珠海市重点发展产业之一，珠海市知识产权保护中心在市知识产权局的指导下高度重视与关注产业发展，积极组织开展"珠海市打印设备产业专利导航分析"项目，这为中国打印设备产业大力集聚产业要素资源，提升打印设备产业链综合竞争力，建立创新驱动体系，提高自主研发能力提供了重要参考。华智数创（北京）科技发展有限责任公司承担了该项目的具体研究工作，基于产业规划类专利导航系列国家标准《专利导航指南　第3部分：产业规划》（GB/T 39551.3—2020）展开了相关研究。本书是在该研究成果基础上，继续充实相关材料并完善有关内容所完成的。书稿由张秋月编著大纲及各章节要点，并负责书稿审定和修改；张秋月、王延晖、蓝娟、杨雄文负责全书撰写和统稿；张秋月负责对书中产业现状、产业竞争格局发展方向、喷墨技术发展路线中涉及的关键问题进行把关；王莉莎、黄杰莹、赵冰、庞鑫、张思远等负责书中部分数据整理、图表绘制工作。相较于产业竞争格局分析相关著述，本书聚焦打印设备产业，以产业规划类专利导航为工具，梳理出打印设备产业国内外的竞争态势，尤其从专利角度分析打印设备产业技术发展路线，结合中国的打印设备产业的基础与发展需求，提出了相关建议。需要说明的是，出于对书籍内容普适性和产业安全等方面的考虑，出版内容主要包含产业发展方向、产业头部城市对比以及对全国打印设备企业具有一定借鉴意义的外国企业技术分析等，并不完全包括项目实际完成的全部内容。

项目研究过程中，得到了国家知识产权局和广东省相关政府部门领导、政策专家、法律专家、技术专家以及珠海市耗材行业协会和相关企业行业专家的宝贵意见和建议，在此一并表示感谢！

本书主要面向国家相关政府职能部门，以及打印设备企业的知识产权管理部门与人员，也可以为对产业发展和专利导航感兴趣的企事业单位、信息情报分析、技术研发、行业协会、专利联盟等及其相关人员，以及希望了解打印设备产业专利状况及其发展与应对的读者提供一些参考。

产业发展的内容很多，打印设备产业也有其专业性与特殊性。因作者学术水平所限，其中的缺点、错误在所难免，敬请广大读者批评指正。另外，本书试图博采众家之长，吸收和借鉴了地方知识产权管理部门、珠海市耗材行业协会和企业等单位前辈和同仁的一些研究成果，在这里深表谢意，对所引用的各种论述尽可能一一注明其来源。但旁征博引甚多，难免有所遗漏，敬希有关作者见谅！

# 目录
CONTENTS

**第一章　打印设备产业与专利导航**　　001

第一节　专利导航概述 / 001

　　一、专利导航的作用与意义 / 001

　　二、专利导航的定义与场景 / 003

　　三、产业规划类专利导航的思路与方法 / 006

第二节　打印设备产业专利导航 / 008

　　一、打印设备产业发展历史 / 008

　　二、打印设备产业的重要性 / 014

　　三、专利对打印设备产业的控制力 / 016

第三节　打印设备产业专利导航研究说明 / 016

　　一、研究内容 / 016

　　二、研究方法 / 017

**第二章　打印设备产业现状**　　026

第一节　全球市场竞争格局 / 026

一、产业发展 / 026

　　二、产业集聚 / 032

　　三、市场控制 / 035

第二节　中国打印市场竞争格局 / 039

　　一、产业发展 / 040

　　二、产业集聚 / 045

　　三、市场控制 / 047

## 第三章　从专利看打印设备产业竞争格局　　051

第一节　传统打印市场竞争格局 / 051

　　一、专利整体概览 / 052

　　二、专利申请态势 / 054

　　三、全球打印设备市场主要分布国家/地区 / 059

　　四、技术原创实力强劲的国家/地区 / 061

　　五、技术实力突出的创新主体 / 064

　　六、国内各省市在打印设备产业的专利布局状况 / 075

第二节　3D 打印市场竞争格局 / 077

　　一、专利整体概览 / 078

　　二、专利申请态势 / 079

　　三、全球 3D 打印设备市场主要分布国家/地区 / 081

　　四、技术原创实力强劲的国家/地区 / 085

## 第四章　从专利看打印设备产业发展方向　　093

第一节　全球打印设备产业发展方向 / 093

　　一、全球打印设备产业结构动态变化 / 093

　　二、全球打印设备产业专利协同创新 / 098

　　三、打印设备产业投资热点 / 103

　　四、打印设备产业专利运营状况 / 106

五、打印设备产业发展方向 / 111

第二节　传统打印产业发展方向 / 112
　　一、传统打印领域 2018—2022 年的专利申请热点 / 112
　　二、传统打印强国/地区的专利布局热点 / 114
　　三、传统打印产业协同创新热点 / 116
　　四、传统打印产业研发方向热点 / 117

第三节　3D 打印产业发展方向 / 119
　　一、3D 打印领域 2018—2022 年的专利申请热点 / 119
　　二、3D 打印强国/地区的专利布局热点 / 120
　　三、3D 打印产业协同创新热点 / 121
　　四、3D 打印产业研发方向热点 / 123

## 第五章　专利视角下的喷墨打印技术发展路线　　125

第一节　早期喷墨打印技术路线分析 / 126
　　一、Teletype 公司的技术路线 / 126
　　二、A·B·迪克公司和录像射流系统国际有限公司的技术路线 / 129
　　三、Hertz Carl Hellmuth 的技术路线 / 135

第二节　佳能公司喷墨打印技术路线分析 / 138
　　一、20 世纪七八十年代喷墨打印技术路线 / 138
　　二、20 世纪 90 年代喷墨打印技术路线 / 142
　　三、21 世纪喷墨打印技术路线 / 150

第三节　惠普公司喷墨打印技术路线分析 / 155
　　一、通过调节出墨情况改善打印质量的方法 / 155
　　二、打印头电镀涂层技术 / 158
　　三、打印头背压调节方式 / 162
　　四、各类喷墨打印头结构和制造方法 / 166
　　五、打印头阀组件的改进 / 171
　　六、打印头供墨系统 / 172
　　七、打印头电路制造 / 175

八、打印头清洁方法 / 179
　　九、打印机温度控制及纸张干燥 / 181
　　十、打印头墨槽制造 / 184
第四节　精工爱普生喷墨打印技术路线分析 / 185
　　一、20世纪60年代至80年代喷墨打印技术路线分析 / 187
　　二、20世纪90年代喷墨打印技术路线分析 / 193

## 第六章　我国打印设备产业的发展建议　　　　　　　　201

第一节　从专利看国内传统打印产业结构调整路径 / 201
　　一、国内传统打印重点城市专利情况 / 201
　　二、重点城市传统打印产业结构分布 / 205
第二节　从专利看国内3D打印产业结构调整路径 / 207
　　一、国内3D打印重点城市专利情况 / 208
　　二、重点城市3D打印产业结构分布 / 209
第三节　从专利来看打印企业发展路径 / 211
　　一、佳能对于我国打印设备企业的启示 / 212
　　二、惠普对于我国打印设备企业的启示 / 220
　　三、Stratasys公司对于我国打印设备企业的启示 / 227

**结　语　　　　　　　　　　　　　　　　　　　　　　232**

# 第一章 打印设备产业与专利导航

创新驱动发展离不开理念、机制与方法模式的创新，产业发展和技术创新需要借助科学的手段。专利导航是一种运用专利信息资源的重要手段，将产业规划类专利导航应用在打印设备产业，能够明晰打印设备产业的发展方向、确定打印设备产业在全球和中国的发展定位，提出有针对性与建设性的产业发展举措。

## 第一节 专利导航概述

### 一、专利导航的作用与意义

在全球化日益深化的大背景下，知识产权作为技术要素与资本要素融合发展的价值载体和产权纽带，已经成为国家基础性战略资源，日益对全球生产、流通、分配、消费活动以及经济运行机制、社会生活方式和国家治理能力产生重要影响。全球范围内，运用知识产权信息推动经济发展、完善社会治理、提升政府服务和监管能力正在成为趋势。坚持创新驱动发展，加强知识产权运用，深化专利导航工作，成为稳增长、促改革、调结构、惠民生和推动政府治理能力现代化的内在需要和必然选择。

从世界科技发展大势看，新一轮科技革命和产业变革正在重构全球创新版图，重塑全球经济结构。数字经济新产业、新业态和新模式的发展为专利信息这一特质数据资源的能量释放带来了新的机遇。充分利用专利信息优势，实现专利数据规模、质量和应用水平同步提升，发掘和释放专利数据要素的潜在价值，有利于更好地发挥专利数据要素的战略作用，有效提升产业竞争力和创新发展水平。[1]

专利导航正是为适应日益复杂的国际产业竞争环境和国内产业转型升级的需要应运而生的。通过对专利所承载的技术、法律、市场等多方面的信息进行深入挖掘和综合分析，专利导航可以全面、准确地揭示产业的竞争格局和动态，在专利信息资源利用和专利分析的基础之上，把专利运用嵌入产业技术创新、产品创新、组织创新和商业模式创新之中。对政府而言，专利导航以大数据为视角，能够对相关产业规划、发展态势及发展过程中存在的优势与不足实现科学准确的洞察分析。对企业而言，专利导航依托大数据分析，可帮助快速找到研发方向，明晰专利风险与专利运营路径，提高效率且降低成本。专利导航作为知识产权制度在中国的重大创新实践，通过试点探索、深入运用以及落地实施，取得了显著成效。[2]

2012年9月，国家知识产权局党组以立足全局的战略眼光和锐意开拓的创新精神，敏锐洞察创新发展大势，提出专利导航的理念并专题研究决定开展专利导航探索试点工作。这项决定对于充分发挥知识产权的引领作用，推动创新驱动发展具有深远意义，标志着中国特色知识产权制度的理论和实践在专利信息运用方面进入新的发展阶段，开启了知识产权与经济发展深度融合的新征程。

2013年4月，国家知识产权局发布《关于实施专利导航试点工程的通知》，首次正式提出专利导航是以专利信息资源利用和专利分析为基础，把专利运用嵌入产业技术创新、产品创新、组织创新和商业模式创新，引导和支撑产业实现自主可控、科学发展的探索性工作。随后国家专利导航试点工程

---

[1] 国家专利导航试点工程研究组. 专利导航典型案例汇编［M］. 北京：知识产权出版社，2020.

[2] 国家知识产权局知识产权运用促进司. GB/T 39551《专利导航指南》系列标准解读［M］. 北京：中国标准出版社，2022.

面向企业、产业、区域全面铺开,专利导航的理念延伸到知识产权分析评议、区域布局等工作,并取得明显成效。①

2020年7月,《国务院关于促进国家高新技术产业开发区高质量发展的若干意见》印发,明确提出"支持以领军企业为龙头,以产业链关键产品、创新链关键技术为核心,推动建立专利导航产业发展工作机制"。同年7月,工信部联合国家知识产权局等十七部门联合印发了《关于健全支持中小企业发展制度的若干意见》,提出"强化专利导航工作机制"。在政策的推动之下,专利导航将成为未来产业创新、技术创新的一支重要的新引擎。

## 二、专利导航的定义与场景

专利导航是指在宏观决策、产业规划、企业经营和创新活动中,以专利数据为核心深度融合各类数据资源,全景式分析区域发展定位、产业竞争格局、企业经营决策和技术创新方向,服务创新资源有效配置,提高决策精准度和科学性的新型专利信息应用模式。②

区别于其他决策方法和传统专利信息分析,专利导航具有自己的基本特征。具体包括以下几个方面:

以专利数据为基础。专利数据是专利导航的基本信息元素,也是专利导航在信息来源上区别于其他决策方法的最核心特征。专利数据具有高度的信息集成性,包含技术、法律、市场等多维度综合信息,具有其他类型数据难以达到的高度契合性,可以高效率、高质量地挖掘创新决策支撑信息。

以精准建模为方法。专利导航理念的开放包容性是与传统专利信息分析的显著区别。根据具体的应用需求,可以构建面向不同运用场景的逻辑模型;根据不同的逻辑模型,可以有针对性地设定数据采集的数量、维度及精确度等边界参数。

以价值最大化为目标。通过构建专利数据与作为"催化剂"的其他多维

---

① 参见《国家知识产权局办公室关于加强专利导航工作的通知》(国知办发运字〔2021〕30号)。
② 参见《专利导航指南 第1部分:总则》,2020年11月9日发布,2021年6月1日实施。

度数据的连接，专利导航不断拓展专利数据挖掘的深度和广度，促进供给产业创新发展决策信息的价值最大化，从而在专利信息价值最大化的基础上实现产业创新资源配置效益的最大化。

专利导航在探索运用中，已经形成了区域规划类、产业规划类、企业经营类、研发活动类和人才管理类五种具体应用场景。这五类专利导航的定义如下。

（一）区域规划类专利导航

区域规划类专利导航是以服务不同层级的区域性经济载体的创新发展为基本导向，以专利数据为基础，通过建立包括多种知识产权数据、科教数据、经济数据等多维度数据的关联分析模型，深入解构区域创新发展竞争力及区域创新资源与发展实际之间的科技、企业及产业匹配度等关键问题，针对区域发展定位、区域发展方向及区域资源优化布局等区域规划的基本问题提供决策支撑的专利导航活动。

（二）产业规划类专利导航

产业规划类专利导航是以服务特定区域的特定产业创新发展为基本导向，以专利数据为基础，通过建立包括专利数据、产业数据、创新主体数据、政策环境数据等多维度数据的关联分析模型，深入解构专利链和产业链的互动关系以及产业发展中的专利控制力等关键问题，针对特定产业的发展方向、特定区域特定产业的当前定位及发展路径等产业规划的基本问题提供决策支撑的专利导航活动。

（三）企业经营类专利导航

企业经营类专利导航是以服务企业经营发展的各类活动为基本导向，以专利数据为基础，通过建立包括专利数据、技术数据、产品数据、市场数据等多维数据的关联分析模型，深入解构企业发展所处的竞争环境、竞争风险、竞争机遇等关键问题，针对企业战略制定、投融资活动、研发创新、产品保护等多样化具体经营活动提供相应决策支撑的专利导航活动。

## (四) 研发活动类专利导航

研发活动类专利导航是以服务技术或产品研发的全流程或特定环节为基本导向，以专利数据为基础，通过建立专利数据、科教数据、产品数据、市场数据等多维数据的关联分析模型，深入解构研发活动或其特定环节所面临的研发环境、研发风险、研发机遇等关键问题，针对研发活动的研发方向确定、研发风险规避、研发路线优化、研发资源配置等基本问题提供决策支撑的专利导航活动。

## (五) 人才管理类专利导航

人才管理类专利导航是以服务人才的综合管理为基本导向，以专利数据为基础，通过构建专利数据、科技数据、企业数据、信用数据、市场数据等多维数据的关联分析模型，深入解构特定领域创新型人力资源分布及流动与专利、科技、企业及市场活动的互动关系等关键问题，针对人才遴选方向、人才综合评价、人才引进风险等具体活动提供决策支撑的专利导航活动。[①]

从实施对象来看，区域规划类专利导航主要面向政府部门，为区域创新发展决策提供支撑，成果可以作为产业规划类专利导航的前置输入和重要参考；产业规划类专利导航主要面向政府部门和行业组织，为产业创新发展决策提供支撑，成果可以作为企业经营类、研发活动类和人才管理类等专利导航的前置输入和重要参考；企业经营类专利导航主要面向各类企业，内容涵盖了企业市场化运营活动中的投融资活动、产品布局、技术创新等应用场景。同时，研发活动、人才管理等类别专利导航主要面向有此类需求的各类主体。这两类专利导航可以单独实施，也可以组合实施，还可以被区域规划类、产业规划类、企业经营类专利导航引用，作为其组成部分。随着今后工作实践的深入和扩展，专利导航的应用类型将会进一步丰富和完善。

---

① 国家知识产权局知识产权运用促进司. GB/T 39551《专利导航指南》系列标准解读 [M]. 北京：中国标准出版社，2022.

## 三、产业规划类专利导航的思路与方法

在经历长期高速增长后，从速度到质量的转变已经成为我国产业持续健康发展的必然要求。在产业转型升级的过程中，传统的各类要素资源已经不可能无限制地被用来消耗或者投入，以技术创新为代表的要素资源逐渐成为产业创新发展的重要驱动力。而专利制度作为与技术创新关联最密切的制度设计之一，应当在产业创新发展中发挥出对创新资源优化配置的中游制度供给作用。

作为最先探索形成的一类专利导航，产业规划类专利导航是以服务特定区域的特定产业创新发展为基本导向，以专利数据为基础，通过建立包括专利数据、产业数据、创新主体数据、政策环境数据等多维度数据的关联分析模型，深入解构专利链和产业链的互动关系以及产业发展中的专利控制力等关键问题，针对特定产业的发展方向、特定区域特定产业的当前定位及发展路径等产业规划的基本问题提供决策支撑。在产业规划类专利导航的实施过程中，应当紧扣产业创新发展需求，坚持问题导向、目标导向和结果导向，贯彻实施《专利导航指南》系列国家标准，强化专利导航工作支撑体系，促进专利导航成果服务应用，提高专利导航产业发展的质量效益，将专利导航工作推向深入，助力提升知识产权治理能力和治理水平，有力支撑知识产权强国建设。

专利导航活动的开展包括项目启动、项目实施、成果产出、成果运用和绩效评价等不同部分。其中，项目启动环节包括确定项目负责人、进行需求分析、组建项目团队和制定实施方案等内容；项目实施环节一般包含信息采集、数据处理、专利导航分析等流程（见图1-1）；成果产出包括可支撑决策的分析结论，可以以分析书或数据集等形式呈现；成果运用环节应建立成果运用工作机制，根据实际情况选择一种或多种途径应用专利导航的决策建议；绩效评价环节确定评价主体，选择适宜的评价方法，对专利导航项目成果运用的采用程度、社会效益或经济效益等绩效进行评价。

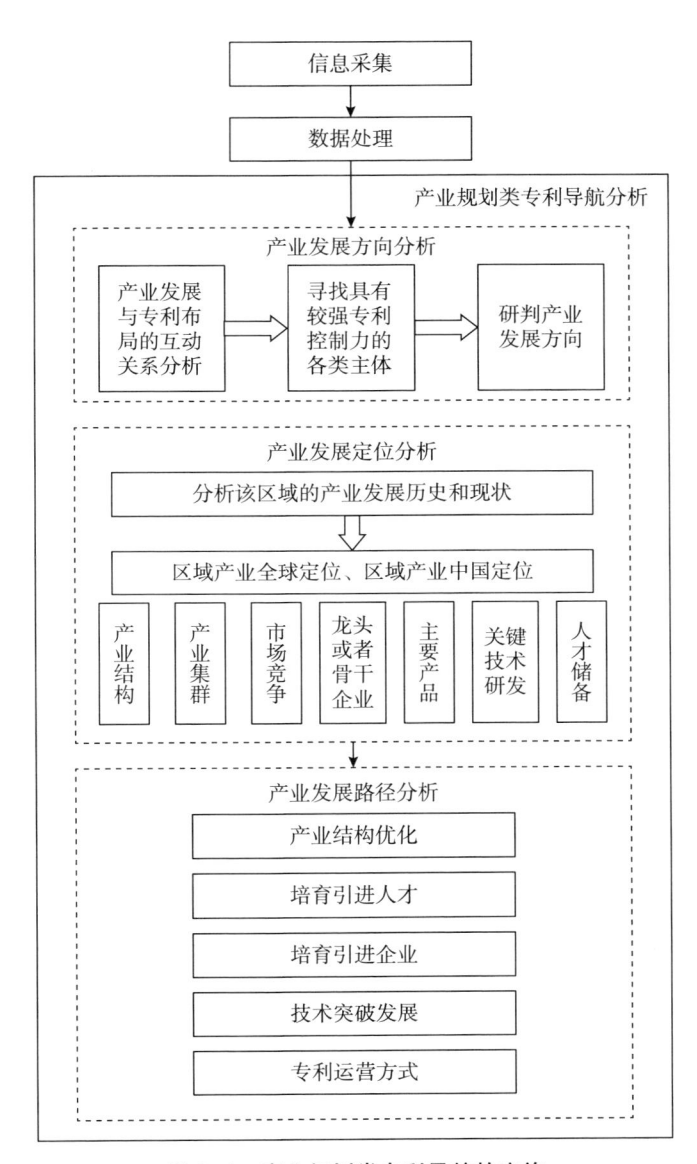

图 1-1　产业规划类专利导航的实施

## 第二节　打印设备产业专利导航

打印设备产业是指生产制造各种类型打印设备及其耗材的产业。这个产业涵盖了产品设计、原材料采购、生产制造、软件开发、销售维护等各个环节。按照打印原理不同，打印设备可分为针式打印机、喷墨打印机、激光打印机和 3D 打印机等类型。随着计算机和信息技术的不断进步，打印设备产业不断创新发展，其应用领域和服务场景不断拓展和升级，也为整个产业带来了更多的商机和挑战。

### 一、打印设备产业发展历史

打印机作为电子计算机的输出设备之一，其发展史大致可分为传统打印阶段和近现代 3D 打印阶段。传统打印阶段以二维打印为主，最早的打印机被设计用于打印文本和图像。随着时间的推移，喷墨打印、激光打印和点阵打印等技术逐渐崭露头角，可以在短时间内处理大量的数据，打印出更高质量的文档和图像。随着技术革命的推进，3D 打印技术已然能实现打印范围三维化，通过使用 CAD 软件或 3D 扫描仪等方式使复杂零件的制造变得更加容易和快捷，应用前景日益广阔。打印技术的发展历史是一个不断创新和变化的过程，并且随着科技的进步和需求的不断变化，打印技术也将继续发展和拓展。

#### （一）传统打印

打印机是将电子计算机处理的结果打印在相关介质上的设备。自问世以来，打印设备不断朝着高速度、高清晰度、高效率、低成本的方向发展，以提高打印机的性能和稳定性作为发明改进方向，最终形成了以针式打印机、喷墨打印机和激光打印机为主的传统打印机类型（见图 1-2）。

第一章　打印设备产业与专利导航

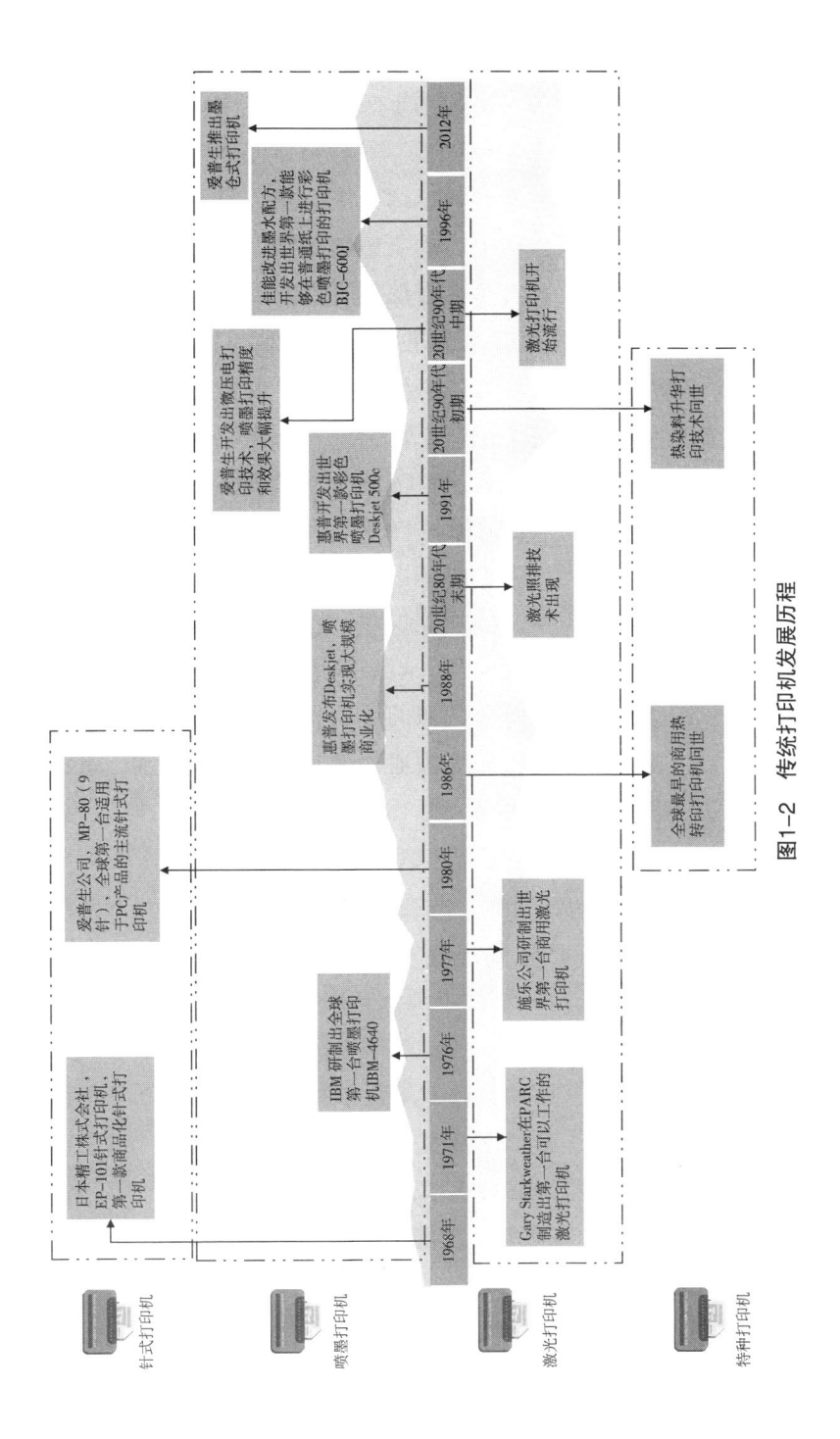

图1-2　传统打印机发展历程

针式打印机是利用打印钢针组成的点阵来表示打印内容的，所以又可称为点阵式打印机。它的特点是结构简单、耗材价格低、使用寿命长、打印内容丰富、可以打印字符。只要有各种字体的汉字点阵库，再有相应的打印驱动程序，针式打印机就可以打印出各种字体的汉字。针式打印机在打印机发展史上占据着重要的地位，尤其是在打印机技术发展的初期，更是统领着整个打印机市场。1968年9月由日本精工株式会社推出EP-101针式打印机，被人们誉为第一款商品化的针式打印机。1978年，爱普生公司发布了TP-80针式打印机（7针），产品大获好评。1980年，MP-80（9针）针式打印机面世，次年在日本的市场占有率即高达60%以上，在美国市场也获得了高度的评价，逐渐发展成为全球第一台适用于PC产品的主流针式打印机。

由于针式打印机不能满足人们对于图像输出的需求，因此喷墨打印机应运而生。常见的喷墨打印机使用热喷墨技术，它的工作原理是通过升温和降温过程产生压力使墨滴经由喷嘴喷出，喷到纸上墨水的多少可通过改变加热元件的温度来控制，最终达到打印图像的目的，打印喷头加热喷射墨水的过程是相当快的，用这种技术的打印喷头通常都与墨盒做在一起，更换墨盒的同时更新打印头，喷墨打印机的特点是体积小、重量轻、噪声低、打印效果好，而且通过复色原理使用彩色墨盒实现了彩色打印。IBM于1976年研制出全球第一台喷墨打印机IBM-4640，并在1980年8月第一次将气泡喷墨技术应用到喷墨打印机Y-80。1988年惠普发布Deskjet喷墨打印机，标志着喷墨打印机实现大规模商业化。20世纪90年代初期，爱普生在压电打印的技术基础之上，开发出微压电打印技术，通过控制电压来有效调节墨滴的大小和使用方式，获得较高的打印精度和打印效果。1991年，惠普在原有单色墨盒的基础之上，开发出世界第一款彩色喷墨打印机Deskjet 500c，开启彩色喷墨打印的历史篇章。不过由于墨水材料特殊，所以当时Deskjet 500c并不能在普通纸上进行喷墨打印。直到1996年，佳能改进墨水配方，开发出世界上第一款能够在普通纸上进行彩色喷墨打印的打印机BJC-600J，改善了热气泡喷墨技术色彩真实性和打印质量低的弊端。2012年爱普生推出了墨仓式打印机，降低了用户在打印耗材上的成本。

激光打印机利用的是电子照相原理，激光束就是一个点，机器控制激光束的开合，使激光照射在印字记录装置上。在印字记录装置上面均匀地涂有静电电荷，被激光打中的地方产生放电现象，这样就形成了静电印刷板。再利用静电复印的原理把有字符的地方吸附上碳粉，印刷到打印纸上，最后把纸张加热定影，输出印字结果。[①] 相较于针式打印机和喷墨打印机，激光打印机具有打印速度快、成像质量高等优点，而且它体积小、重量轻、噪声小，但使用成本相对高昂。因此，虽然激光打印机出现较早，但早期的发展速度并不快。1971 年，Gary Starkweather 在帕洛阿尔托研究中心（Palo Alto Research Center，PARC）制造出第一台可以工作的激光打印机。

1986 年，全球最早的商用热转印打印机问世。热转印是将热与转印介质相结合以制作个性化 T 恤或商品的过程。20 世纪 90 年代初，热染料升华打印技术问世，热染料升华打印机主要用于照片打印，如拍立得等。热转印和热染料升华打印机都是特种打印技术中的一类，如今两者都在生产和生活中发挥着重要的作用。

### （二）3D 打印

3D 打印又称增材制造（Additive Manufacturing，AM）技术，是一种依据三维 CAD 数据通过逐层材料累加的方法制造实体零件的技术。与传统打印不同，3D 打印将打印范围从二维延伸到了三维，打印过程也更为复杂，发展历程如图 1-3 所示。查尔斯·胡尔（Charles W. Hull）在 1983 年发明了世界上第一台 3D 打印机，并将这台机器命名为"SLA-1"。由于当时还没有"3D 打印"的概念和说法，所以查尔斯·胡尔将其功能描述为"快速成型"，即光固化成型（Stereo Lithography Appearance，SLA）技术。

1986 年，查尔斯·胡尔成立 3D Systems 公司，研发出了 STL 文件格式，将 CAD 模型进行三角化处理，成为 CAD/CAM 系统接口文件格式的工业标准之一。同年，美国国家科学基金会（NSF）赞助 Helisys 公司研发出分层实体制造（Laminated Object Manufacturing，LOM）技术，原理是把片材切割并粘贴成型。

---

① 李艳芳. 常见打印机的工作原理及使用分析 [J]. 一重技术，2004（04）.

图1-3 3D打印机发展历程

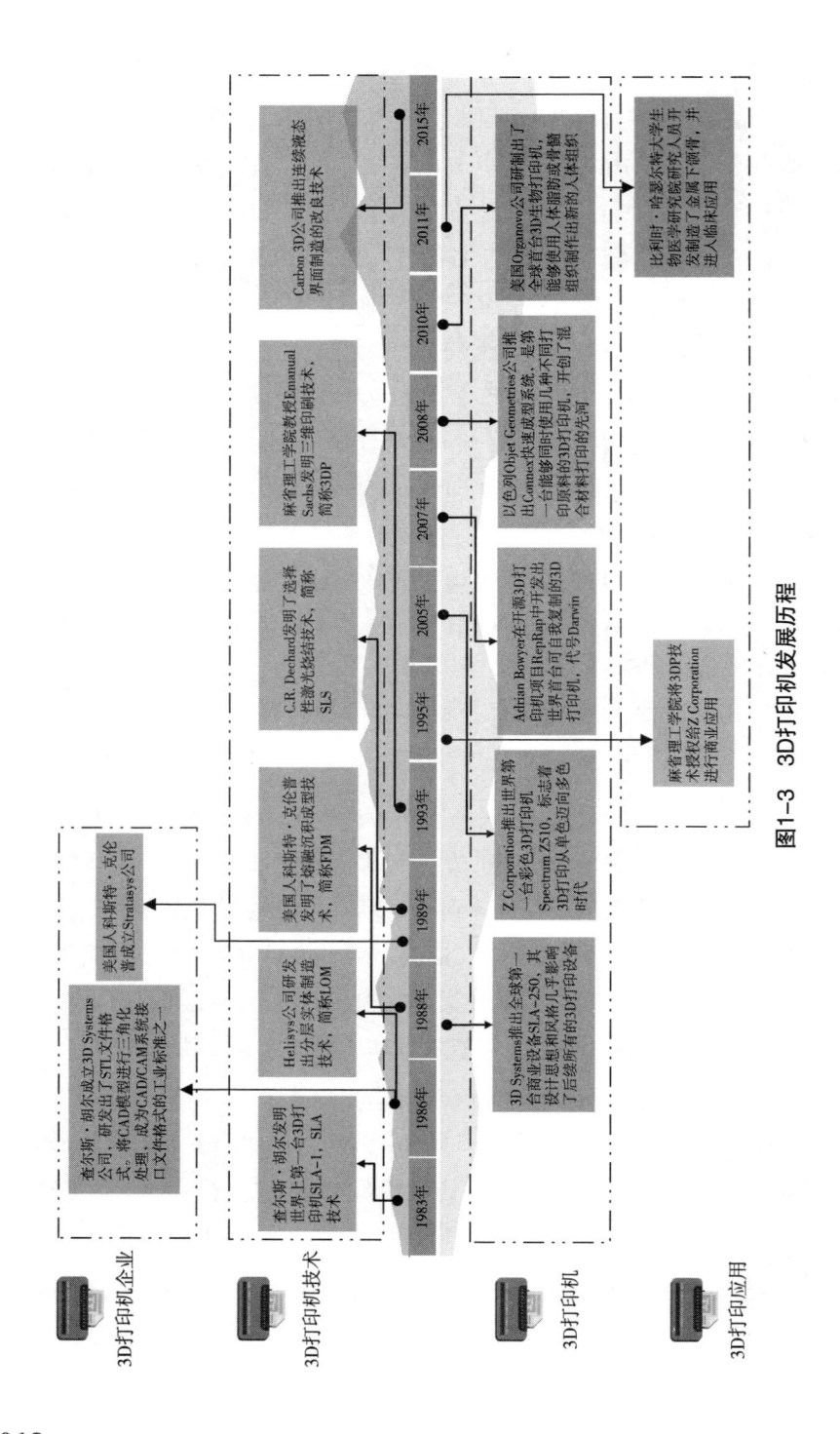

1988 年，3D Systems 公司推出全球第一台商业设备 SLA-250 快速成型机，至此光固化快速成型技术在世界范围内得到了迅速而广泛的应用。SLA-250 快速成型机也成为 3D 打印技术发展史的重要标志，其设计思想和风格几乎影响了后续所有的 3D 打印设备。同年，美国人科斯特·克伦普（Scott Crump）发明了熔融沉积成型（Fused Deposition Modeling，FDM）技术，利用高温把材料熔化后再喷出来重新凝固成型。

1989 年，科斯特·克伦普成立 Stratasys 公司，目前该公司已成为 3D 打印领域世界级公司。同年，美国得克萨斯大学奥斯汀分校的 C. R. Dechard 发明了选择性激光烧结（Selective Laser Sintering，SLS）技术，利用高强度激光将材料粉末烧结，直至成型。

1993 年，麻省理工学院教授 Emanual Sachs 发明三维印刷（Three-Dimensional Printing，3DP）技术，利用黏结剂将金属、陶瓷等粉末黏结在一起成型。两年后，麻省理工学院把这项技术授权给 Z Corporation 公司进行商业应用。

2005 年，Z Corporation 公司推出世界第一台彩色 3D 打印机 Spectrum Z510，标志着 3D 打印从单色开始迈向多色时代。

2007 年，英国巴斯大学的机械工程高级讲师 Adrian Bowyer 在开源 3D 打印机项目 RepRap（基于 FDM 技术）中，成功开发出世界首台可自我复制的 3D 打印机，代号 Darwin（达尔文）。由于是开源的技术，其他人可以任意使用并改造这项技术，于是很多人参与改进，推动了该技术的不断进化，使 3D 打印机变得更为便宜、轻便。全球最大的桌面级 3D 打印机 MakerBot 基于此项技术迅猛发展。

2008 年，以色列 Objet Geometries 公司推出其革命性的 Connex 快速成型系统，它是有史以来第一台能够同时使用几种不同打印原料的 3D 打印机，开创了混合材料打印的先河。

2010 年，美国 Organovo 公司研制出了全球首台 3D 生物打印机，能够使用人体脂肪或骨髓组织制作出新的人体组织，这使 3D 打印人体器官成为可能。

2011 年，比利时·哈瑟尔特大学生物医学研究院研究人员开发制造了金属下颌骨，材料为钛金属粉末，重107g。荷兰医生给一名83岁患者安装了一块用3D打印技术打印出来的金属下颌骨，这是全球首例此类型的手术，也标志着3D打印移植物开始进入临床应用。

2015年，Carbon 3D公司推出一种名叫连续液态界面制造（Continuous Liquid Interface Production，CLIP）的改良技术，从本质上讲，它也是立体光固化成型（SLA）技术的一种。但CLIP技术通过固化-阻聚效应的平衡解决了过快的反应速度很容易使制件和透光板粘连的问题，不仅可以稳定地提高3D打印速度，同时还可以大幅提高打印精度，相对轻松地得到无层面（layer-less）的打印制品。

2022年，澳大利亚莫纳什大学增材制造中心的研究团队联合上海理工大学、中国科学院金属研究所、澳大利亚国立大学、澳大利亚迪肯大学以及美国俄亥俄州立大学利用3D打印技术实现了现有商用钛合金（Beta C合金，国内牌号TB9）力学性能的大幅提升，使其达到现有3D打印金属中最高的比强度，这种强度高于迄今为止报道的所有3D打印钛合金、钢、铝合金以及镍基高温合金。

3D打印技术自问世以来，经历了从单一材料到多材料、从单色到多色、从单层到多层、从制造小件到制造大件等多个发展阶段，应用领域也从最初的工业制造逐渐扩展到医疗、艺术、建筑、电子等多个领域。未来，3D打印技术将进一步发展，实现更高效、更精细、更灵活的制造模式，推动人类生产方式的深刻变革。

## 二、打印设备产业的重要性

打印机是计算机外设的重要组成部分，能够直接接触和处理计算机系统的数字信息资料，是核心信息数据输入及输出的重要设备，因而在信息安全领域重要性极高。打印机泄密途径较多，包括存储器、耗材芯片等，尤其是政府机关，如果使用国外产品，有可能导致信息泄露。中国出于摆脱基础科技产业受制于人的现状和国家信息安全战略考虑，提出"2+8"（党政+八大行业）信息技术应用创新业务体系。自2019年至今，以党政为主的"2+8"

开始全面升级自主化和可控化信息产品，我国信息化建设已经扩展至全面涵盖电子政务、央企、金融、关键基础设施、重大科技等领域，并持续向全行业延伸扩展，国家信息安全战略将促进打印机国产化进程。[①] 只有从芯片、耗材到打印机本身都实现国产化和自主可控，才能从根本上解决打印安全问题。

随着科技的发展和数字化转型的推进，打印设备行业经历了巨大的变革。传统的喷墨打印技术和激光打印技术不断演进，实现了更高的打印质量和速度，逐步形成了不可忽视的技术竞争力。同时，新兴的技术如3D打印、柔性打印等也在不断涌现，为行业带来了全新的应用场景和创新机会。尤其是以增材制造（亦称3D打印）为代表的新制造技术，其基础研究、关键技术、产业孵化等都在快速发展。增材制造技术完全改变了产品的设计制造过程，被视为诸多领域科技创新的"加速器"和支撑制造业创新发展的关键基础技术；驱动定制化、个性化、分布式制造发展，进一步改变了产品的生产模式。尽管我国制造业对于以增材制造为代表的新制造技术大力推广应用，但我国的增材制造技术和产业发展相比世界先进水平仍有差距。国内多数制造企业还处于接触增材制造技术、开展探索应用阶段，没有达到全面掌握、转化应用、创造增量价值的目标，结合国情开展的增材制造技术规划与产业发展研究也不够深入和充分。[②]

打印设备产业作为专利技术壁垒极高的高科技行业，集合激光成像、微电子、精细化工、精密自动控制和精密机械等关键技术，进入门槛较高。目前全球能够设计和制造打印机的国家主要集中在美国、日本和中国。我国各省市根据产业基础和实际情况，不同程度地将打印设备作为重点规模产业集群之一进行发展。与此同时，打印设备与互联网、云计算、物联网等技术的结合，使打印设备能够实现远程打印、移动打印等更加智能化和便捷化的功能。长期来看，随着自动化办公及新环境下家庭和个人打印需求的增长，消费市场规模将呈现持续扩大态势，使用量也将保持增长趋势。

---

① 广州圆石投资. 国产打印机发展进入快车道［EB/OL］.（2022-01-16）［2023-06-14］. https://mp.weixin.qq.com/s/mTRHK-TmhnT0t7edCCCHRw.
② 王磊，卢秉恒. 我国增材制造技术与产业发展研究［J］. 中国工程科学，2022，24（04）：202-211.

### 三、专利对打印设备产业的控制力

专利连接着技术创新和市场竞争，专利通过对市场的控制发挥作用。简而言之，通过专利实现对核心技术的控制，继而实现对高端产品的控制，最终实现对一定范围市场的控制，即所谓的专利控制力。

专利控制力的内涵比较丰富，就其在专利导航研究中的含义而言，可以理解为某创新主体（可以是国家、地区、企业或研究机构等）通过运营专利，所实现的对技术、与技术相关的产业以及该产品市场份额控制的能力。作为一个程度概念，某个企业可以通过专利运营能力的提升增强专利控制力。

打印机产业的技术和市场集中度高，且行业专利壁垒森严，至今全球掌握自主核心技术且有制造能力的厂商不超过十家，主要为中国、美国、日本的企业。从行业格局来看，打印机行业是全球少有的高门槛行业，是一个护城河很宽、专利技术壁垒非常高的行业，是技术专利最多且密集度最高的行业之一。[①] 打印机中的硒鼓、定影组件涉及的不同加热方式及加热器均包含大量的专利技术，这些核心技术长期被美国、日本企业垄断，如惠普、佳能等厂商储备了大量原创核心技术，并通过申请专利设置技术壁垒，极大地阻碍了仿制品在市场上的销售。所以，打印机全产业链业务在高科技行业里具有较高的挑战性。

## 第三节  打印设备产业专利导航研究说明

### 一、研究内容

专利导航项目能够针对打印设备产业开展以专利数据为核心的深度分析，

---

① 广州圆石投资. 国产打印机发展进入快车道 [EB/OL]. （2022-01-16）[2023-06-14]. https://mp.weixin.qq.com/s/mTRHK-TmhnT0t7edCCCHRw.

明晰产业发展方向，是引导企业、产业、地区提升创新能力的重要工具。

打印设备产业专利导航的研究结果可以帮助政府主管部门、行业协会、打印设备产业链上下游企业等各方快速地了解领域内的专利技术发展趋势、技术热点、技术竞争对手等信息，为制定产业规划、进行技术创新、避免侵权风险等提供有价值的信息指导参考，从而提高产业集群的核心竞争力和可持续发展能力。

本书通过对打印设备产业链的结构和相关技术进行分解，研究构成打印设备的组成要件的相关专利申请状况、专利运营情况、技术创新方向、产业研发热点等内容。同时从技术结构、原材料、用途、工艺、产业链等多个角度对传统打印技术和3D打印技术进行了细分，涵盖上游的原材料、中游的打印设备硬件和软件、下游的应用领域，以求全面分析打印设备产业的整体专利研发和应用实况。珠海打印设备产业专利导航以专利数据为基础，通过大数据分析结合产业现状、发展趋势、政策环境、市场竞争等信息，明晰打印设备产业发展方向，明确珠海打印设备产业在中国乃至全球的发展定位，判断珠海在产业发展中拥有的优势和劣势，面临的机遇和挑战，并以路径导航的方式将专利信息运用提升到有效配置创新资源的制度层面，从产业结构、技术、企业、人才、运营等方面提出具体的导航建议，从而为制定相关产业政策、推动产业升级提供服务支撑。

出于对书籍内容普适性和产业安全方面的考虑，本书内容主要包括产业发展方向、产业头部城市对比以及对全国打印设备企业发展均有一定借鉴意义的外国企业和技术分析等。

## 二、研究方法

本书以定性分析为主，结合采用文献研究法、定量分析法、描述性研究法等方法。通过查阅有关打印设备的相关产业、技术、专利等研究文献，从打印设备和打印耗材的产业格局、专利申请情况、行业发展等各维度进行梳理，并以最新发布的数据和实例为依据，进行思路框架的建构和具体内容的分析。

## （一）技术分解

本书根据产业调研，对产业链进行解构，并针对打印设备产业的相关技术进行分解。如图1-4所示，在打印设备产业链中，上游基础原材料中的树脂原料、电荷调节剂等都用于彩色碳粉的制造，预聚物、稀释剂和光引发剂则是3D打印所需的耗材。中游的芯片、碳粉、成像辊、定影辊、刮刀等组成了用于激光打印机的硒鼓；芯片、墨水、打印头等组成了用于喷墨打印机的墨盒；染料染出色带后被运用于针式打印机；色卷和半导体加热元件则合成转鼓用于热升华打印机的打印。

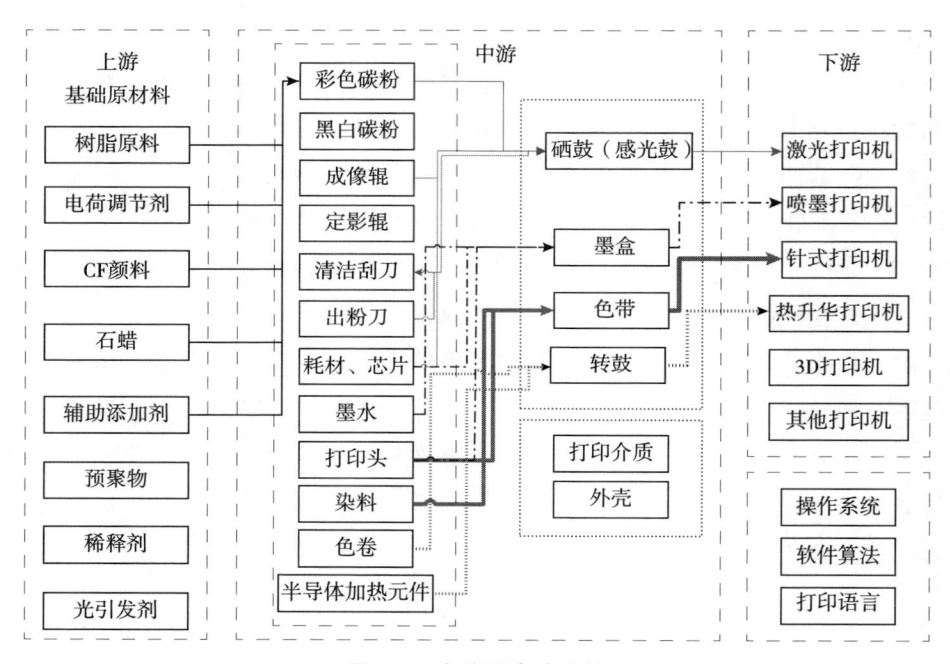

图1-4  打印设备产业链

除此之外，打印机外壳和打印介质在所有打印机中通用，操作系统、软件算法和打印语言也是打印机完成打印动作的基础支撑。

传统打印技术分解如图1-5所示，3D打印技术分解如图1-6所示。

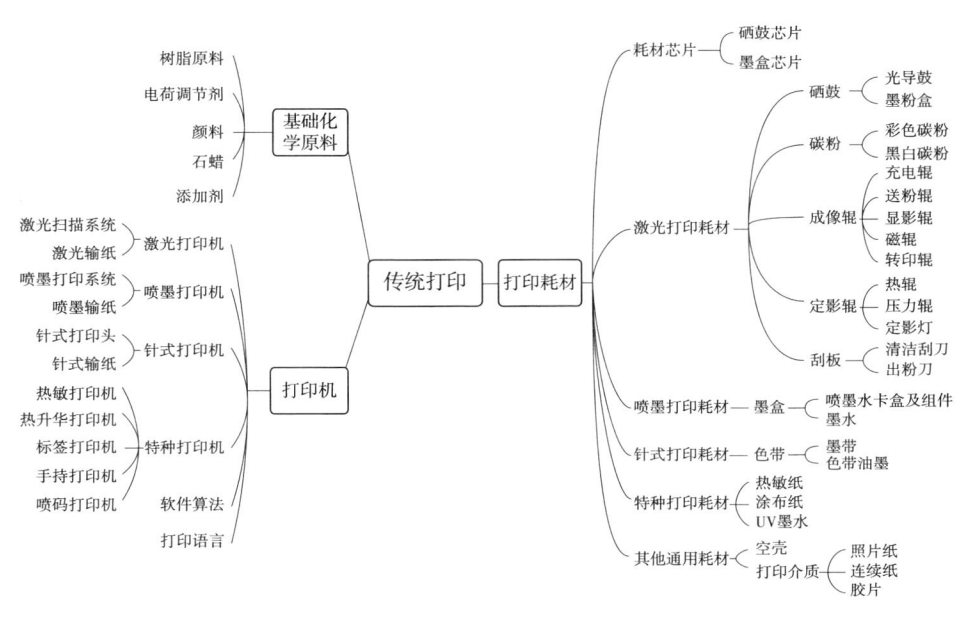

图 1-5 传统打印技术分解

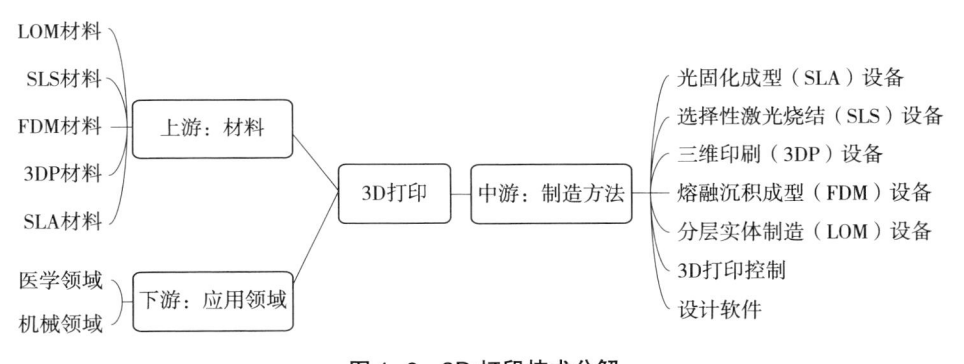

图 1-6 3D 打印技术分解

## （二）数据来源

检索工作基于国家专利导航专利数据库展开，中间历经多次检索和分析，最新检索日期截至 2023 年 2 月 28 日。检索所使用的专利数据库，包含中国发明、中国外观设计、中国实用新型、美国申请、美国授权、美国外观设计、欧洲申请、欧洲授权、日本发明专利、德国、韩国国际专利申请的所有摘要和全文。还包括俄罗斯、法国、英国、意大利、瑞士、澳大利亚等全球 94 个国家/地区的专利英文摘要。其中，收录的中国专利的起始时间为 1985 年 9 月 10 日，收录的美国发明申请的起始时间为 1931 年 8 月 18 日，收录的日本发明授权的起始时间为 1928 年 10 月 26 日，收录的韩国发明授权的起始时间为 1948 年 6 月 20 日。

### （三）检索策略

本书为了保证各个技术分支数据的准确性，采用了分—总式的检索策略：首先针对技术分解表中的末级技术分支进行检索，再将检索结果逐层汇总，得到各个上级技术分支的文献量，之后将检索到的文献通过筛选的方式去除噪声，并同时进行各级数据的标引，从而保证了数据的查全和查准。具体的检索方法采用结构化检索，即将各检索要素形成不同的模块，通过各模块间的"与"或"或"运算得到检索结果，检索要素包括 IPC 分类号、CPC 分类号、关键词、申请人等。

关键词的选取对检索的效率和准确性都有着重要影响。检索关键词主要包括打印设备产业所涉及的中英文专业术语等。

本书检索采用的中文关键词主要有：树脂、聚乙烯、聚丙烯、聚氯乙烯、聚苯乙烯、丙酮、乙酸乙酯、乙酸甲酯、油墨、墨滴、喷墨、墨粉、碳、碳粉、打印、电荷、控制、调节、颜料、石蜡、抗腐蚀、螯合剂、表面活性剂、黏度、张力、牢度、耐磨性、光学密度、渗色、光引发剂、稳定剂、抑制剂、芯片、集成电路、半导体电路、墨水盒、墨盒、墨水匣、墨水、光导鼓、感光辊、感光鼓、硒鼓、陶瓷、硫化镉、有机光导体、OPC 鼓、氧化锌、显影、容器、调色剂、充电辊、送粉辊、显影辊、磁辊、转印辊、热辊、压力辊、定影辊、清洁刮刀、清洁刮板、出粉刀、喷头、喷嘴、收集、循环、成像、耗材、充电、电极、修正、偏转、墨带、色带、墨卷、色卷、涂层、涂布纸、硫酸纸、无胶纸、胶片、照片纸、相片纸、相纸、卷、激光、镭射、扫描、打印头、针式打印机、热升华打印机、3D 打印、三维打印、三维打印、增材制造、立体印刷、立体光刻、电磁、软件、算法、打印机控制语言、分层实体制造、叠层实体制造、选择性激光烧结、选择性激光熔化、激光选区熔化、粉末、熔融沉积、三维印刷成型、三维印刷成形、石膏、固化距离、固化收缩、预聚物、玻璃化、附着力、柔韧性、硬度、抗冲击性、耐溶剂性、光敏预聚物、环氧丙烯酸酯、聚氨酯丙烯酸酯、聚酯丙烯酸酯、不饱和聚酯、聚醚丙烯酸酯、丙烯酸树脂、多烯硫醇体系、水性丙烯酸、双酚A型环氧丙烯酸酯、酚醛环氧丙烯酸酯、环氧化丙烯酸豆油酯、酸及酸酐改性环氧丙烯酸酯、有机硅预聚物、丙烯酸酯、聚硅氧烷、丙烯酸氨基甲酸酯聚硅氧烷、硫醇-烯基团、丙烯酸聚硅氧烷、阳离子-自由基、二氧化乙烯环己烯、二甲基代二氧化乙烯基环乙烯、二氧化双环戊二烯、环氧环己基甲酸、环氧环己基甲酯、环氧环己基甲基、己二酸酯、氧基双亚甲基、氧杂环丁烷、甲氧基氧杂环丁烷、三羟甲基丙烷、稀释剂、光敏稀释剂、自由基稀释剂、甲基丙烯酸酯、醇类丙烯酸酯、二缩三丙二醇二丙烯酸酯、6-己二醇二丙烯酸酯、三羟甲基丙烷三丙烯酸酯、芳香族羰基化合物、苯偶姻、苯偶酰缩酮、苯乙酮、硫光引发剂、芳香酮、二苯甲酮、硫杂蒽酮、α-羟烷基苯酮、1-羟基环己基苯基甲酮、2-羟基-2-甲基-1-苯基-1-丙酮、芳茂铁盐、二芳基碘鎓盐、三芳基硫鎓盐、二芳基碘鎓六氟锑酸盐、二芳基碘鎓六氟砷酸盐、二芳基碘鎓六氟磷酸盐、三芳基碘鎓六氟锑酸盐、三芳基碘鎓六氟砷酸盐、三芳基碘鎓六氟磷酸盐、光固化、光学扫描、涂覆、供粉、铺粉、熔丝制造、电子束自由成型制造、直接金属激光烧结、电子束熔炼、选择性热烧结、3D印刷、数字光处理、航空、航天、复杂机械、复杂零件、汽车、建筑等。

本书检索采用的英文关键词主要有：Polyethylene、polypropylene、polyvinyl chloride、polystyrene、acetone、ethyl acetate、methyl acetate、resin、toner、ink、droplet、inkjet、ink-jet、print、charge、adjust*、controll*、pigment、dyestuff、dye、paint、paraffins、petrolin、olefin、Corrosion resistance、chelating agent、surfactant、viscosity、tension、fastness、wear resistance、optical density、coloring、photoinitiator、stabilizer、inhibitor、IC、integrated circuit、integrated circuits、Integrate circuit、semiconductor circuit、Integrate circuits、semiconductor circuits、chip?、ink cartridge、photosensitive drum、toner cartridge、ceramic?、pottery and porcelain、cadmium sulfide、CdS、organic photoconductor、opc drump、nihil album、philosopher's wool、zinc oxide、nihii graecum、ZnO、toner particle、toner particles、Charging roll、Charge roll、Charging roller、Charge roller、Developing roller、Developing rollers、Developing、Magnetic Roller、Magnetic Rollers、transfer roller、heating roller、fusing roller、pressing roller、cleaning blade、Wipper Blade、doctor blade、ejecting head、discharge head、discharging head、supply、collect * 、catcher * 、recirculat * 、imaging、consumable?、charg * 、electrode?、droplets、inkdrop、ink drop、deflection、control * 、Generat * 、ink ribbons、ink ribbon、coat、coating、parchment paper、web、paper?、sheet?、laser、scan * 、conveyance * 、print head、needle printer、wire printer、Sublimation printer、Sublimation printing、3d printing、rapid prototyping and manufacturing、additive manufacturing、electromagnetic、software、algorithm?、Printer Command Language、Laminated Object Manufacturing、composite articles、composite material、composite materials、selective laser sintering、composite metal、composite metals、powder?、Fused Deposition Modeling、ABS、PLA、3dp、three-dimensional printing、Gypsum、ceramics、curing distance、curing shrinkage、prepolymer、vitrification、adhesion、flexibility、hardness、impact resistance、solvent resistance、Photosensitive prepolymer、epoxy acrylate、polyurethane acrylate、polyester acrylate、unsaturated polyester、polyether acrylate、acrylic resin、polyene mercaptan system、waterborne acrylic acid、bisphenol a epoxy acrylate、phenolic epoxy acrylate、epoxidized soybean oil acrylate、epoxy acrylate modified by acid and anhydride、Silicone prepolymer、acrylic carbamate polysiloxane、mercaptan olefin group、acrylic polysiloxane、ethylene oxide cyclohexene、dimethylethylene oxide cyclohexene、dicyclopentadiene oxide、epoxycyclohexylformic acid、Epoxycyclohexylmethyl ester、epoxycyclohexylmethyl、cyclohexanoic acid、oxacyclobutane、methoxyoxacyclobutane、trimethylolpropane、diluent、TPGDA、HDDA、TMPTA、EOTMPTA、Photosensitive diluent、radical diluent、acrylate、methacrylate、alcohol acrylate、dipropylene glycol diacrylate、6-hexanediol diacrylate、trimethylolpropane triacrylate、Norrish I、Norrish II、aromatic carbonyl compound、benzoin、benzoyl ketal、acetophenone、sulfur photoinitiator、aromatic ketone、benzophenone、thioxanthone、α-hydroxyalkylbenzophenone、1-hydroxycyclohexylphenyl ketone、2-hydroxy-2-methyl-1-phenyl-1-acetone、Ferrocene、diaryl iodonium、triaryl sulfonium、diaryl iodonium Hexafluoroantimonate、diaryl iodonium Hexafluoroarsenate、diaryl iodonium hexafluorophosphate、triaryl iodonium Hexafluoroantimonate、triaryl iodonium Hexafluoroarsenate、triaryl iodonium hexafluorophosphate 等。

本书检索使用的 IPC 分类号主要有：G03G9/097、G03G15/08、G03G9/08*、G03G9/087、G09G9/09*、G09G9/10*、G09G9/11*、G02F1/1671、G03C1/35、C09D11/3*、C09D11/40、G03G15/00、G03G5/00、G03G15/02、G03G15/05、G03C1/35、G03G9/09、G03G9/093、G09G9/097、G09G9/11*、F16C13/00、G03G15/06、G03G15/09、B65H27/00、B03C1/10、H01F7/02、G03G15/16、G03G15/14、G03G15/20、G03G21/10、B41J2/4*、G03G21/00、G03G15*、B41J2/13*、B41J2/14*、B41J2/15*、B41J2/16*、B41J2/17*、B41J2/18*、B41J2/19*、B41J2/20*、B41J2/21*、B41J2/135、B41J2/14、B41J2/145、B41J2/16、B41J2/165、B41J2/175、B41J2/0*、B41J2/1*、B41J2/08、B41J2/085、B41J2/09*、B41J2/10*、B41J2/04*、B41J2/05*、B41J2/06*、C09D11/*、B41J31/00、B41J31/02、B41J31/04、B41J31/10、B41J31/12、B41J31/14、B41J31/16、B41J31/05、B41J31/06、B41J31/08、B41J31/09、B41J32/00、G03G21/18、D21H27/06、D21H27/00、B41M5/*、G03C1/775、G03C1/79、B41M5/50、B41M5/52、B41M5/08、B41M5/4*、B41M5/5*、B41J2/435、B41J2/44*、B41J2/45*、B41J2/46*、B41J2/47*、B41J2/48*、B41J2/455、B41J2/447、B41J2/44、B41J11*、B41J13*、B41J15*、B65H3/*、B41J2/01*、B41J2/02*、B41J2/03*、B41J2/07*、B41J2/08*、B41J2/10*、B41J2/11*、B41J2/12*、B41J2/15、B41J2/17、B41J2/18、B41J2/19、H01L41/08、H01L41/09、B41J2/22*、B41J2/23*、B41J2/24*、B41J2/25*、B41J2/26*、B41J2/27*、B41J2/28*、B41J2/29*、B41J2/30*、B41J2/31、B41J2/235、B41J32/*、B41J33/*、B41J34/*、B41J35/*、B41J2/36*、B41J2/37*、B41J2/315、B41J2/38、B41J2/34*、B41J2/35*、29C64/*、B33Y*、B41J2/385、B41J2/39*、B41J2/40*、B41J2/41*、B41J2/42*、B41J2/43、B41J29/38、G06F9/445、H04N1/00、G06F11/00、G06K15/02、

G06F3/12、B41F33/16、B41F33/00、G06F15/00 等。

数据的标引则采用人工和机器相结合的方式，首先通过机器方式去除检索噪声，然后针对重要申请人和需要进行重点技术分析的专利进行人工标引，形成标引的数据，最终形成用于导航分析的数据集。

(四) 数据说明

1. 同族专利

具有共同优先权的在不同国家或国际专利组织多次申请、多次公布或批准的内容相同或基本相同的一组专利文献称为专利族（patent family）。同一专利族中的每件专利文献被称作专利族成员（patent family members），同一专利族中的每件专利互为同族专利。[①] 换言之，一个专利族就是关于同一项发明创造在多个国家申请专利而产生的一组内容相同或基本相同的文献。从技术的角度看，属于同一个专利族的多个专利申请可视为同一项技术。本书中，针对技术进行分析时，将同族专利视为一项技术；针对国家或地区进行分析时，将各件专利按件单独统计。

2. 数据完整性说明

由于下列多种原因，导致了检索日前一两年提出的专利申请的统计数量不完全。例如，PCT 专利申请可能自申请日起 30 个月甚至更长时间之后进入国家阶段，从而导致与之相对应的国家公布时间较晚；发明专利申请通常自申请日（有优先权的，自优先权日）起 18 个月（要求提前公布的申请除外）才能被公布；实用新型专利申请在授权后才能被公布，其公布日滞后程度取决于审查周期的长短等。

3. 申请人名称约定

书中对一些申请人的表述进行了约定：一是由于中文翻译的原因，同一

---

① 杨雄文. 知识产权总论［M］. 广州：华南理工大学出版社，2019.

申请人的表述在不同中国专利申请中会有所差异；二是为了方便申请人的统计，需要将一些公司的不同子公司或已收购公司的专利申请进行合并；三是为了便于在统计图和表格中进行标注，需要对一些专利申请人的名称进行简化。

确定申请人合并的方法为依据各公司官网上有关收购、子公司等信息，将子公司和已收购的公司约定为母公司。

需要说明的是，根据分析目的的不同，在不同场景下，对同一申请人采用的约定方式可能会存在差异，不同之处会在文中具体说明。

# 第二章 打印设备产业现状

随着社会的发展,文本和图像的打印越来越普遍,手动打印机等传统打印方式已经无法满足人们不断增长的需求。人们需要更加高效和智能的打印方式,满足自身工作和生活的需要。以针式打印机、喷墨打印机、激光打印机等为代表的打印设备的发明和普及成为一种必然。在专利导航视域下,全面分析全球及中国打印机行业发展及市场集中度,能为中国打印设备产业在矛盾和摩擦中生存与发展提供更明确的方向,并提出更有针对性的建议。

## 第一节 全球市场竞争格局

打印机行业技术和市场高度集中,综观国内乃至全球市场发展格局,掌握自主核心技术且有制造能力的厂商不超过十家,技术的差距也带来了利润的悬殊。

### 一、产业发展

(一)传统打印机发展现状

目前,打印机已成为办公不可或缺的设备之一。受新技术影响,在过去几年中,经历了疯狂增长后的传统打印设备在全球市场上的需求呈下降趋势,全球打印机年安装量稳中有降,销售额也一同降低。随着无纸化办公的发展,对打印机的需求也可能会受到轻微的负面影响。但由于打印机属于损耗性物品,具有长期存量替换的需求,全球打印机市场销量整体会保持相对稳定。

第二章 打印设备产业现状

根据 IDC 2022 年第四季度全球打印机市场书,该季度全球打印机出货量达到近 2500 万台,同比增长 11.60%;出货价值增长 14.80%,达到 111 亿美元。2022 年第四季度,前三大区域市场均实现同比增长,中国市场增长 31.7%,幅度最大;其次是西欧,增长 13.1%;最后是美国,增长 7.2%。促成增长的原因是芯片和元器件的供应得到改善,厂商能够拥有充足的库存以满足消费者和企业的需求。同时,全球打印机出货量前五的厂商为惠普、佳能、爱普生、兄弟、奔图,第四季度打印机出货量均实现同比增长,主要原因包括供应的改善、消费者需求的增加、强劲的消费促销活动以及渠道激励的加强。

2022 年全球打印机出货量同比下降了 1.4%,但全年市值同比提高 0.7%,达到约 399 亿美元。其中西欧和美国 2002 年全年的出货量都出现了同比下降,分别下降 4.1% 和 6.2%。中国 2022 年的出货量增长 8.2%,数量达到 1996.1 万台。

全球传统打印机市场包括喷墨打印机、激光打印机、针式打印机、特种打印机等。随着对打印速度和精度的要求提高,喷墨打印机和激光打印机安装量进入上行通道,如图 2-1 所示,2021 年喷墨打印机全球安装量为 2.59 亿台,激光打印机的安装数量为 1.66 亿台。相较于激光打印机,喷墨打印机有着更快的打印速度,市场优势逐渐显现。

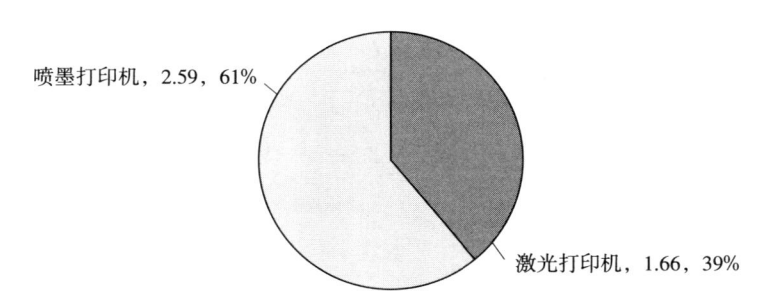

图 2-1 2021 年全球打印机安装量结构(单位:亿台)

资料来源:中商情报网,项目组整理绘制。

(二)传统打印耗材发展现状

打印耗材方面,全球市场属于产业成熟期,产量和需求受无纸化办公等因素影响会出现一定波动,但大体保持稳定。如图2-2所示,2020年全球打印耗材销售额为518亿美元,同比下降4.1%。

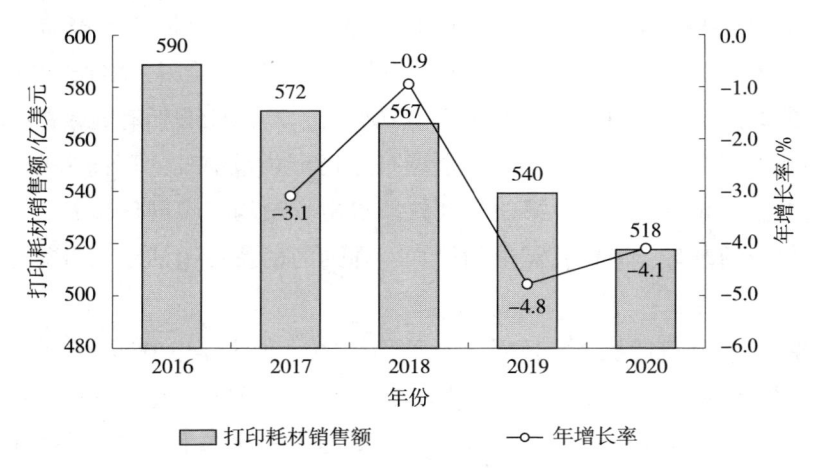

图2-2 2016—2020年全球打印耗材市场出货金额

资料来源:华经产业研究院,项目组整理绘制。

碳粉盒、墨盒、硒鼓、芯片是打印耗材中占比较大、利润较高的部分,尤其是硒鼓,更是占据打印耗材市场主导地位。如图2-3所示,2020年全球硒鼓销售额高达414亿美元,占全部打印耗材销售额的比重为80%,其中原装硒鼓仍为硒鼓市场的主流,销售额占硒鼓销售额的84%。

图2-3 2016—2020年全球硒鼓销售情况

资料来源:华经产业研究院,项目组整理绘制。

(三) 3D 打印发展现状

与传统的对原材料去除-切削、组装的加工模式不同，3D 打印是一种"自下而上"通过材料累加的方法制造实体零件的技术，实现了从无到有。这使得过去受到传统制造方式的约束而无法实现的复杂结构件制造变为可能。3D 打印机是一种利用计算机控制，通过连续地堆积材料的方式制造出各种形状三维物品的机器。

在早期发展阶段，3D 打印技术主要应用于工业设计、模型制作、原型制造等领域。由于 3D 打印技术具有快速、灵活、精确等特点，可以大幅提高产品的研发效率并减少制造成本，因此在工业设计领域得到了广泛应用。在中期发展阶段，随着技术的不断改进和普及，应用领域逐渐扩大，开始涉及医疗、航空、汽车、建筑等领域。同时，随着消费级 3D 打印机的出现，普通用户也可以通过购买 3D 打印机来制造出自己想要的物品。在当前发展阶段，随着材料科学、软件算法、机器人技术等方面的不断发展，3D 打印技术的应用领域和生产效率都得到了进一步提高。3D 打印技术已经开始应用于大规模生产、高精度制造、多材料制造等方面，成为未来制造业的重要发展趋势。

近年来，我国 3D 打印市场应用程度不断深化，3D 打印技术在航空航天、汽车、船舶、核工业、模具等领域均得到了越来越广泛的应用，推动了我国 3D 打印产业在全球的占比不断增加。2020 年全球暴发新冠疫情，各国医疗防护设备紧缺，为解决疫情防控中应急物资短缺的难题，美国、英国等国家的创意团队、大学机构均利用 3D 打印机制作出口罩、医用面罩、护目镜等防疫设备，及时地缓解了各地医疗防护用品短缺的情况；另外，疫情对全球的供应链也造成严重冲击，2020 年 3 月中下旬开始，北美、欧洲各类工厂陆续停产，工业零部件供应、销售与物流渠道同时受到巨大冲击，这使得不少产品的零部件出现了断供现象。以快速、小批量、无模具、弹性制造为特征的 3D 打印绕过这些供应链断点，开辟了一条解决供应难题的新路径。

根据 3D 打印产品权威研究机构 Wohlers Associates 通过综合全球 119 个服务提供商、128 个增材制造系统制造商和 28 个第三方材料生产商的生产销售情况所发布的最新的 3D 打印行业书《Wohlers Report 2023》，2012—2022 年

3D 打印产业规模及年增长率趋势如图 2-4 所示。2022 年，全球 3D 打印制造产品和服务的收入达到 180 亿美元左右，同比增长 18.1%。2022 年所有 3D 打印材料、软件、硬件和服务的增长率估计为 23%。此外，尽管 2022 年第四季度的同比增长率是一年中最低的，但与 2021 年第四季度相比仍实现了 16% 以上的增长，延续了 3D 打印行业收入两位数增长的长期趋势。

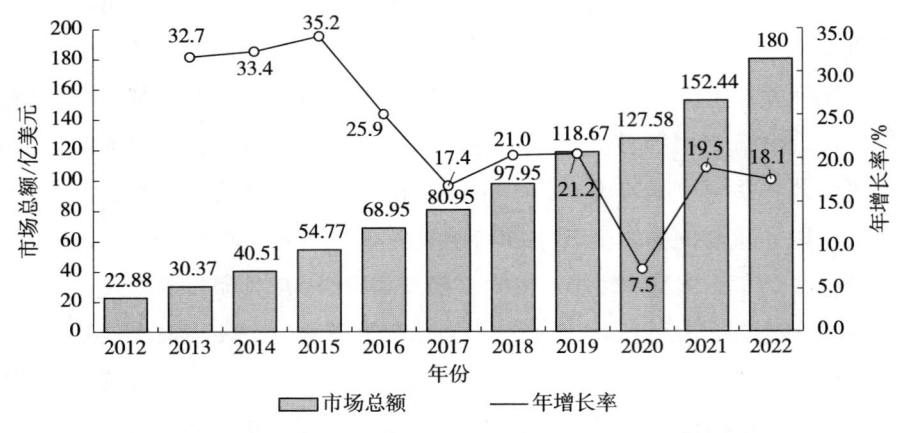

图 2-4　2012—2022 年 3D 打印产业规模及年增长率趋势

资料来源：Wohlers Associates，项目组整理绘制。

随着 3D 打印领域技术和市场的成熟，越来越多的公司正在使用 3D 打印技术进行生产应用，其中增材制造的主要应用在功能原型设计方面。2021 年全球 3D 打印细分材料结构如图 2-5 所示，聚合物粉末消费增长 43.3%，占比达到 34.7%，现在已经超过了光聚合物树脂，成为使用最多的 3D 打印材料。

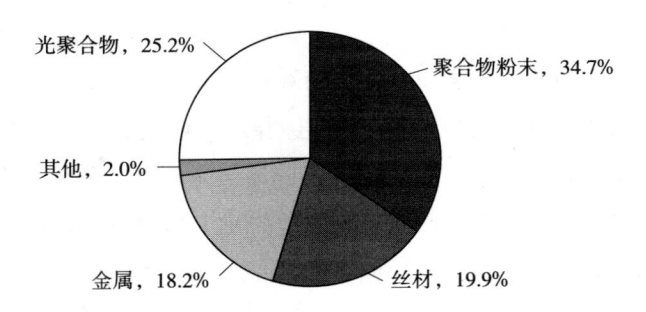

图 2-5　2021 年全球 3D 打印细分材料结构

资料来源：Wohlers Associates，项目组整理绘制。

随着 3D 打印技术的成型和发展，3D 打印服务成为 3D 打印行业重要的推动力，3D 打印服务收入逐年上涨，2017—2020 年全球 3D 打印服务市场规模不断增长。如图 2-6 所示，2020 年 3D 打印服务市场规模约为 74.54 亿美元，占 3D 打印整个市场规模的 58.4%，较 2019 年（68.23 亿美元）同期增长了 9.2%，2019 年和 2018 年较上年同期分别增长 20.3%、35.0%。由于疫情和外部环境的影响，2018—2020 年市场规模增速略有放缓，但仍保持了高速发展态势。

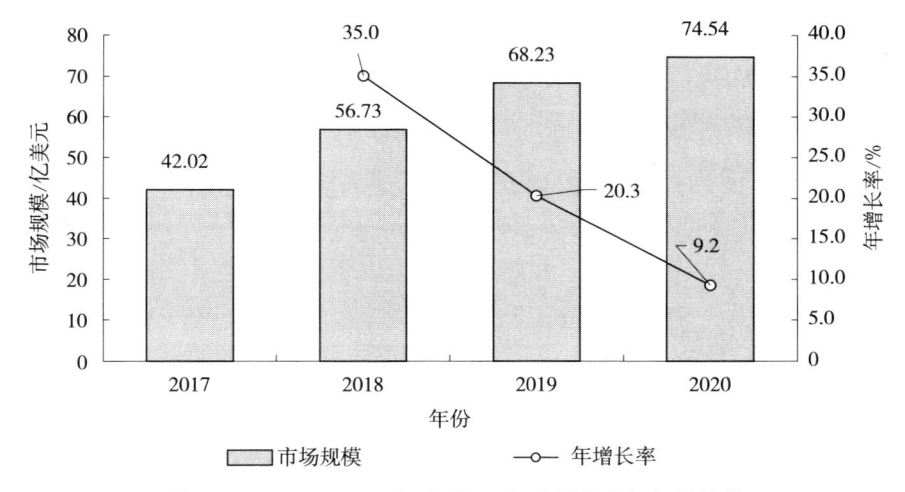

**图 2-6　2017—2020 年全球 3D 打印服务市场规模趋势**

资料来源：Wohlers Associates、前瞻产业研究院，项目组整理绘制。

2017—2020 年，全球 3D 打印产品市场规模不断增长。如图 2-7 所示，2020 年全球 3D 打印产业市场规模达 53.03 亿美元，较 2019 年同比增长 5.2%。其中，全球 3D 打印设备市场销售规模达到 30.14 亿美元，与 2019 年（30.13 亿美元）基本持平。同样，受新冠疫情的冲击，3D 打印设备销售渠道受到影响，市场规模增速有所减缓。

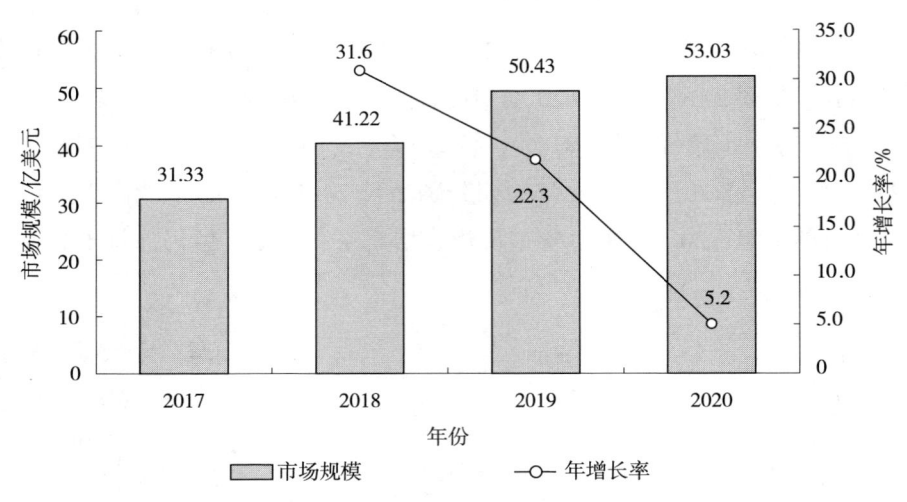

## 图 2-7 2017—2020 年全球 3D 打印产品市场规模趋势

资料来源：Wohlers Associates、前瞻产业研究院，项目组整理绘制。

## 二、产业集聚

### （一）耗材市场

原装耗材虽然占据全球耗材市场高比例份额，但随着兼容耗材的高性价比优势逐渐凸显，替代原装耗材的可能性提高，兼容耗材市场发展将持续扩大。全球兼容耗材市场中，欧洲、美国和中国占据核心位置，其中欧美地区拥有了全球近 50% 的打印机，是兼容打印耗材零售价格更高的市场，而中国是兼容打印耗材产量最大的产地。从出口角度看，如图 2-8、图 2-9 所示，2024 年第一季度，美国、日本及中国香港激光/复印类打印耗材出口规模最大，而喷墨类打印耗材以印度、印度尼西亚、越南等国家出口规模最大。

第二章 打印设备产业现状

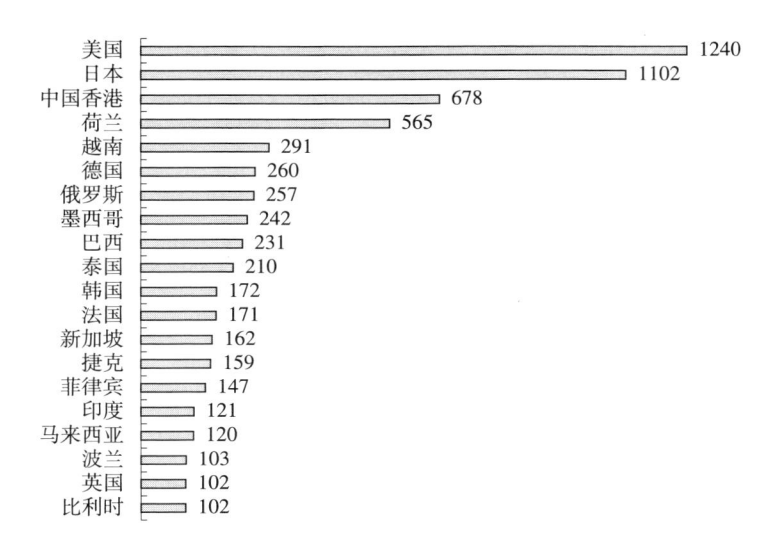

| 国家/地区 | 金额 |
|---|---|
| 美国 | 1240 |
| 日本 | 1102 |
| 中国香港 | 678 |
| 荷兰 | 565 |
| 越南 | 291 |
| 德国 | 260 |
| 俄罗斯 | 257 |
| 墨西哥 | 242 |
| 巴西 | 231 |
| 泰国 | 210 |
| 韩国 | 172 |
| 法国 | 171 |
| 新加坡 | 162 |
| 捷克 | 159 |
| 菲律宾 | 147 |
| 印度 | 121 |
| 马来西亚 | 120 |
| 波兰 | 103 |
| 英国 | 102 |
| 比利时 | 102 |

图 2-8  2024 Q1 激光/复印机类打印耗材出口国家/地区排名（单位：百万元）

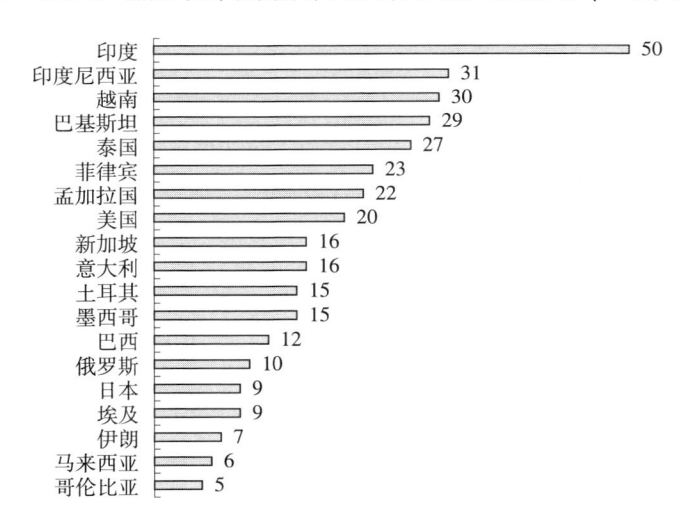

| 国家/地区 | 金额 |
|---|---|
| 印度 | 50 |
| 印度尼西亚 | 31 |
| 越南 | 30 |
| 巴基斯坦 | 29 |
| 泰国 | 27 |
| 菲律宾 | 23 |
| 孟加拉国 | 22 |
| 美国 | 20 |
| 新加坡 | 16 |
| 意大利 | 16 |
| 土耳其 | 15 |
| 墨西哥 | 15 |
| 巴西 | 12 |
| 俄罗斯 | 10 |
| 日本 | 9 |
| 埃及 | 9 |
| 伊朗 | 7 |
| 马来西亚 | 6 |
| 哥伦比亚 | 5 |

图 2-9  2024 Q1 喷墨类打印耗材出口国家/地区排名（单位：百万元）

（二）3D 打印市场

2019 年，美国 3D 打印产业规模占全球的 40.4%，德国仅次于美国，中国位居第三（见图 2-10）。作为技术起步较晚的中国，近几年通过抓紧自主创新和研发，虽然与国外的 3D 打印技术还有一定差距，但也一步步朝着精细化和专业化方向发展。国内巨大的市场潜能也吸引了不少国外 3D 打印行业巨头的目光和投资，进一步推动了中国 3D 打印产业的发展。

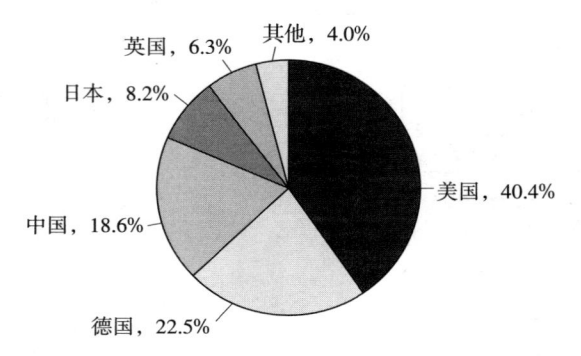

图 2-10　2019 年全球 3D 打印产业规模区域分布情况

资料来源：赛迪顾问、前瞻产业研究院，项目组整理绘制。

2020 年，全球工业 3D 打印系统制造商的数量达到了 228 家，较 2019 年新增了 15 家企业，其中共有 37 家 3D 打印系统制造商在本年度销售了超过 100 台 3D 打印相关机器（见图 2-11）。228 个系统制造商分布在世界各地，对比 Wohlers Report 2020 版和 2021 版，美国制造商数量保持 47 家不变，排名第一；德国制造商增加 2 家到 27 家，排名第二；中国制造商的数量则减少 7 家，为 25 家，排名第三。

图 2-11　全球工业 3D 打印企业数量

资料来源：Wohlers Associates、前瞻产业研究院，项目组整理绘制。

## 三、市场控制

打印显像行业属于高端精密制造产业，集激光成像技术、微电子技术、精细化工技术、精密自动控制技术和精密机械技术于一体，具有科技密集、劳动密集和高附加值的产业特点。全球能够设计和制造打印机的厂商主要集中在美国、日本、韩国和中国，全球打印机市场由这些国家的企业把控。我国企业赛纳拥有激光打印机自主知识产权并进行激光打印机的生产，国内联想、小米、得力和华为等也纷纷跨界生产打印机（见图2-12）。

图2-12 全球传统打印产业市场企业分布格局

传统打印产业中，目前美国、日本的厂商凭借技术等优势长期占据着打印机市场的主导地位。据IDC数据，2022年第三季度全球打印机出货量达到2121万台，同比增长1.2%；出货总值达到98亿美元，同比增长7.5%。惠普、佳能和爱普生合计占据全球市场的75.8%，其中佳能同比上升26.1%；奔图市占率已上升至全球第五，占比为2.5%，同比增长了78.7%（见表2-1）。

中国地区和亚太区（不包括日本和中国）的出货量分别同比增长12.7%和6.4%，表现优于其他所有区域市场。商业领域（包括物流、制造业、政府和金融机构）印刷活动的稳步恢复，也为这两个区域市场的同比增长作出了贡献。

· 035 ·

中国市场喷墨设备同比增长58.2%,推动了整体增长。作为市场上的新玩家,华为和小米推出了喷墨打印机也是本市场的一个特别亮点。

表2-1 全球打印机行业2022年第三季度市场份额及同比增速

| 企业 | 2022Q3出货量 | 2022Q3市占率 | 2021Q3出货量 | 2021Q3市占率 | 同比增速 |
|---|---|---|---|---|---|
| 惠普 | 7723789 | 36.4% | 8568254 | 40.9% | −9.9% |
| 佳能 | 4281060 | 20.2% | 3394452 | 16.2% | +26.1% |
| 爱普生 | 4062900 | 19.2% | 4184487 | 20.0% | −2.9% |
| 兄弟 | 2036515 | 9.6% | 1861257 | 8.9% | +9.4% |
| 奔图 | 532577 | 2.5% | 298022 | 1.4% | +78.7% |
| 其他 | 2574261 | 12.1% | 2660628 | 12.7% | −3.2% |
| 合计 | 21211102 | 100.0% | 20967100 | 100.0% | +1.2% |

资料来源:IDC,项目组整理。

全球3D打印头部企业主要集中在美国,且业务主要集中在材料和制造方法。中国的赛纳三维在医学应用上产品和创新均有突破,天威飞马则是在制造方法的3DP设备表现良好,华曙高科3D打印发展相对较好,SLS材料和SLA设备均有产品和创新(见图2-13)。

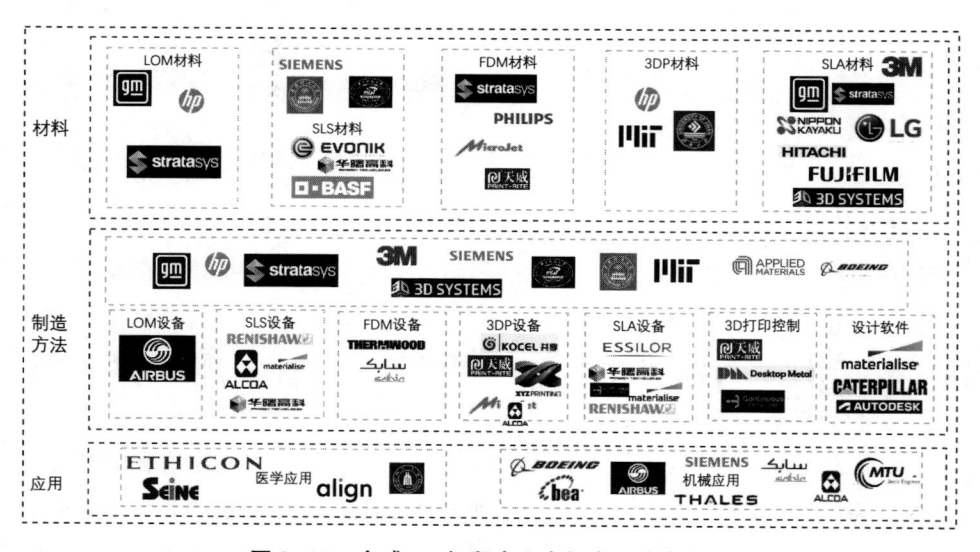

图2-13 全球3D打印产业市场企业分布格局

从市场主体来看，惠普、精工爱普生、佳能、富士施乐和 Stratasys 在全球打印产业中占据主导地位。

（一）惠普

1984 年，惠普发布了首款桌面激光打印机 HP LaserJet Classic，发起了桌面激光打印机革命。

为了使打印机按照一定的命令来处理计算机传来的打印数据，并最终准确地打印出文字与图像，惠普公司于 20 世纪 70 年代针对其激光打印机产品推出了一种打印机页面描述语言——PCL 语言。

打印机语言大体上可分为两类：一种是页面描述语言（PCL），另一种是嵌入式语言（Escape 码语言）。它们的代表分别是 Adobe 公司的 Postscript 语言和 HP 公司的 PCL 语言。由于价格优势，PCL 语言在打印机产品中的普及程度远远高于 PostScript 语言。

（二）精工爱普生

1968 年 9 月，精工爱普生正式推出了全球第一台小型电子打印机 EP-101，这款产品也是爱普生（EPSON）名字的由来。

1978 年，精工爱普生公司发布了针式打印机 TP-80（7 针），产品大获好评。1980 年，MP-80（9 针）打印机面世，同样在全球引起了轰动，第二年，MP-80 打印机在日本的市场占有率高达 60% 以上，在美国市场也获得了高度的评价，逐渐发展成为全球第一台适用于 PC 产品的主流针式打印机。20 世纪 80 年代，精工爱普生针式打印机进入中国（当时的产地多为印度尼西亚）。2001 年后，中国成为爱普生针式打印机产地。

爱普生（中国）有限公司成立于 1998 年 4 月，是精工爱普生（Seiko Epson）株式会社在中国的全资子公司，总部设在北京，负责统括爱普生在中国的投资和业务拓展。2004 年 5 月，爱普生（中国）有限公司经中国商务部批准，成为中国首家获得"地区总部"资格认定的外商独资企业。

爱普生在中国开展的业务主要有打印机、扫描仪、投影机等信息关联产品业务、电子元器件业务以及工业机器人业务。目前，精工爱普生在华共有9家制造、销售及服务等机构，员工逾16000人。精工爱普生全球年销售额超过1万亿日元。

精工爱普生自用的打印机控制语言是ESC/P。

## （三）佳能

佳能凭借光学技术起家，成立于1937年。

20世纪70年代初，佳能研制出日本第一台普通纸复印机。80年代初，佳能首次开发成功气泡喷墨打印技术，并将其产品推向全世界。80年代初，佳能公司研发了新的硒鼓形式和加热技术，"一体式硒鼓"和"定影膜加热技术"专利都属于佳能公司。1996年，佳能改进了墨水的配方，开发出了世界第一款能够在普通纸上进行彩色喷墨打印的打印机BJC-600J。

佳能主要使用的打印机语言是Capsyl。

## （四）富士施乐

1962年，富士胶片和美国施乐合资成立了富士施乐株式会社。1977年，施乐推出了世界上首台激光打印机9700。1985年开始销售OEM的激光打印机引擎XP-9。1997年，推出打印/复印/扫描/传真的四合一多功能激光打印机。1998年，推出业界首台桌面型A3彩色激光打印机Color Laser Wind 3310。其利用滴流式成像等新技术，大幅缩小了彩色激光打印机的引擎体积。1999年，推出业界首台A3黑白节能型打印机。其采用新研发的快速定影技术，可大幅缩短开机时间并降低能耗。2000年，富士施乐收购Sony Tektronix打印机业务和日本恩希爱聚合墨粉业务，设立了Phaser Printing Japan。2001年，富士施乐收购了NEC激光打印机业务。

1987年9月18日，上海富士施乐复印机有限公司成立，并于1990年开始出口复印机和零部件，开始了产品国产化的进程。目前已形成彩色数码激光打印机、单色数码激光多功能机和彩色数码激光多功能机三大类多品种、多型号的产品结构。

1995年6月2日，富士施乐高科技（深圳）有限公司成立，公司主要制造激光打印机、热墨喷射式打印机、光学电子复印机、数字式复印机、数字式复合机（集打印、传真、扫描、复印功能于一体）、暗盒及相关零部件。

相对于惠普、爱普生、佳能等品牌，富士施乐打印机市场占有率较低，主要针对专业打印市场，采用的打印机语言主要是 Xes 和 Jdl。

（五）Stratasys

Stratasys 公司成立于 1989 年，其创始人是熔融沉积成型（FDM）技术的发明者。公司以 FDM 技术为基础最先发展 3D 打印，多年来始终处于全球 3D 打印市场头部位置，提供基于高分子材料的 3D 打印设备、材料和服务，如 Polyjet 打印机、FDM 打印机、光固化打印机、纤维材料、Polyjet 树脂材料等。

1996 年，Stratasys 推出第一台价格低于 10 万美元的 3D 打印设备，在此之前，单价过高是阻碍 3D 打印产品推广的主要原因。

2012 年，Stratasys 收购以色列 3D 打印设备初创公司 Objet，将 FDM 技术与 Objet 的喷墨式打印技术相融合，实现在加快打印速度的同时给打印品提供更多光滑的表面和更多的细节。Stratasys 当年销售收入达 2.15 亿美元，占整个 3D 打印市场的六分之一，并于 12 月在纳斯达克上市。但其 3D 打印主要应用范围仍然集中在工业级市场。

2013 年，Stratasys 收购桌面 3D 打印厂商 MakerBot，制造准专业级桌上型 3D 打印机。2014 年实现收入 7.5 亿美元，比 2013 年增长 55%。2015 年 Stratasys 合并 Red Eye、Harvest Technologies、Solid Concepts，布局按需制造服务。

2020 年，Stratasys 公司市值位居全球 3D 打印上市公司第三位，前两位分别为 3D Systems、西安铂力特。

## 第二节　中国打印市场竞争格局

长期以来，中国打印企业都处在压力极大的环境中，先有国外打印机厂商以各种专利技术和手段不断打压，后有假冒耗材搅乱通用耗材市场的秩序。中国企业在矛盾和摩擦中学会了生存并转化为动力，努力跻身于世界强手之林。

## 一、产业发展

打印机作为一种高精尖、光机电一体化的高技术产品，技术和生产水平要求较高，需要生产企业制定科学的发展规划和投入一定规模的资金。但我国打印产业规模较小，大部分打印机生产厂家依附集团（公司），或仅仅作为集团（公司）的打印机事业部，打印机不是公司的主导产品。没有足够的资金投入阻碍了我国打印机的研制和生产，这种体制和结构也使得打印机的研制发展缺乏长远规划。事实上，目前，缺乏成熟的制造厂商已成为我国打印机产业和对外贸易进一步发展的"瓶颈"。

### （一）传统打印机发展现状

我国打印机市场规模增长平稳，如图2-14所示，2022年全年中国打印外设市场出货量为1996.1万台，同比增长8.2%。其中，第四季度出货量为651.1万台，同比增长31.7%。2023年出货量达1747.0万台。其中，2023年第四季度，中国外设市场出货量为462.5万台，同比下降29.0%。

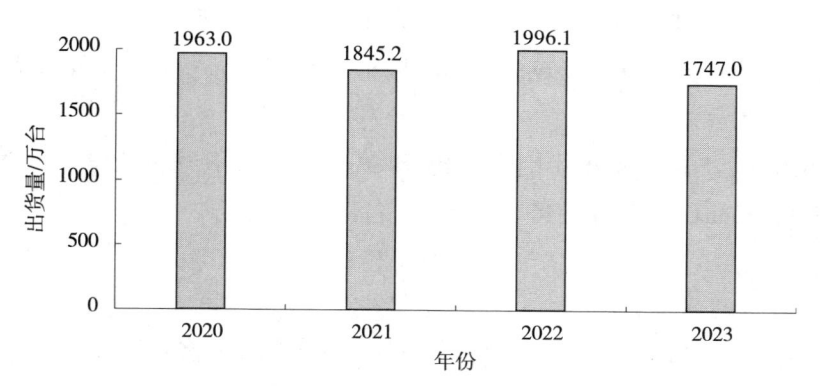

图2-14 2020—2023年中国打印外设出货量

资料来源：IDC、中商产业研究院，项目组整理绘制。

## 第二章 打印设备产业现状

从细分市场看，如图2-15所示，2023年第四季度中国激光打印机出货量225.5万台，同比下降12.4%，市场占比48.8%；喷墨打印机出货量207.7万台，同比下降40.9%，市场占比44.9%；针式打印机出货量29.3万台，同比下降30.7%，市场占比6.3%。

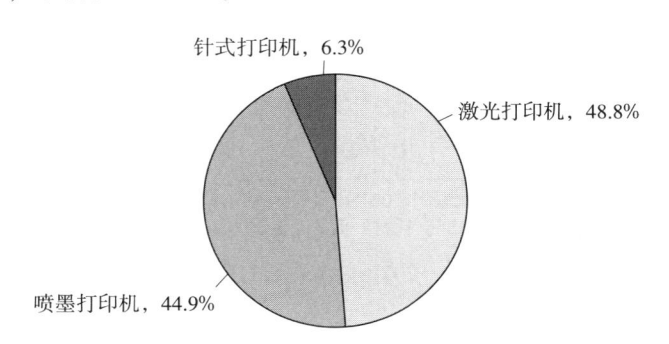

图2-15　2023 Q4中国打印外设出货量市场结构占比情况

资料来源：IDC、中商产业研究院，项目组整理绘制。

### （二）传统打印耗材发展现状

打印耗材作为打印过程中的消耗品，属于高频购买类产品，主要包括激光打印机的硒鼓，喷墨打印机的墨盒，针式打印机中的墨水、色带。硒鼓由打印机耗材芯片、碳粉和滚轮/鼓组成。墨盒由芯片、墨水、打印头组成。

2022年下半年，中国打印耗材出货量为47.6百万支，同比下降2.5%。其中，喷墨类耗材出货量14.6百万支，同比增长3.3%；激光类耗材出货量33百万支，同比下降4.8%。受新冠疫情影响，企业和学生群体频繁地居家办公和学习，促进了喷墨打印机的需求增加，带动了原装喷墨耗材增长。但同样由于疫情的限制、进出口活动受限，令国内各行各业产业信心处于相对低迷的状态。2022年下半年，原装激光打印耗材出货量同比上涨1.1%，打印机兼容耗材出货量同比下降5.4%（见图2-16）。形成差异的原因主要在于耗材芯片解决困难，同时新的打印机厂商进入、原装厂商营销资源投入增长。

对于喷墨打印耗材市场来说，墨盒依然是主要打印耗材，惠普、佳能等主流品牌仍在依靠墨盒式喷墨打印机占据市场份额优势，尤其是消费市场对

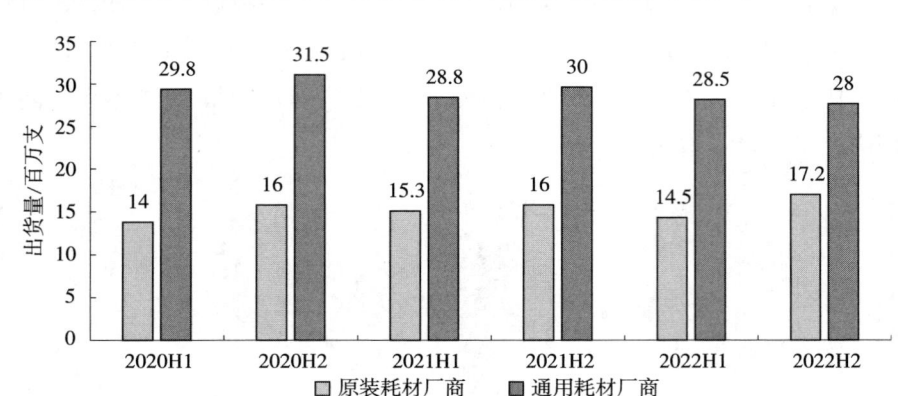

墨盒式产品仍存在巨大需求，持续带动了墨盒机保有量的增长。

图 2-16　2020H1—2022H2 年中国打印耗材市场出货量

资料来源：IDC，项目组整理绘制。

对于激光打印耗材市场来说，原装耗材和通用耗材是国内激光打印耗材市场的两大阵营。经过 20 多年的发展，通用激光耗材市场份额从 15 年前的 37.6%增长到 2021 年底的 77.9%，已然成为国内消费和行业市场激光打印产品的首选。这一巨大变化一方面来自国内像格之格、天威这样的头部品牌在技术创新、质量提升和市场推广上的成功；另一方面也依赖国内政策的扶持，政府和国企大力推行的通用优先政策的拉动，使过去略显无序但潜力巨大的通用市场快速转向提升品牌影响力和规范化经营的发展轨道。

原装硒鼓不断进行技术创新并推出低容、连续供粉等适应国内市场需求的产品，同时推进传统流量型号和彩色打印机的多场景应用解决方案。其优质的打印体验和完善的售后服务依然对行业用户有着较强的吸引力。IDC 数据显示，虽然通用耗材品牌在各个领域发展强劲，但原装硒鼓在 2017—2021 年的年复合增长率依然保持了 2.3%的增长。

在有限的增幅中，国内品牌在消费和商用两个市场都有明显的增长。奔图自发布第一台国产打印机至今已 10 年有余，已成为整体激光打印机市场前五位的主流品牌，其激光耗材在 2017—2021 年的年复合增长率达到了令人瞩目的 27.7%。奔图凭借强大的自主创新和规模化生产的原动力再加上国家政策导向的引领，成为国际品牌云集的激光打印耗材市场中的明星品牌。

### (三) 3D 打印发展现状

中国 3D 打印专利申请起步较晚，其主要在于 3D 打印技术研发成本高等方面的约束[①]，没有引起足够的重视。2012 年之前，国内 3D 打印技术尚处于技术萌芽期，许多技术处于秘密研发状态没有进行专利申请。2012 年以后，我国多部门相继推出一系列鼓励 3D 打印技术发展的政策和措施。2015 年，随着《国家增材制造产业发展推进计划 (2015—2016 年)》的制定实施，3D 打印产业迅猛发展并上升到国家战略层面。此后，国家分别从产业体系、技术创新与行业标准等多方面对 3D 打印产业进行政策推动与规范。[②] 相关政策的刺激以及近年来经济技术的快速发展，促进了我国 3D 打印技术的高速发展和进步。随后国内的科研院所及高端制造企业逐渐加入新型 3D 打印技术的开发和研究中，国内专利申请量快速增长。2017—2022 年，经过多年的研究和发展，3D 打印技术日趋成熟，已经形成较为完备的上中下游产业链，表现出产业良好的发展前景。

如图 2-17 所示，受 3D 打印产品逐步规模化应用和部分积压的 3D 打印设备需求释放的带动，2021 年中国 3D 打印产业规模增速加快，产业规模增至 216.5 亿元。随着 3D 打印产品在已有场景中应用规模进一步扩张，以及在新场景、新应用中的不断开拓，中国 3D 打印产业规模将不断突破。

3D 打印材料行业是 3D 打印产业的重要基础。依据 CCID 数据，2017 年以来，3D 打印材料市场规模占 3D 打印产业总规模的总比重为 20%～30%。如图 2-18 所示，2017—2021 年，我国 3D 打印材料行业市场规模逐年递增，且在 2021 年的同比增幅达到 31.37%，为历年来最高增幅，实现重大跨越。

---

① 刘红光，杨倩，刘桂锋，等. 国内外 3D 打印快速成型技术的专利情报分析 [J]. 情报杂志，2013，32 (06): 40-46.
② 崔文尧，闫彭. 近二十年国内 3D 打印技术专利分析 [J]. 中国科技信息，2022 (10): 14-15，18.

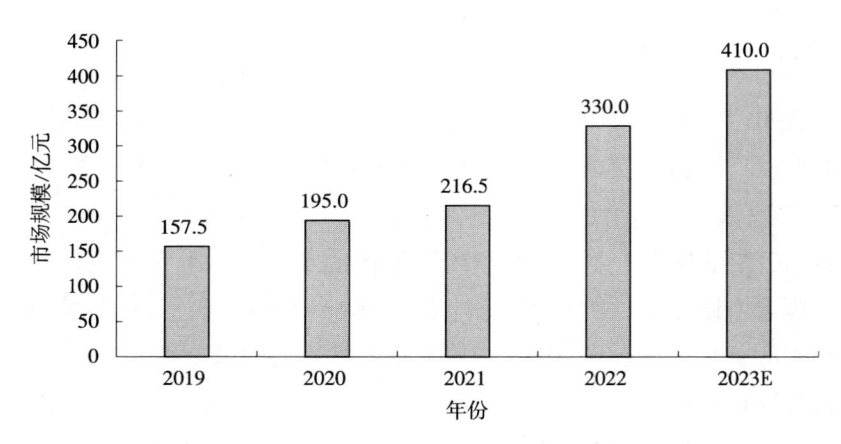

**图 2-17　2019—2023 年中国 3D 打印市场规模趋势**

资料来源：中商产业研究院，项目组整理绘制。

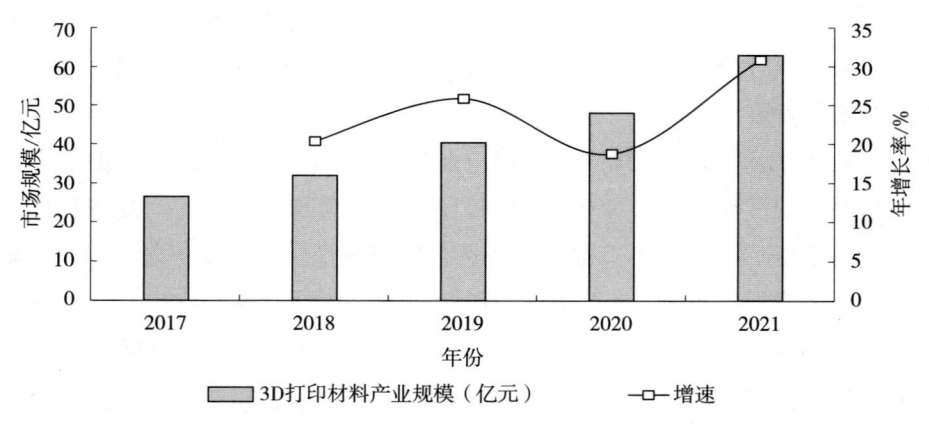

**图 2-18　2017—2021 年中国 3D 打印材料行业市场规模及同比增速**

资料来源：前瞻产业研究院，项目组整理绘制。

与全球 3D 打印细分产业结构不同，中国 3D 打印设备市场占比超过 3D 打印服务，且 3D 打印服务和 3D 打印材料相差较小。2022 年，中国 3D 打印设备规模占比达 45.5%，3D 打印服务和 3D 打印材料规模占比均超 25%。

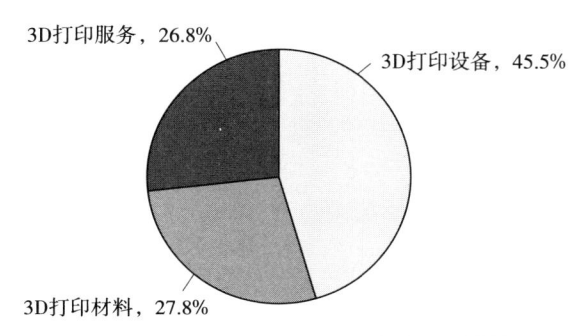

图 2-19　2022 年中国 3D 打印细分产业规模情况

资料来源：中商产业研究院，项目组整理绘制。

## 二、产业集聚

2024 年第一季度，如图 2-20 所示，广东省各类打印耗材出口量均最多，领先于国内其他省市。激光/复印机类耗材 2024 年第一季度出口量排名前三的为广东、江苏和山东，喷墨类打印耗材出口量排名前三的为广东、浙江和天津，色带类打印耗材出口量前三的为广东、浙江和河南。广东省产业发展呈现出明显的产业集聚和创新能力。

2024 Q1 全国打印耗材出口排名前 10 省市排名（百万元）

|  |  |
| --- | --- |
| 广东 | 4853 |
| 江苏 | 831 |
| 山东 | 717 |
| 浙江 | 418 |
| 江西 | 290 |
| 上海 | 272 |
| 福建 | 211 |
| 天津 | 159 |
| 北京 | 123 |
| 辽宁 | 93 |

2024 Q1 全国激光/复印机类耗材出口前 10 省市排名（百万元）

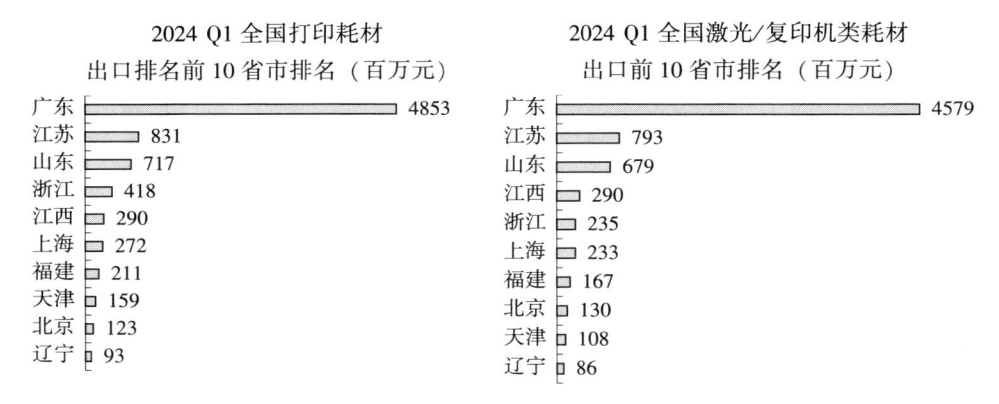

|  |  |
| --- | --- |
| 广东 | 4579 |
| 江苏 | 793 |
| 山东 | 679 |
| 江西 | 290 |
| 浙江 | 235 |
| 上海 | 233 |
| 福建 | 167 |
| 北京 | 130 |
| 天津 | 108 |
| 辽宁 | 86 |

图 2-20　2024 Q1 全国打印耗材出口省市排名

**2024 Q1 全国喷墨类打印耗材出口前 10 省市排名（百万元）**

- 广东 171
- 浙江 93
- 天津 49
- 上海 28
- 福建 21
- 江苏 18
- 河南 14
- 山东 9
- 湖北 5
- 河北 4

**2024 Q1 全国色带类打印耗材出口前 10 省市排名（百万元）**

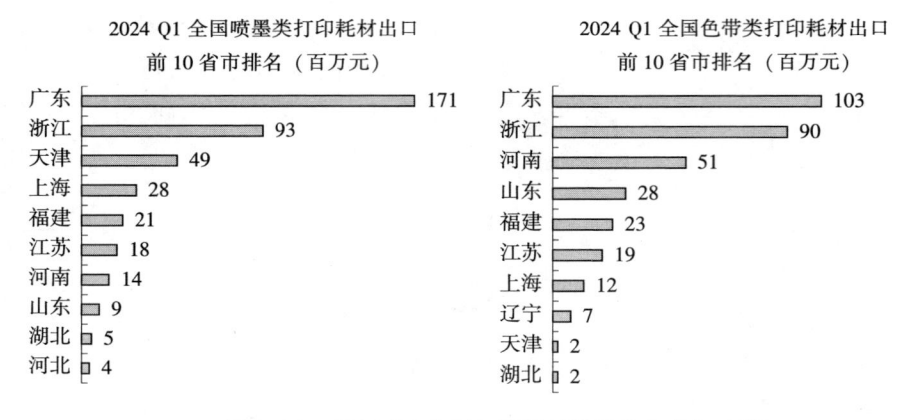

- 广东 103
- 浙江 90
- 河南 51
- 山东 28
- 福建 23
- 江苏 19
- 上海 12
- 辽宁 7
- 天津 2
- 湖北 2

图 2-20　2024 Q1 全国打印耗材出口省市排名（续）

从国内各省市 3D 打印产业分布情况来看，北京市、浙江省、湖北省、广东省、陕西省发展较快，其中广东省从事 3D 打印业务的企业超过 400 家，拥有多个 3D 打印产业园；其次为山东、江苏等沿海省份；陕西省的 3D 打印材料企业数量亦较多。

从 3D 打印材料产业上市公司的地区分布来看，北京市上市企业数量最多，其中不乏安泰科技、有研粉材等中游环节优势企业；上海和广东两地的上市企业数量也排名前列，前者有中洲特材等企业，后者有银禧科技等企业。

打印耗材领域 A 股上市公司同样集聚东南沿海地区。如图 2-21 所示，截至 2023 年 4 月 10 日，全国 A 股上市公司共计 5148 家，其中共有 51 家公司涉及打印耗材领域，包括纳思达股份有限公司、鼎龙控股股份有限公司等。按地域分布，广东省排名第一，共有 14 家，浙江、福建、上海各有 5 家打印耗材上市公司。

从平均总市值来看，如图 2-22 所示，截至 2023 年 4 月 10 日，全国打印耗材领域 A 股上市公司平均总市值 98.5 亿元，低于全部 A 股上市公司平均市值（180.1 亿元）；全国打印耗材领域 A 股上市公司平均营业总收入为 52.8 亿元，全部 A 股上市公司平均营业总收入为 130.0 亿元；全国打印耗材领域 A 股上市公司平均净利润为 2.7 亿元，低于全部 A 股上市公司的 10.9 亿元；全国打印耗材领域 A 股上市公司平均净利润为 2.7 亿元，低于全部 A 股上市公司的 10.9 亿元。

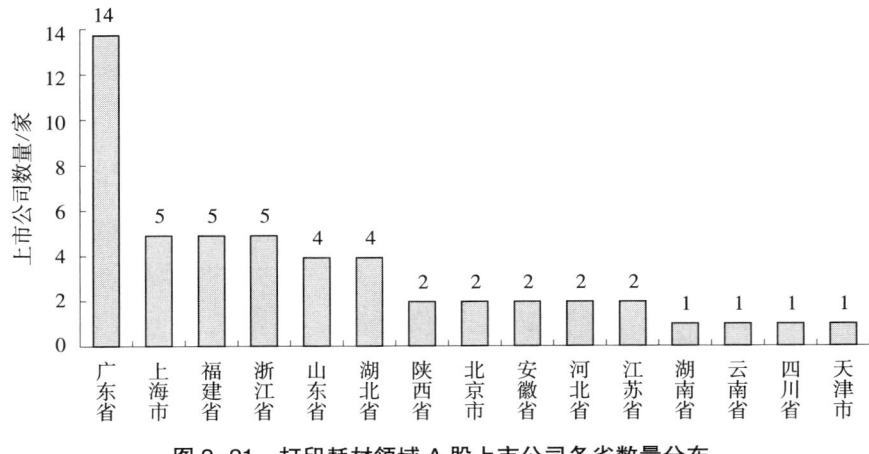

**图 2-21　打印耗材领域 A 股上市公司各省数量分布**

资料来源：wind 数据库，项目组整理绘制。

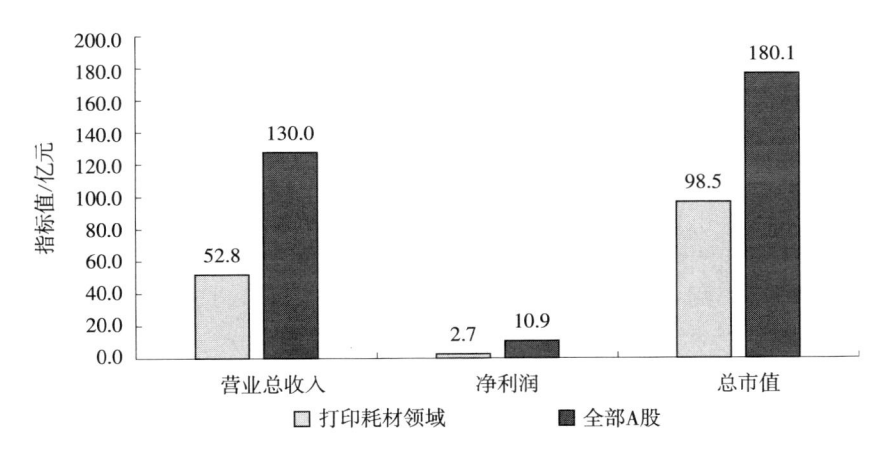

**图 2-22　打印耗材领域 A 股上市公司与全部 A 股上市公司平均营业总收入、净利润、总市值对比**

资料来源：依据 wind 数据分析，项目组整理绘制。

## 三、市场控制

在中国市场上，打印机设备市场出货量仍以惠普、爱普生等国外龙头企业为首，联想占 6.9%，排名第五。中国市场激光打印机较全球更为集中，

2020 年惠普占比达到 45% 以上，联想和兄弟的占比均超过 10%，位列第二、第三。奔图和利盟的占比正在飞速上涨，已经从 2016 年的 2.4% 增加到了 2020 年的 8.2%（见图 2-23）。

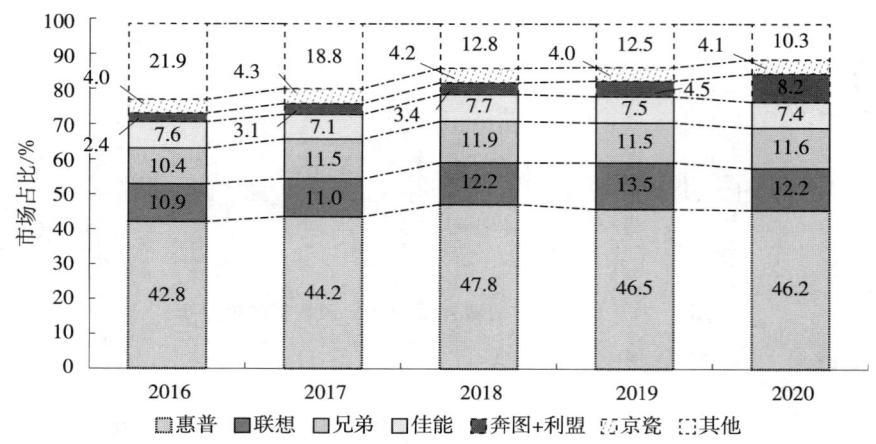

**图 2-23　2016—2020 年中国激光打印机市场格局**

资料来源：IDC，项目组整理绘制。

从用户关注的角度来说，激光打印机关注度前 10 的品牌为惠普（65.26%）、奔图（8.73%）、联想（7.68%）、兄弟（4.43%）、佳能（3.61%）、施乐（3.33%）、富士胶片（2.31%）、京瓷（1.96%）、利盟（0.66%）和理光（0.59%）。如图 2-24 所示，惠普的 HP 1020plus 打印机和 HP CP5225dn 打印机关注度占比在所有型号中分别排名第一和第三，分别为 5.08%、2.48%，兄弟 1208 打印机关注度排名第二，占比为 2.94%。排名前十的打印机型号中，有 6 个为惠普。对激光打印机而言，用户采购时仍以口碑型产品为主，因此关注度高的仍为几年前发布的机型，新品打开市场的难度较大。

在喷墨打印市场中，爱普生仍为主力，关注度为 53.99%。其余进入前五的品牌为佳能（23.04%）、惠普（20.97%）、米家（0.6%）以及兄弟（0.29%）。米家喷墨产品超过传统 OEM 品牌兄弟，拥有 0.6% 的关注度。其中，爱普生墨仓类产品依然是主流，但 HP 1112 这款传统墨盒式喷墨打印机仍有用户需求（见图 2-25）。

第二章 打印设备产业现状

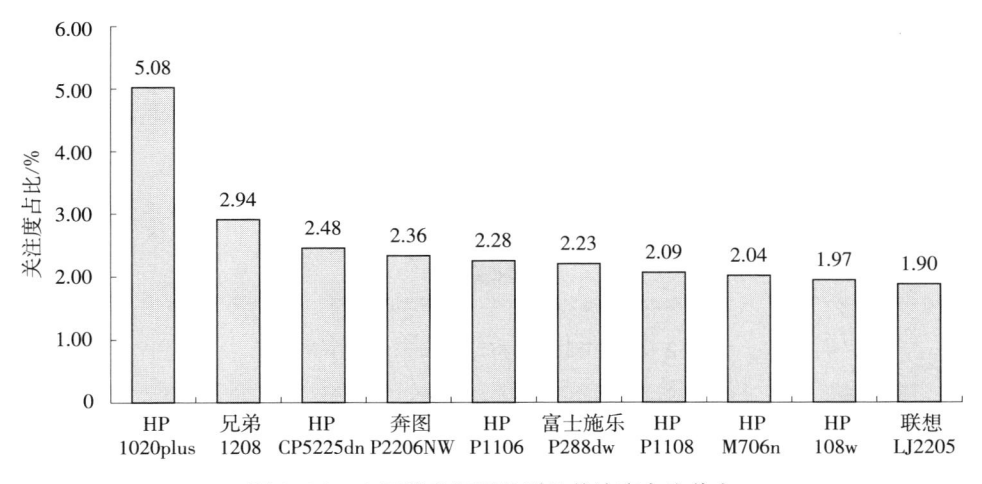

**图 2-24 中国激光打印机型号关注度占比前十**

资料来源：2021 年终打印机 ZDC 书，项目组整理绘制。

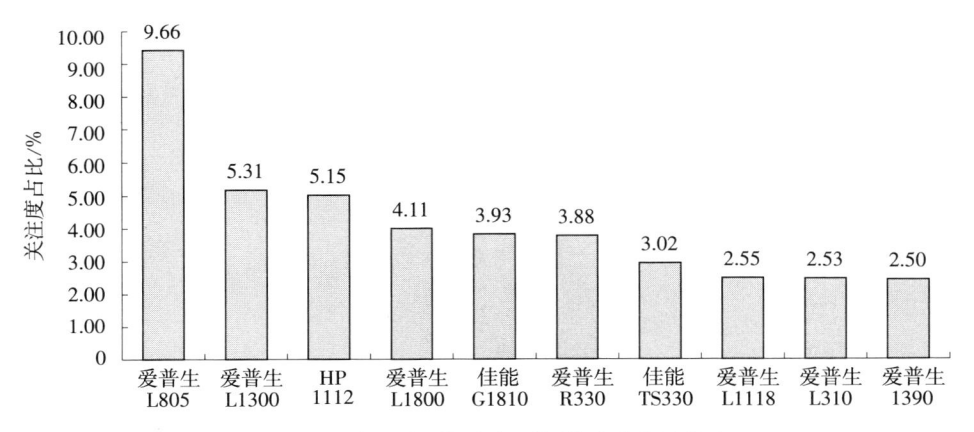

**图 2-25 中国喷墨打印机型号关注度占比前十**

资料来源：2021 年终打印机 ZDC 书，项目组整理绘制。

随着我国 3D 打印市场规模快速增长，进入中国市场的 3D 打印品牌逐渐增多。如图 2-26 所示，当前主流设备品牌包括联泰、EOS、华曙高科、铂力特、3D Systems、GE、Stratasys、惠普等。数据显示，联泰在中国 3D 打印行业中市场占比最高，达 16.4%；其次为 Stratasys 和 EOS，分别占比 14.8% 和 13.1%。

其他，23.0%　　联泰，16.4%

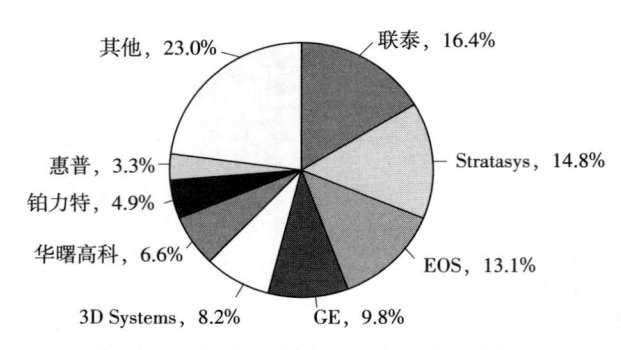

惠普，3.3%
铂力特，4.9%
华曙高科，6.6%
3D Systems，8.2%　　GE，9.8%　　EOS，13.1%　　Stratasys，14.8%

图 2-26　中国 3D 打印设备市场竞争格局

资料来源：3D 科学谷、中商产业研究院，项目组整理绘制。

我国打印耗材市场的主要供应厂商为纳思达，其次为鼎龙股份。如图 2-27 所示，纳思达共占据我国打印耗材市场约 76.0% 的市场份额，在国内通用墨盒市场为绝对龙头，在通用硒鼓市场占有率第一，打印耗材芯片市场占据 70.0% 以上的份额。同时，根据企业调研情况，纳思达在海外通用耗材市场同样也占据 80.0% 以上的份额。中国在打印耗材芯片领域具有一定的技术优势。

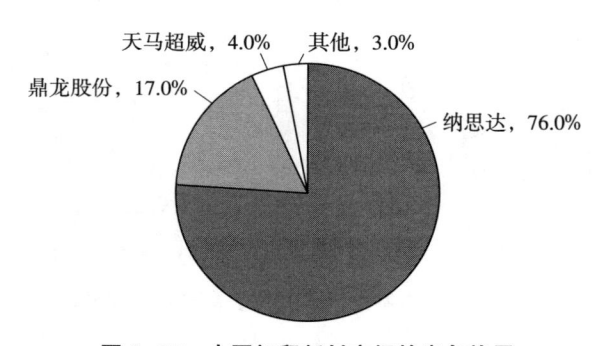

天马超威，4.0%　　其他，3.0%
鼎龙股份，17.0%
纳思达，76.0%

图 2-27　中国打印耗材市场的竞争格局

资料来源：智研咨询，项目组整理绘制。

# 第三章 从专利看打印设备产业竞争格局

实现产业竞争力的提升需要企业积极构建技术壁垒，提高市场占有率，从而保持长期的竞争优势。在这个过程中，专利在产业发展和产业竞争力提升中发挥着重要作用。因此，各国及其产业主体对专利技术都极为重视，积极分析专利技术，加强专利保护，构建产业技术壁垒，提高市场占有率，进而实现产业竞争力的提升。

梳理打印设备产业现有的竞争格局是后续分析打印设备产业发展方向、发展动态的基础。作为护城河较宽、专利技术壁垒较高的行业，打印行业也是技术专利最多且密集度最高的行业之一，具有专利准入门槛，专利对产业具有较高的控制力。因此，从专利的角度可以更为直观、全面、深入地了解打印设备产业的竞争格局。传统打印产业及3D打印产业在发展历程、龙头企业、国别分布等方面都有较大的差异，因此本章将打印设备产业分为传统打印及3D打印，并分别梳理上述两大领域的竞争格局。

## 第一节 传统打印市场竞争格局

传统打印产业是相对于3D打印产业而言的，其包括激光打印、喷墨打印、针式打印、特种打印等产业。本节采取横纵向结合的方法，首先从时间的维度概括全球及中国传统打印产业目前的专利数量及申请态势，梳理出传统打印产业的发展状况；其次从横向的角度分析当前全球打印设备市场分布情况，列明当前技术原创实力强劲的国家/地区，以及在中国和全球技术实力突出的创新主体；最后介绍国内各省市打印设备产业专利布局情况。通过这些内容，可以较为全面地展现出国内外传统打印产业的竞争格局。

## 一、专利整体概览

如表3-1所示，传统打印领域全球共有专利266604项，中国有专利105512件。其中，打印耗材全球共有专利125312项，中国有52325件；打印机全球共有专利127886项，中国有专利40882件。按打印类型来分，激光打印机及耗材全球共有专利74392项，中国有专利24336件；喷墨打印机及耗材全球共有专利49409项，中国有专利23588件；针式打印机及耗材全球共有专利6421项，中国有专利1180件；特种打印机及耗材全球共有专利104295项，中国有专利33718件。

表3-1 传统打印产业及耗材

| 一级 | 二级 | 三级 | 中国总计/件 | 全球总计/件 | 全球总计/项 |
| --- | --- | --- | --- | --- | --- |
| 基础化学原料 | 树脂原料 | — | 10380 | 79399 | 21800 |
| | 电荷调节剂 | — | 838 | 9323 | 2276 |
| | 颜料 | — | 5979 | 48909 | 11959 |
| | 石蜡 | — | 552 | 11678 | 1994 |
| | 添加剂 | — | 7232 | 47788 | 12763 |
| | 基础化学原料合计 | | 21225 | 162434 | 41924 |
| 打印耗材 | 耗材芯片 | 硒鼓芯片 | 507 | 672 | 408 |
| | | 墨盒芯片 | 758 | 2013 | 711 |
| | 打印耗材芯片合计 | | 1134 | 2542 | 1061 |
| | 激光打印耗材 | 硒鼓 | 11828 | 74564 | 27649 |
| | | 碳粉 | 4136 | 60367 | 16653 |
| | | 成像辊 | 4477 | 40474 | 16330 |
| | | 定影辊 | 5515 | 40919 | 14995 |
| | | 刮板 | 539 | 9737 | 4977 |
| | 激光打印耗材合计 | | 23012 | 201920 | 68713 |

续表

| 一级 | 二级 | 三级 | 中国总计/件 | 全球总计/件 | 全球总计/项 |
|---|---|---|---|---|---|
| 打印耗材 | 喷墨打印耗材 | 墨盒 | 21960 | 148198 | 44668 |
| | 喷墨打印耗材合计 | | 21960 | 148198 | 44668 |
| | 针式打印耗材 | 色带 | 645 | 8146 | 3848 |
| | 针式打印耗材合计 | | 645 | 8146 | 3848 |
| | 特种打印耗材 | 热敏纸 | 757 | 1735 | 1089 |
| | | 涂布纸 | 1681 | 23256 | 8423 |
| | | UV墨水 | 717 | 1169 | 866 |
| | 特种打印耗材合计 | | 3081 | 25961 | 10279 |
| | 其他通用耗材 | 外壳 | 4256 | 24784 | 6577 |
| | | 打印介质 | 1541 | 9959 | 2680 |
| | 其他通用耗材合计 | | 5796 | 34742 | 9245 |
| | 打印耗材合计 | | 52325 | 401457 | 125312 |
| 打印机 | 激光打印机 | 激光扫描系统 | 673 | 11861 | 5077 |
| | | 激光输纸 | 854 | 8682 | 2983 |
| | 激光打印机合计 | | 1507 | 20408 | 7948 |
| | 喷墨打印机 | 喷墨传感器 | 726 | 11517 | 3173 |
| | | 喷墨输纸 | 1362 | 10763 | 3094 |
| | 喷墨打印机合计 | | 2072 | 22257 | 6223 |
| | 针式打印机 | 针式打印头 | 190 | 4792 | 1736 |
| | | 针式输纸 | 373 | 3687 | 947 |
| | 针式打印机合计 | | 550 | 8456 | 2657 |
| | 特种打印机 | 热敏打印 | 5766 | 88661 | 40671 |
| | | 热升华打印 | 5717 | 56267 | 21829 |
| | | 标签打印 | 10017 | 43710 | 23257 |
| | | 手持打印机 | 476 | 2515 | 982 |
| | | 喷码打印机 | 10152 | 11370 | 10368 |
| | 特种打印机合计 | | 31033 | 195869 | 94941 |
| | 软件算法 | — | 3455 | 20463 | 6849 |
| | 打印语言 | — | 347 | 3369 | 792 |
| | 打印机合计 | | 40882 | 294503 | 127886 |
| | 传统打印产业链合计 | | 105512 | 784856 | 266604 |

## 二、专利申请态势

全球传统打印的四个领域中，针式打印相关技术成熟最早，1968年就已有商用针式打印机推出，但专利申请体量也较小。如图3-1所示，1982—1990年是针式打印发展最快的时期，全球专利年申请量基本保持在250~320项。而后除2000—2002年略有回升外一路下降。中国针式打印专利申请缓慢提升，2020年专利申请量又达新高。2006年后中国为全球贡献了一半以上的针式打印年专利申请量。

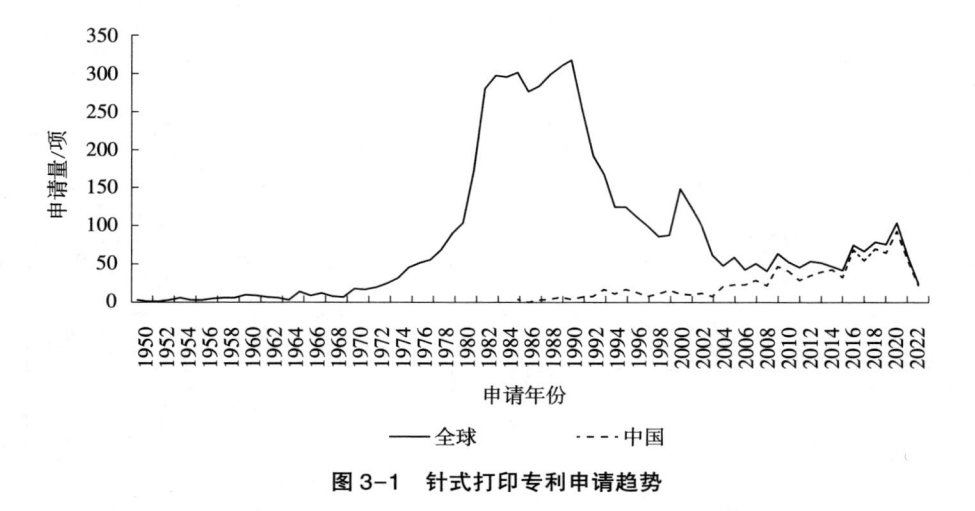

图3-1 针式打印专利申请趋势

当前，针式打印已进入技术衰退期。如图3-2所示，1965—1980年针式打印处于快速发展期，年申请人数量从个位数增长至50个左右，年申请量也增加了5倍以上；1981—1991年为成熟期，1984年针式打印申请人数量达到历史峰值的115个，1990年专利申请量同样达到319项的历史峰值；而后开始进入技术衰退期，直到2000年中国作为新的市场在针式打印领域投入较多精力后开始逐渐复苏，但2003年后每年申请人数量均不超过70个。

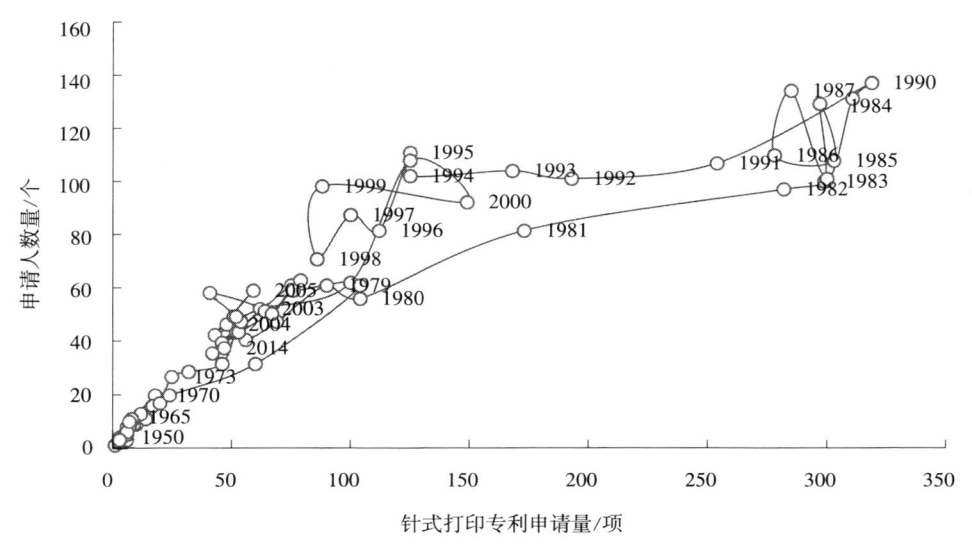

图 3-2 全球针式打印技术生命周期

激光打印相关专利出现较早。如图 3-3 所示，早在 1960 年就有破 10 项的年申请量，但直到实验室出现第一台可以使用的激光打印机后，其专利申请量才开始大幅上涨，并迅速地从 1971 年不足百项的年申请量上升至 1982 年的 1128 项专利申请。全球激光打印专利申请早在 1990 年达到历史峰值，为 1974 项。在中国加入激光打印领域后，全球激光打印专利申请在 2017 年达到第二次历史峰值。2006 年后，全球激光打印一半以上的年申请量来自中国，但由于国外技术的愈发成熟，2005 年、2006 年后激光打印相关年申请量仅在 2011 年、2017 年、2018 年以及 2020 年突破 2100 项。

激光打印目前处于技术成熟期。如图 3-4 所示，1977 年之前激光打印处于技术引入期，技术正在孕育，年专利申请量不超过 1000 件，且集中在不足 60 个申请人手中；1977—1990 年为技术发展期，介入的企业增多，技术分布的范围扩大，表现为专利申请量和专利申请人数量的激增；1990 年专利申请量近 2000 项，来自 231 个不同的申请人；1991—1996 年技术相对成熟，专利申请量稳定在 1200~1700 项，申请人数量在 200 个左右；随着中国的加入，激光打印发明专利申请人不断上升，尤其是 2000—2001 年，申请人新增 700 余个；2004 年后，激光打印处于新一轮的技术成熟期，年申请量稳定在 2000

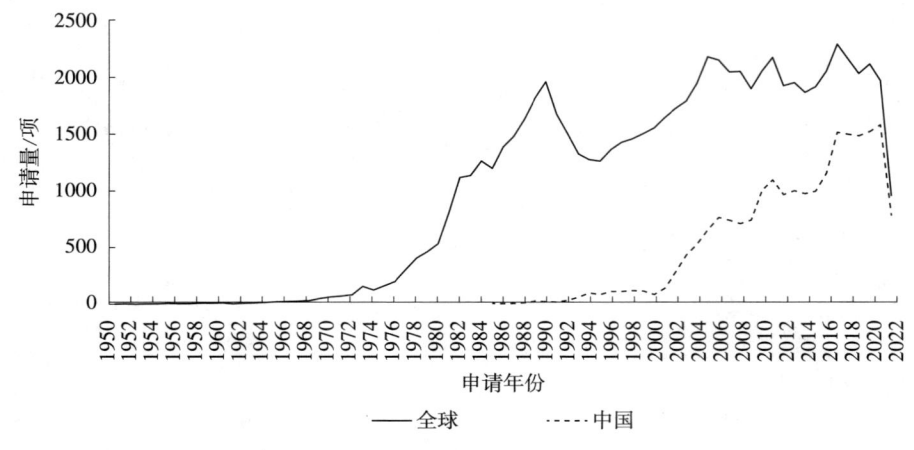

项左右，申请人数量维持在 600~1100 个。

图 3-3　激光打印专利申请趋势

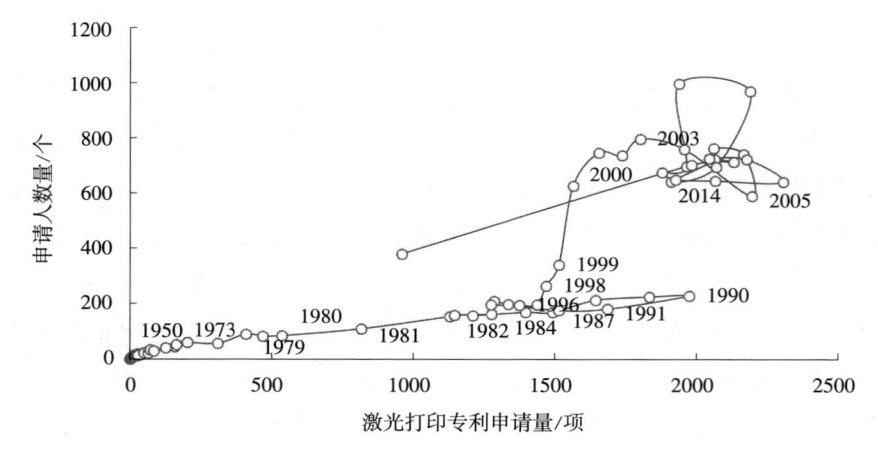

图 3-4　全球激光打印技术生命周期

如图 3-5 所示，喷墨打印专利年申请量最早在 1971 年突破 10 项，1978 年突破 100 项。1976 年首台商用喷墨打印机推出，专利迅速从 1974 年的 54 项年申请量跃升至 1982 年的 271 项，喷墨打印技术进入快速发展期。2005 年是全球除中国外喷墨打印专利年申请量最高的一年，当年共有 1674 项专利申请提交，其中国外有 1007 项。而后国外专利年申请量缓慢下降，中国成为全球专利申请量增长的主要动力。全球喷墨打印专利申请的历史峰值出现在 2018 年，为 2628 项。中国喷墨打印专利申请的历史峰值在 2020 年，为 1769 项。

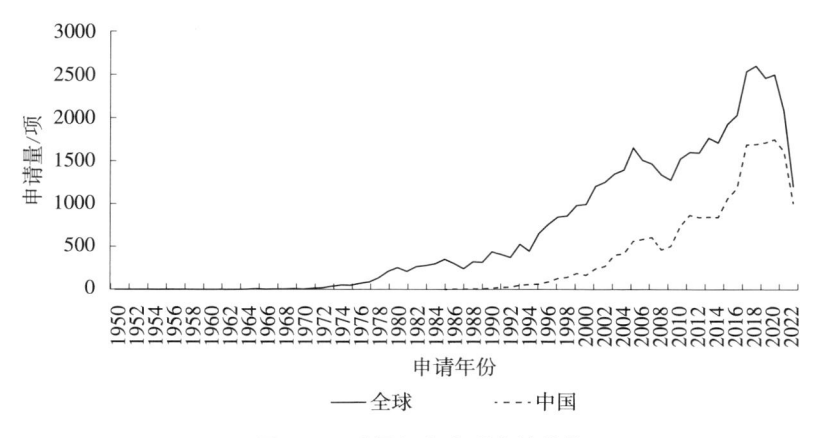

图 3-5　喷墨打印专利申请趋势

喷墨打印与激光打印一致，目前也处于技术成熟期。如图 3-6 所示，1978 年之前激光打印处于技术引入期，年专利申请量不超过 1000 件，集中于不足 40 个申请人；1978—2003 年为技术发展期，介入的企业增多，技术分布的范围扩大，年申请量从破百项增长至近 1364 项，申请人数量从不足 40 个增长至 600 余个；2004 年后，激光打印进入技术成熟期，年申请量在 1300～2600 项，年申请人数量在 500～1100 个。

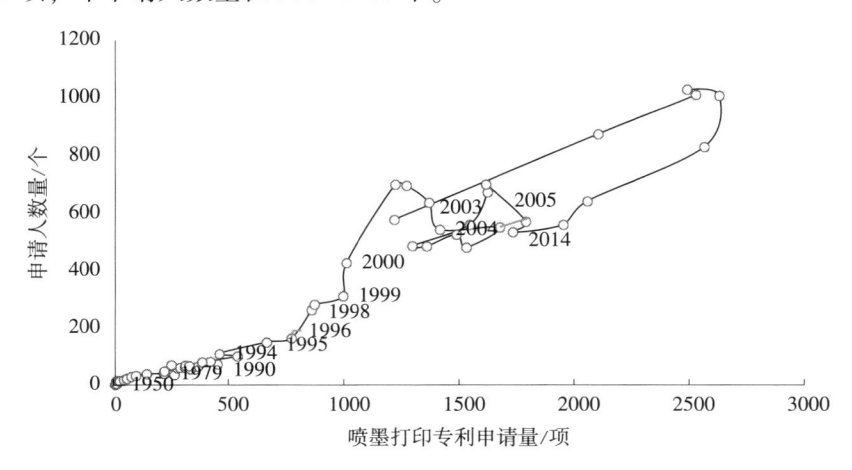

图 3-6　全球喷墨打印技术生命周期

如图 3-7 所示，特种打印专利年申请量最早在 1969 年突破 100 项，1981 年突破 1000 项。之后特种打印技术进入快速发展期，专利申请量从 1981 年的 1287 项增长至 1991 年的 2745 项。1991 年后国外专利年申请量缓慢下降，全球增长同样由中国开始主导。全球和中国特种打印专利申请的历史峰值均在 2020 年，分别为 4771 项和 4442 项。

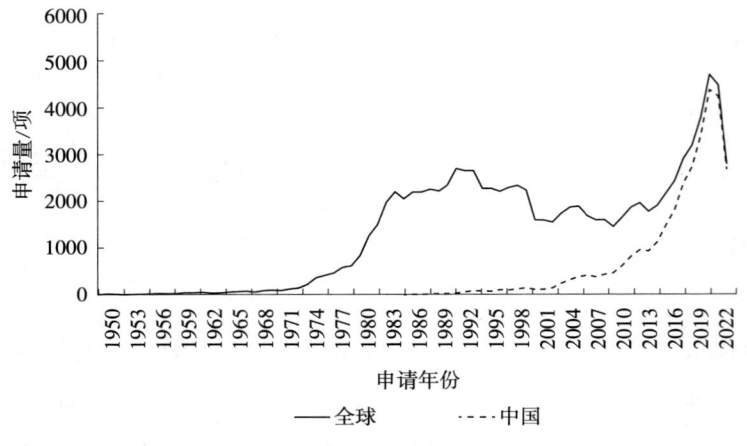

图 3-7　特种打印专利申请趋势

特种打印目前处于成长期。如图 3-8 所示，1969 年之前激光打印处于技术引入期，年专利申请量不超过百件，集中于不足 100 个申请人；1970—1991 年为技术发展期，介入的企业增多，技术分布的范围扩大，年申请量从破百项增长至超 2700 项，申请人数量从 100 余个增长至近 1000 个；1991 年后，特种打印专利申请量和申请人数量出现下降，直到 2009 年开始继续上升，2020 年特种打印专利申请量和申请人数量达到历史峰值。

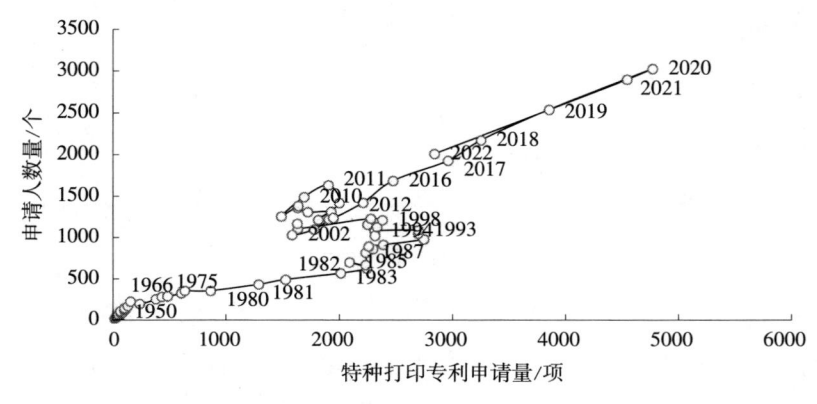

图 3-8　全球特种打印技术生命周期

## 三、全球打印设备市场主要分布国家/地区

如图3-9所示,在激光、喷墨、针式、特种四大传统打印分支领域,日本均为目标市场国占比第一,其在激光打印和针式打印的全球占比在四成以上,特种打印、喷墨打印领域占比也超过三成。激光、喷墨和针式打印分支目标市场国占比第二的均为美国,其在领域的全球占比分别为24.1%、25.0%和14.5%;在特种打印领域占比为13.3%,略低于中国的15.7%。在激光、喷墨和针式打印领域,中国分别以12.1%、15.3%和7.8%的占比排在第三位。而在历史峰值出现早且体量较小的针式打印分支,欧洲与中国占比接近。从整体来看,针式打印市场分布最为分散,除前七市场外其他地区占比仍有18.7%。其次是特种打印,为15.4%。喷墨打印、激光打印则集中于主要市场,其他地区分别占11.1%、7.5%。

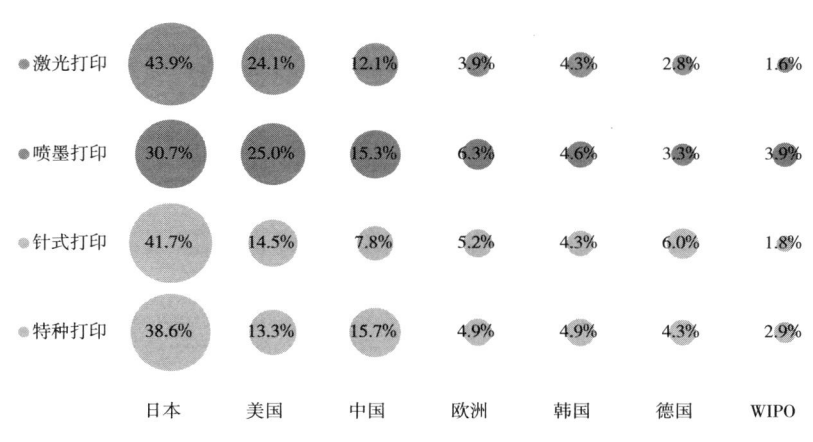

| | 日本 | 美国 | 中国 | 欧洲 | 韩国 | 德国 | WIPO |
|---|---|---|---|---|---|---|---|
| ●激光打印 | 43.9% | 24.1% | 12.1% | 3.9% | 4.3% | 2.8% | 1.6% |
| ●喷墨打印 | 30.7% | 25.0% | 15.3% | 6.3% | 4.6% | 3.3% | 3.9% |
| ●针式打印 | 41.7% | 14.5% | 7.8% | 5.2% | 4.3% | 6.0% | 1.8% |
| ●特种打印 | 38.6% | 13.3% | 15.7% | 4.9% | 4.9% | 4.3% | 2.9% |

图3-9 传统打印全球目标市场国家/地区分布占比

按三级分支来看,如表3-2所示,中国的喷码打印机在全球该分支专利分布占近九成,UV墨水占比在六成;日本的刮板在全球该分支专利分布占近七成,成像辊、针式打印耗材、涂布纸、激光扫描系统、热敏打印占比均在五成左右;占比在四成左右的强势分支还有日本的成像辊、定影辊、硒鼓、碳粉、激光输纸、喷墨传感器、针式打印头,美国的打印语言,中国的热敏

纸等。基础化学原料专利集中度最低，其中石蜡分支约 1/2 的专利分布在除头部 6 个国家/地区外的市场。

表 3-2 传统打印全球目标市场国家/地区主要分支分布

| 分支 | 日本 | 美国 | 中国 | 韩国 | 欧洲 | 德国 | 其他 |
|---|---|---|---|---|---|---|---|
| 硒鼓 | 39.3% | 23.0% | 17.2% | 4.2% | 3.5% | 2.3% | 10.5% |
| 碳粉 | 38.8% | 27.1% | 7.7% | 4.3% | 5.6% | 3.7% | 12.8% |
| 成像辊 | 45.9% | 22.4% | 12.2% | 5.3% | 3.4% | 2.7% | 8.1% |
| 定影辊 | 40.9% | 28.9% | 14.8% | 4.3% | 3.8% | 2.1% | 5.2% |
| 刮板 | 68.1% | 13.9% | 6.2% | 2.7% | 2.1% | 1.8% | 5.1% |
| 喷墨打印耗材 | 30.5% | 24.5% | 15.9% | 4.6% | 6.1% | 3.2% | 15.2% |
| 针式打印耗材 | 46.8% | 11.0% | 8.4% | 2.9% | 4.6% | 5.8% | 20.5% |
| 热敏纸 | 21.6% | 7.2% | 44.0% | 3.6% | 3.2% | 3.3% | 17.1% |
| 涂布纸 | 46.4% | 13.1% | 7.8% | 2.8% | 6.6% | 4.3% | 19.0% |
| UV 墨水 | 9.3% | 6.8% | 62.0% | 2.7% | 2.4% | 2.4% | 14.4% |
| 激光扫描系统 | 52.3% | 21.2% | 6.2% | 5.0% | 4.2% | 3.8% | 7.3% |
| 激光输纸 | 37.5% | 28.0% | 10.9% | 5.9% | 5.0% | 3.8% | 8.9% |
| 喷墨传感器 | 41.4% | 28.9% | 7.2% | 3.4% | 5.8% | 2.9% | 10.4% |
| 喷墨输纸 | 21.3% | 32.5% | 13.2% | 5.9% | 8.2% | 4.3% | 14.5% |
| 针式打印头 | 42.3% | 15.5% | 4.5% | 6.7% | 5.3% | 7.1% | 18.54 |
| 针式输纸 | 27.6% | 21.6% | 11.1% | 4.4% | 7.1% | 5.6% | 22.8% |
| 热敏打印 | 51.8% | 16.2% | 6.9% | 3.9% | 5.2% | 4.3% | 11.6% |
| 热升华打印 | 28.7% | 11.2% | 10.5% | 9.0% | 5.5% | 5.8% | 29.1% |
| 标签打印 | 29.1% | 13.8% | 23.2% | 4.0% | 4.0% | 4.3% | 21.6% |
| 手持打印机 | 22.5% | 30.4% | 19.4% | 4.0% | 4.3% | 1.7% | 17.7% |
| 喷码打印机 | 1.9% | 1.4% | 89.5% | 0.7% | 0.7% | 0.5% | 5.2% |
| 软件算法 | 17.1% | 33.9% | 17.6% | 3.2% | 7.0% | 2.7% | 18.4% |
| 打印语言 | 18.1% | 41.9% | 12.5% | 7.6% | 6.9% | 1.9% | 11.1% |
| 树脂原料 | 28.0% | 22.2% | 14.0% | 6.7% | 6.2% | 3.4% | 19.4% |

续表

| 分支 | 日本 | 美国 | 中国 | 韩国 | 欧洲 | 德国 | 其他 |
|---|---|---|---|---|---|---|---|
| 电荷调节剂 | 31.3% | 27.1% | 10.3% | 5.8% | 8.0% | 5.2% | 12.3% |
| 颜料 | 20.5% | 22.5% | 13.3% | 5.0% | 8.4% | 4.6% | 25.8% |
| 石蜡 | 13.9% | 15.3% | 5.2% | 3.6% | 4.5% | 6.7% | 50.8% |
| 添加剂 | 20.0% | 23.0% | 16.0% | 5.7% | 7.8% | 3.8% | 23.7% |

## 四、技术原创实力强劲的国家/地区

技术原创实力可以体现一个国家/地区在该产业的竞争能力及市场广度，了解传统打印产业中技术原创实力强劲的国家/地区有利于深入了解该产业的竞争格局。下文将通过分析全球的传统打印技术来源及五局技术布局情况，总结当前技术原创实力强劲的国家/地区，并进一步说明各国家/地区的实力情况。

### （一）技术来源分布

日本是传统打印领域主要的技术来源国，其在全球激光打印、喷墨打印、针式打印和特种打印方面的占比分别为44.8%、34.8%、35.3%和28.8%；美国在各领域的占比均排名第二，激光打印、喷墨打印、针式打印和特种打印的占比分别为21.8%、21.1%、18.9%和15.0%；中国在各领域占比均排名第三（见图3-10）。

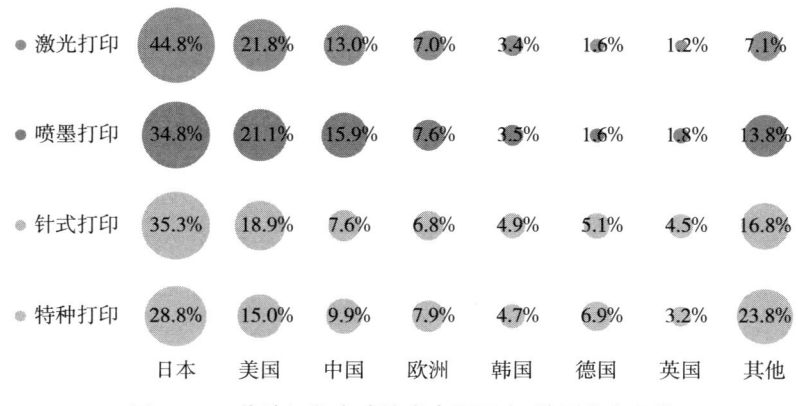

| | 日本 | 美国 | 中国 | 欧洲 | 韩国 | 德国 | 英国 | 其他 |
|---|---|---|---|---|---|---|---|---|
| ● 激光打印 | 44.8% | 21.8% | 13.0% | 7.0% | 3.4% | 1.6% | 1.2% | 7.1% |
| ● 喷墨打印 | 34.8% | 21.1% | 15.9% | 7.6% | 3.5% | 1.6% | 1.8% | 13.8% |
| ● 针式打印 | 35.3% | 18.9% | 7.6% | 6.8% | 4.9% | 5.1% | 4.5% | 16.8% |
| ● 特种打印 | 28.8% | 15.0% | 9.9% | 7.9% | 4.7% | 6.9% | 3.2% | 23.8% |

图3-10 传统打印全球技术来源国家/地区分布占比

如表 3-3 所示，日本作为传统打印领域技术最为强势的国家，在刮板分支的占比近七成，成像辊、涂布纸、激光扫描系统、喷墨传感器分支占比在五成左右。中国在硒鼓芯片、喷码打印机分支较为强势，占比超八成，墨盒芯片、UV 墨水分支占比近四成。软件算法是美国最为强势的分支，占比近四成，墨盒芯片、喷墨输纸分支占比也超过三成。传统打印专利分布情况较为集中。

表 3-3 传统打印全球技术来源国家/地区主要分支占比情况

| 分支 | 日本 | 美国 | 中国 | 欧洲 | 韩国 | 英国 | 其他 |
| --- | --- | --- | --- | --- | --- | --- | --- |
| 树脂原料 | 36.2% | 20.9% | 16.8% | 9.7% | 2.2% | 1.9% | 12.3% |
| 电荷调节剂 | 40.3% | 23.7% | 11.3% | 14.1% | 2.1% | 1.4% | 7.2% |
| 颜料 | 22.0% | 24.1% | 15.7% | 13.9% | 2.5% | 3.3% | 18.6% |
| 石蜡 | 16.0% | 26.2% | 3.0% | 8.1% | 1.1% | 22.0% | 23.6% |
| 添加剂 | 24.0% | 26.0% | 17.4% | 12.4% | 3.2% | 1.9% | 15.0% |
| 硒鼓芯片 | 3.8% | 3.4% | 80.4% | 2.4% | 5.4% | 0.0% | 4.6% |
| 墨盒芯片 | 3.2% | 31.4% | 39.5% | 2.2% | 1.7% | 0.6% | 21.4% |
| 硒鼓 | 44.4% | 16.0% | 18.5% | 5.0% | 3.5% | 0.7% | 12.0% |
| 碳粉 | 42.0% | 29.1% | 4.4% | 12.1% | 1.9% | 1.8% | 8.8% |
| 成像辊 | 50.3% | 19.0% | 11.4% | 4.4% | 5.5% | 1.3% | 8.2% |
| 定影辊 | 44.1% | 22.7% | 20.0% | 5.4% | 3.1% | 0.5% | 4.2% |
| 刮板 | 69.4% | 13.3% | 5.6% | 4.4% | 2.4% | 1.0% | 3.9% |
| 喷墨打印耗材 | 34.8% | 20.3% | 17.0% | 7.3% | 3.4% | 1.8% | 15.4% |
| 针式打印耗材 | 35.1% | 16.5% | 8.3% | 6.8% | 2.6% | 4.4% | 26.3% |
| 热敏纸 | 22.3% | 14.0% | 30.4% | 5.1% | 3.3% | 2.2% | 22.8% |
| 涂布纸 | 49.0% | 14.4% | 11.0% | 6.1% | 0.4% | 2.6% | 16.5% |
| UV 墨水 | 8.6% | 12.5% | 37.7% | 4.1% | 2.3% | 2.4% | 32.4% |
| 激光扫描系统 | 52.4% | 22.8% | 4.6% | 6.2% | 5.4% | 1.8% | 6.8% |
| 激光输纸 | 43.0% | 26.4% | 11.0% | 5.3% | 5.3% | 1.2% | 7.8% |
| 喷墨传感器 | 48.4% | 22.9% | 3.7% | 7.4% | 2.5% | 1.8% | 13.3% |

续表

| 分支 | 日本 | 美国 | 中国 | 欧洲 | 韩国 | 英国 | 其他 |
|---|---|---|---|---|---|---|---|
| 喷墨输纸 | 27.0% | 31.5% | 7.7% | 11.8% | 4.6% | 2.4% | 15.0% |
| 针式打印头 | 34.3% | 20.5% | 5.3% | 7.2% | 10.2% | 4.2% | 18.3% |
| 针式输纸 | 36.8% | 23.9% | 8.5% | 5.9% | 3.9% | 6.1% | 14.9% |
| 热敏打印 | 36.0% | 18.8% | 5.5% | 8.5% | 4.2% | 2.5% | 24.5% |
| 热升华打印 | 22.5% | 11.4% | 4.3% | 8.8% | 7.8% | 4.8% | 40.4% |
| 标签打印 | 19.4% | 13.7% | 14.4% | 7.4% | 3.5% | 3.4% | 38.2% |
| 手持打印机 | 19.2% | 27.7% | 11.9% | 5.1% | 2.6% | 1.4% | 32.1% |
| 喷码打印机 | 2.7% | 2.6% | 82.1% | 1.2% | 1.0% | 0.3% | 10.0% |
| 软件算法 | 17.4% | 38.2% | 15.2% | 7.8% | 1.8% | 1.8% | 17.7% |
| 打印语言 | 24.2% | 25.8% | 22.9% | 4.1% | 6.0% | 0.5% | 16.7% |

## (二)"五局"技术布局

如图 3-11 所示,整体来看,日本传统打印专利申请体量最大,比排名第二的美国高出约 2/3;排名第三的中国专利申请量约为美国的 2/3,欧洲专利局打印行业专利申请约为中国的 1/2,韩国打印行业专利申请与欧洲专利局相当。从各个重点分支来看,特种打印机对世界五大知识产权局(简称"五局")来说都是专利申请最为集中的分支,仅整个基础化学原料分支、墨盒分支的专利申请量可以与之媲美,其次是激光打印耗材中的硒鼓、碳粉。对比之下,中国在碳粉分支的专利申请量明显处于弱势,专利申请量少于欧洲专利局。此外,美国在碳粉和软件算法分支较为突出;日本在成像辊、硒鼓、刮板和特种打印机方面较为突出;欧洲专利局也在软件算法分支具有一定优势。

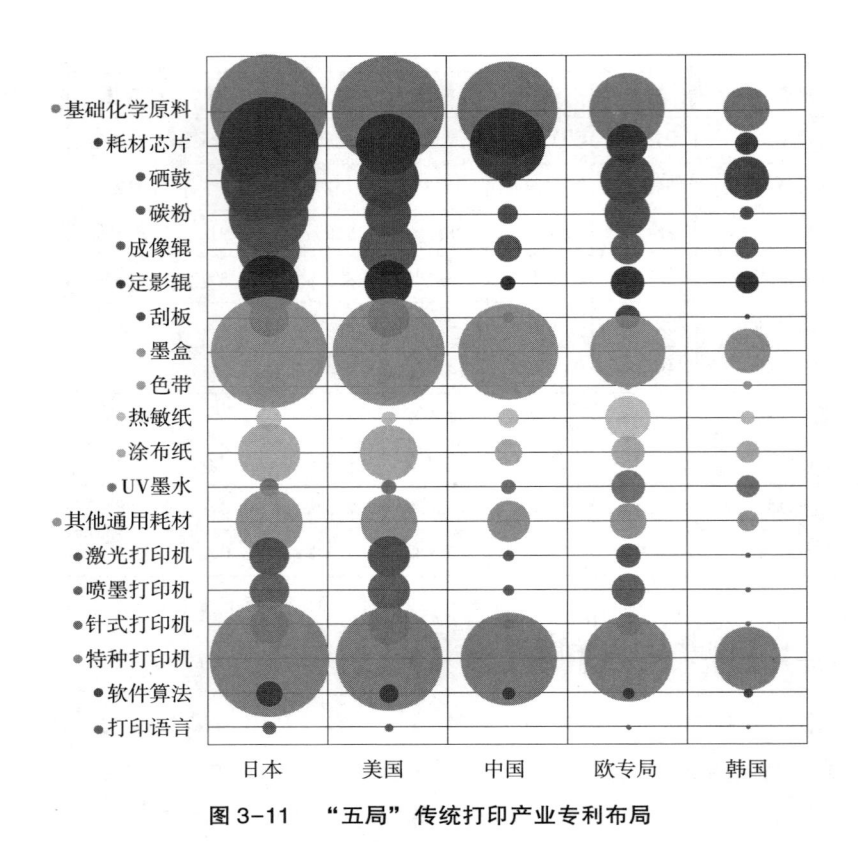

图 3-11 "五局"传统打印产业专利布局

## 五、技术实力突出的创新主体

在对传统打印产业四大分支全球和中国市场专利申请量前二十创新主体进行统计分析过程中，考虑专利存在多个申请人联合申请的情况，本小节为与整体数据保持一致，采用分数计算法，即一件专利有 $N$ 个申请人，在对每个申请人进行统计时均计数 $1/N$ 件。另外，考虑专利申请人存在子母公司或关联公司以及申请人名称不统一的情况，为方便对申请人从整体维度进行比对分析，此处对申请人进行归一化处理。

根据 IDC 数据，2022 年第三季度全球打印机出货量为 2120 万台，惠普、佳能和精工爱普生名列前三，合计占比达全球市场的 75.8%，这三家企业在专利布局上也排在前十（见表3-4）。

表3-4 全球传统打印前二十创新主体

| 排名 | 申请人 | 申请量/件 |
| --- | --- | --- |
| 1 | 佳能株式会社［日］ | 90451 |
| 2 | 精工爱普生株式会社［日］ | 41117 |
| 3 | 理光株式会社［日］ | 39757 |
| 4 | 兄弟工业株式会社［日］ | 28365 |
| 5 | 东芝株式会社［日］ | 20059 |
| 6 | 惠普公司［美］ | 19051 |
| 7 | 施乐公司［美］ | 18301 |
| 8 | 柯尼卡株式会社［日］ | 17788 |
| 9 | 京瓷株式会社［日］ | 16869 |
| 10 | 富士施乐株式会社［日］ | 16781 |
| 11 | 三星集团［韩］ | 15283 |
| 12 | 富士胶片株式会社［日］ | 13852 |
| 13 | 夏普株式会社［日］ | 9399 |
| 14 | 松下电器［日］ | 9100 |
| 15 | 三菱集团［日］ | 7555 |
| 16 | 日立［日］ | 7312 |
| 17 | 西尔弗布鲁克研究有限公司［澳］ | 5749 |
| 18 | 柯达公司［美］ | 5581 |
| 19 | 利盟［中］ | 4919 |
| 20 | DIC株式会社［日］ | 4587 |

全球激光打印专利申请量前二十创新主体专利量均超过900件（见表3-5），从申请人类型来看均为企业，前五名申请量均超过1万件，其中佳能以47348件居激光打印专利申请人首位，排名第二位至第五位的申请人分别为理光、柯尼卡美能达、富士施乐、京瓷。从申请人来源国来看，以日本居多，在前二十申请人中占据14位，尤其是前十申请人中，除施乐和三星之外均为日本企业。在前二十申请人中除日本申请人外，4位申请人来自美国，

分别为排第八位的施乐、排第十二位的莱克斯马克国际公司[①]、排第十六位的柯达公司和排第十八位的惠普。

全球喷墨打印专利申请量前二十创新主体均为企业，并且前两位申请人均来自日本，其中精工爱普生以26128件喷墨打印专利申请居首位，专利申请量超过1万件的企业还有佳能和惠普。从专利申请人来源国来看，仍以日本企业为主，有13位，美国有4位，澳大利亚、韩国、德国各有1位。

全球针式打印专利申请量前二十申请人专利量在160~1400件，精工爱普生（1364件）和兄弟（1224件）这两家企业专利申请量均超千件，排名前两位。从申请人类型来看，均为企业。从申请人来源国来看，14位申请人来自日本，3位申请人来自美国，澳大利亚、韩国、德国各有1位申请人。前二十申请人中，除精工爱普生、兄弟、佳能、东芝、锦宫事务和大日本印刷外，2018—2022年均无针式打印专利申请。

全球特种打印专利申请量前二十申请人专利量均在1400件以上，东芝、精工爱普生、佳能、理光、兄弟这五家日本企业位列前五，且专利申请量超5000件。从申请人类型来看，均为企业。从申请人来源国来看，18位申请人来自日本，1位申请人来自美国，1位申请人来自韩国。

表3-5 传统打印产业各分支全球前二十创新主体

| 激光打印 | | | |
|---|---|---|---|
| 排名 | 申请人 | 申请量/件 | 2018—2022年申请量/件 |
| 1 | 佳能株式会社［日］ | 47348 | 7161 |
| 2 | 株式会社理光［日］ | 21724 | 1294 |
| 3 | 柯尼卡美能达［日］ | 13100 | 674 |
| 4 | 富士施乐株式会社［日］ | 12511 | 550 |
| 5 | 京瓷办公信息系统株式会社［日］ | 11451 | 1217 |
| 6 | 东芝株式会社［日］ | 9506 | 1034 |

---

① 2016年纳思达跨境并购美国利盟（Lexmark）。本书在统计珠海市专利量时未将利盟专利数量算入珠海市专利数量，在以创新主体为个体进行数据分析时，利盟作为纳思达并购企业，算入中国企业。

续表

| 激光打印 | | | |
|---|---|---|---|
| 排名 | 申请人 | 申请量/件 | 2018—2022年申请量/件 |
| 7 | 兄弟工业株式会社［日］ | 9412 | 2208 |
| 8 | 施乐公司［美］ | 9009 | 197 |
| 9 | 三星电子［韩］ | 6902 | 0 |
| 10 | 夏普株式会社［日］ | 6033 | 206 |
| 11 | 精工爱普生株式会社［日］ | 2795 | 85 |
| 12 | 莱克斯马克国际公司［美］ | 1816 | 220 |
| 13 | 松下电器产业株式会社［日］ | 1808 | 0 |
| 14 | 富士通株式会社［日］ | 1796 | 0 |
| 15 | 日本冲信息株式会社［日］ | 1784 | 107 |
| 16 | 柯达公司［美］ | 1579 | 8 |
| 17 | 三田工业株式会社［日］ | 1246 | 0 |
| 18 | 惠普［美］ | 1207 | 918 |
| 19 | 富士胶片［日］ | 1023 | 737 |
| 20 | 珠海天威飞马打印耗材有限公司［中］ | 953 | 185 |
| 喷墨打印 | | | |
| 排名 | 申请人 | 申请量/件 | 2018—2022年申请量/件 |
| 1 | 精工爱普生株式会社［日］ | 26128 | 3662 |
| 2 | 佳能株式会社［日］ | 21973 | 1789 |
| 3 | 惠普公司［美］ | 11118 | 1214 |
| 4 | 兄弟工业株式会社［日］ | 9247 | 1697 |
| 5 | 株式会社理光［日］ | 6544 | 1090 |
| 6 | 施乐公司［美］ | 4273 | 206 |
| 7 | 西尔弗布鲁克研究有限公司［澳］ | 4208 | 0 |
| 8 | 富士胶片株式会社［日］ | 3898 | 600 |
| 9 | 三星电子［韩］ | 2631 | 0 |
| 10 | 柯尼卡株式会社［日］ | 1941 | 155 |

续表

| 喷墨打印 | | | |
|---|---|---|---|
| 排名 | 申请人 | 申请量/件 | 2018—2022年申请量/件 |
| 11 | 京瓷株式会社［日］ | 1755 | 612 |
| 12 | 东芝株式会社［日］ | 1398 | 428 |
| 13 | 富士施乐株式会社［日］ | 1297 | 4 |
| 14 | 柯达公司［美］ | 1232 | 23 |
| 15 | 株式会社御牧工程［日］ | 1110 | 208 |
| 16 | 松下电器产业株式会社［日］ | 1100 | 0 |
| 17 | 理想科学工业株式会社［日］ | 1084 | 261 |
| 18 | 索尼公司［日］ | 1034 | 0 |
| 19 | 莱克斯马克国际公司［美］ | 981 | 0 |
| 20 | 萨尔技术有限公司［德］ | 951 | 53 |
| 针式打印 | | | |
| 排名 | 申请人 | 申请量/件 | 2018—2022年申请量/件 |
| 1 | 精工爱普生株式会社［日］ | 1364 | 122 |
| 2 | 兄弟工业株式会社［日］ | 1224 | 421 |
| 3 | 日本电气株式会社［日］ | 993 | 0 |
| 4 | 国际商业机器公司［美］ | 717 | 0 |
| 5 | 富士通株式会社［日］ | 546 | 0 |
| 6 | 索尼公司［日］ | 498 | 0 |
| 7 | 东芝株式会社［日］ | 483 | 17 |
| 8 | 三星电子［韩］ | 452 | 0 |
| 9 | 阿尔卑斯电气株式会社［日］ | 360 | 0 |
| 10 | 佳能株式会社［日］ | 290 | 3 |
| 11 | 西尔弗布鲁克研究有限公司［澳］ | 246 | 0 |
| 12 | NCR公司［美］ | 22 | 0 |
| 13 | 富士可比安股份有限公司［日］ | 223 | 0 |
| 14 | 株式会社锦宫事务［日］ | 200 | 58 |

续表

| 针式打印 | | | |
|---|---|---|---|
| 排名 | 申请人 | 申请量/件 | 2018—2022年申请量/件 |
| 15 | 莱克斯马克国际公司 [美] | 198 | 0 |
| 16 | 曼内斯曼股份公司 [德] | 192 | 0 |
| 17 | 株式会社理光 [日] | 172 | 0 |
| 18 | 大日本印刷株式会社 [日] | 168 | 1 |
| 19 | 松下电器产业株式会社 [日] | 165 | 0 |
| 20 | 西铁城时计株式会社 [日] | 165 | 0 |
| 特种打印 | | | |
| 排名 | 申请人 | 申请量/件 | 2018—2022年申请量/件 |
| 1 | 东芝株式会社 [日] | 6375 | 436 |
| 2 | 精工爱普生株式会社 [日] | 6111 | 538 |
| 3 | 佳能株式会社 [日] | 6041 | 192 |
| 4 | 株式会社理光 [日] | 5164 | 39 |
| 5 | 兄弟工业株式会社 [日] | 5029 | 692 |
| 6 | 富士胶片 [日] | 4960 | 48 |
| 7 | 松下电器产业株式会社 [日] | 4596 | 0 |
| 8 | 三菱株式会社 [日] | 3099 | 53 |
| 9 | 株式会社日立制作所 [日] | 2926 | 11 |
| 10 | 三星电子株式会社 [韩] | 2923 | 8 |
| 11 | 富士通株式会社 [日] | 1998 | 51 |
| 12 | 日本电气株式会社 [日] | 1876 | 59 |
| 13 | 索尼公司 [日] | 1850 | 0 |
| 14 | 大日本印刷株式会社 [日] | 1787 | 146 |
| 15 | 柯达公司 [美] | 1681 | 1 |
| 16 | 阿尔卑斯 [日] | 1670 | 1 |
| 17 | 京瓷株式会社 [日] | 1586 | 103 |
| 18 | 柯尼卡美能达 [日] | 1476 | 51 |

续表

| 特种打印 | | | |
|---|---|---|---|
| 排名 | 申请人 | 申请量/件 | 2018—2022年申请量/件 |
| 19 | 夏普株式会社[日] | 1432 | 6 |
| 20 | 罗姆公司[日] | 1403 | 56 |

如表3-6所示，中国传统打印产业市场中，佳能、爱普生、兄弟专利布局数量同样位于前十，专利申请量前二十创新主体中有天威飞马、纳思达、赛纳等六家中国企业。可见国内传统打印技术重点申请人是以企业为主，反映出多年来国内传统打印技术领域有着丰富的技术积累。但与日本相比依然存在较大差距。

表3-6 中国市场传统打印前二十创新主体

| 排名 | 申请人 | 申请量/件 |
|---|---|---|
| 1 | 佳能[日] | 4704 |
| 2 | 精工爱普生[日] | 3630 |
| 3 | 天威飞马[中] | 2141 |
| 4 | 兄弟工业[日] | 2118 |
| 5 | 理光[日] | 1831 |
| 6 | 东芝[日] | 1503 |
| 7 | 富士施乐[日] | 1373 |
| 8 | 纳思达[中] | 1362 |
| 9 | 三星集团[韩] | 1327 |
| 10 | 京瓷[日] | 1211 |
| 11 | 惠普[美] | 1034 |
| 12 | 夏普[日] | 925 |
| 13 | 富士胶片[日] | 783 |
| 14 | 柯尼卡[日] | 739 |
| 15 | 艾派克[中] | 678 |
| 16 | 施乐公司[日] | 621 |

续表

| 排名 | 申请人 | 申请量/件 |
|---|---|---|
| 17 | 赛纳［中］ | 581 |
| 18 | 奔图电子［中］ | 371 |
| 19 | 亿铂电子［中］ | 328 |
| 20 | 日立［日］ | 314 |

如表3-7所示，中国市场激光打印专利申请量前二十申请人均为企业，大致可分为三个梯队，第一梯队为居首位的佳能，专利申请量达2692件，领先于其余申请人；第二梯队为专利申请量排名第二位至第九位，专利申请量在600~1200件；其余为第三梯队。从来源国来看，11位申请人来自日本，6位为中国申请人，其中珠海天威飞马打印耗材有限公司以1003件专利申请量居第四位。

中国市场喷墨打印专利申请量前二十申请人专利申请量均超100件，前四申请人专利申请量超700件，其中精工爱普生以2566件专利申请量居首位。从申请人来源国来看，8位申请人来自日本，中国共占据前二十申请人中的8位，其中珠海纳思达和天威飞马分别以769件、610件专利分列第三位、第五位。

中国市场针式打印专利申请人专利申请量均不及百件，排名第一位的兄弟工业仅有90件专利。前二十申请人中13位属于中国，6位来自日本，湖南鼎一致远科技发展有限公司、福建鸣友新材料科技有限公司针式打印专利均为2018—2022年申请，珠海天博打印耗材有限公司占比也超过七成，中国申请人在针式打印领域专利申请更为活跃。

中国市场特种打印专利申请量前四申请人专利申请量均超200件，其中精工爱普生以408件专利申请量居首位。从申请人来源国来看，中国、日本分别占据前二十申请人中的9席和8席，韩国、德国、美国各占1席。

表3-7 中国市场传统打印产业各分支前二十创新主体

| 激光打印 | | | |
| --- | --- | --- | --- |
| 排名 | 申请人 | 申请量/件 | 2018—2022年申请量/件 |
| 1 | 佳能株式会社［日］ | 2692 | 466 |
| 2 | 株式会社理光［日］ | 1174 | 60 |
| 3 | 富士施乐株式会社［日］ | 1120 | 98 |
| 4 | 天威飞马［中］ | 1003 | 162 |
| 5 | 兄弟工业株式会社［日］ | 906 | 98 |
| 6 | 东芝株式会社［日］ | 851 | 146 |
| 7 | 夏普株式会社［日］ | 721 | 30 |
| 8 | 三星电子株式会社［韩］ | 708 | 0 |
| 9 | 京瓷办公信息系统株式会社［日］ | 610 | 137 |
| 10 | 柯尼卡美能达［日］ | 521 | 113 |
| 11 | 纳思达股份有限公司［中］ | 262 | 195 |
| 12 | 京瓷美达株式会社［日］ | 255 | 0 |
| 13 | 江西亿铂电子科技有限公司［中］ | 206 | 108 |
| 14 | 施乐公司［美］ | 206 | 12 |
| 15 | 珠海赛纳打印科技股份有限公司［中］ | 190 | 1 |
| 16 | 精工爱普生株式会社［日］ | 172 | 14 |
| 17 | 富士胶片商业创新有限公司［日］ | 153 | 108 |
| 18 | 富美科技有限公司［中］ | 135 | 0 |
| 19 | 珠海联合天润打印耗材有限公司［中］ | 127 | 49 |
| 20 | 惠普公司［美］ | 117 | 62 |
| 喷墨打印 | | | |
| 排名 | 申请人 | 申请量/件 | 2018—2022年申请量/件 |
| 1 | 精工爱普生株式会社［日］ | 2566 | 585 |
| 2 | 佳能株式会社［日］ | 1147 | 152 |
| 3 | 珠海纳思达［中］ | 769 | 366 |

续表

| 喷墨打印 | | | |
| --- | --- | --- | --- |
| 排名 | 申请人 | 申请量/件 | 2018—2022年申请量/件 |
| 4 | 兄弟工业株式会社［日］ | 768 | 93 |
| 5 | 天威飞马［中］ | 610 | 41 |
| 6 | 惠普发展公司［美］ | 544 | 82 |
| 7 | 富士胶片株式会社［日］ | 349 | 59 |
| 8 | 株式会社理光［日］ | 305 | 53 |
| 9 | 三星电子［韩］ | 293 | 0 |
| 10 | 施乐公司［美］ | 292 | 30 |
| 11 | 珠海艾派克微电子有限公司［中］ | 258 | 109 |
| 12 | 东芝泰格有限公司［日］ | 200 | 92 |
| 13 | 杭州旗捷科技有限公司［中］ | 146 | 90 |
| 14 | 株式会社御牧工程［中］ | 115 | 22 |
| 15 | 研能科技股份有限公司［中］ | 114 | 4 |
| 16 | 北海绩迅电子科技有限公司［中］ | 111 | 108 |
| 17 | 理想科学工业株式会社［日］ | 109 | 41 |
| 18 | 柯尼卡美能达［日］ | 108 | 36 |
| 19 | 深圳市润天智数字设备股份有限公司［中］ | 103 | 61 |
| 20 | 惠普开发公司［美］ | 103 | 0 |
| 针式打印 | | | |
| 排名 | 申请人 | 申请量/件 | 2018—2022年申请量/件 |
| 1 | 兄弟工业株式会社［日］ | 90 | 19 |
| 2 | 精工爱普生株式会社［日］ | 85 | 20 |
| 3 | 株式会社锦宫事务［日］ | 44 | 10 |
| 4 | 湖南鼎一致远科技发展有限公司［中］ | 35 | 35 |
| 5 | 天威飞马［中］ | 34 | 0 |
| 6 | 三星电子［韩］ | 23 | 0 |
| 7 | 珠海天博打印耗材有限公司［中］ | 22 | 16 |

续表

| \multicolumn{4}{c}{针式打印} | | | |
|---|---|---|---|
| 排名 | 申请人 | 申请量/件 | 2018—2022 年申请量/件 |
| 8 | 河南卓立膜材料股份有限公司 [中] | 20 | 4 |
| 9 | 鹏码实业（上海）有限公司 [中] | 18 | 1 |
| 10 | 珠海纳思达企业管理有限公司 [中] | 16 | 3 |
| 11 | 福建鸣友新材料科技有限公司 [中] | 14 | 14 |
| 12 | 曲阜市玉樵夫科技有限公司 [中] | 14 | 8 |
| 13 | 天津市赢事达办公用品厂 [中] | 14 | 2 |
| 14 | 佳能株式会社 [日] | 13 | 0 |
| 15 | 迪默公司 [中] | 11 | 0 |
| 16 | 南京富士通 [中] | 10 | 1 |
| 17 | 湖州天科特种打印材料有限公司 [中] | 10 | 2 |
| 18 | 诚研科技股份有限公司 [中] | 9 | 0 |
| 19 | 株式会社吉姆帝王 [日] | 9 | 0 |
| 20 | 东芝泰格有限公司 [日] | 9 | 3 |
| \multicolumn{4}{c}{特种打印} | | | |
| 排名 | 申请人 | 申请量/件 | 2018—2022 年申请量/件 |
| 1 | 精工爱普生株式会社 [日] | 408 | 51 |
| 2 | 东芝株式会社 [日] | 308 | 71 |
| 3 | 兄弟工业株式会社 [日] | 252 | 72 |
| 4 | 佳能株式会社 [日] | 216 | 22 |
| 5 | 三星电子 [韩] | 159 | 1 |
| 6 | 株式会社理光 [日] | 154 | 8 |
| 7 | 厦门汉印电子技术有限公司 [中] | 143 | 137 |
| 8 | 精工电子有限公司 [中] | 133 | 40 |
| 9 | 山东华菱电子股份有限公司 [中] | 122 | 102 |
| 10 | 珠海芯烨电子科技有限公司 [中] | 122 | 122 |
| 11 | 湖南鼎一致远科技发展有限公司 [中] | 104 | 104 |

续表

| 特种打印 | | | |
|---|---|---|---|
| 排名 | 申请人 | 申请量/件 | 2018—2022年申请量/件 |
| 12 | 珠海浩盛标签打印机有限公司［中］ | 98 | 83 |
| 13 | 卡西欧计算机株式会社［日］ | 92 | 35 |
| 14 | 重庆品胜科技有限公司［中］ | 91 | 26 |
| 15 | 武汉精臣智慧标识科技有限公司［中］ | 89 | 89 |
| 16 | 富士胶片株式会社［日］ | 79 | 3 |
| 17 | 罗姆股份有限公司［德］ | 79 | 21 |
| 18 | 珠海恒盛条码设备有限公司［美］ | 78 | 78 |
| 19 | 佐藤控股株式会社［日］ | 77 | 15 |
| 20 | 重庆市曲叶科技有限公司［中］ | 74 | 0 |

## 六、国内各省市在打印设备产业的专利布局状况

由前述市场竞争格局可知，我国国内打印设备领域A股上市公司集中在华东和中南地区，广东省有13家，浙江省、福建省和上海市均有5家，湖北省和山东省则各有4家，与专利申请情况基本一致。

广东省、江苏省、浙江省、上海市、北京市传统打印领域技术创新较为活跃，如图3-12所示，传统打印相关专利申请量均超过2900件，尤其是广东省以24439件传统打印相关专利领先于其余省市，具有压倒性优势。从传统打印一级分支产业来看，一级分支专利申请量占全部传统打印专利申请量的比重可以反映出产业的集中程度，广东省打印耗材相关专利占比为58.2%，传统打印专利集中于打印机的程度较高，福建省、湖北省、上海市、浙江省占比均超五成。湖北省传统打印相关专利申请量排名第九位，在前十省市中不具有数量优势，但从一级分支创新成果来看，基础化学原料、打印耗材、打印机布局相对均衡，这得益于湖北鼎龙股份，其打印机产业发展处于国内前列。

**传统打印**

| 省市 | 数量 |
|---|---|
| 广东 | 24439 |
| 江苏 | 8306 |
| 浙江 | 5834 |
| 上海 | 3359 |
| 北京 | 2914 |
| 山东 | 2885 |
| 福建 | 2409 |
| 安徽 | 2129 |
| 湖北 | 1917 |
| 天津 | 1535 |

**基础化学原料**

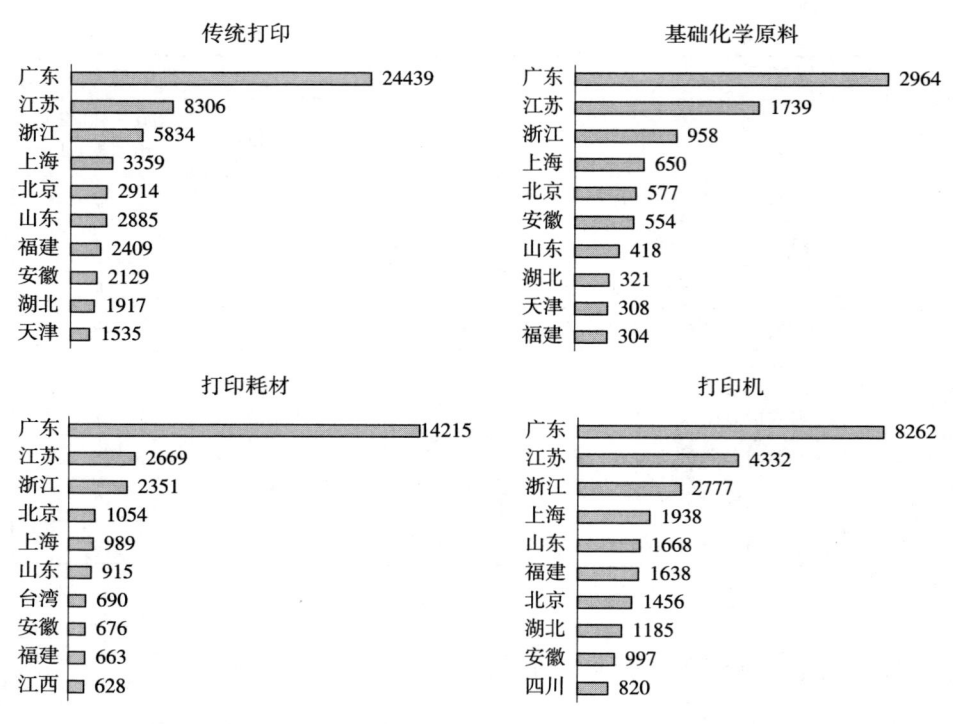

| 省市 | 数量 |
|---|---|
| 广东 | 2964 |
| 江苏 | 1739 |
| 浙江 | 958 |
| 上海 | 650 |
| 北京 | 577 |
| 安徽 | 554 |
| 山东 | 418 |
| 湖北 | 321 |
| 天津 | 308 |
| 福建 | 304 |

**打印耗材**

| 省市 | 数量 |
|---|---|
| 广东 | 14215 |
| 江苏 | 2669 |
| 浙江 | 2351 |
| 北京 | 1054 |
| 上海 | 989 |
| 山东 | 915 |
| 台湾 | 690 |
| 安徽 | 676 |
| 福建 | 663 |
| 江西 | 628 |

**打印机**

| 省市 | 数量 |
|---|---|
| 广东 | 8262 |
| 江苏 | 4332 |
| 浙江 | 2777 |
| 上海 | 1938 |
| 山东 | 1668 |
| 福建 | 1638 |
| 北京 | 1456 |
| 湖北 | 1185 |
| 安徽 | 997 |
| 四川 | 820 |

**图 3-12 传统打印专利申请量前十省市及各省市一级分支专利申请量（单位：件）**

如图 3-13 所示，广东省、浙江省、江苏省在喷墨打印、激光打印、针式打印及特种打印领域的专利申请量均位居前三，其中广东省始终居首位，特种打印、激光打印、喷墨打印、针式打印相关专利申请量分别为 6728 件、6493 件、5640 件、210 件，远超其余省市。浙江省和江苏省各分支专利申请量差距不大，喷墨打印中，浙江省相关专利申请量为 1310 件，略高于江苏省的 1054 件；激光打印中，江苏省相关专利申请量为 1191 件，较浙江省（767 件）高 424 件；特种打印中，江苏省相关专利申请量为 3989 件，高于浙江省的 2596 件；针式打印中，浙江省和江苏省相关专利申请量分别为 72 件、62 件。

## 激光打印

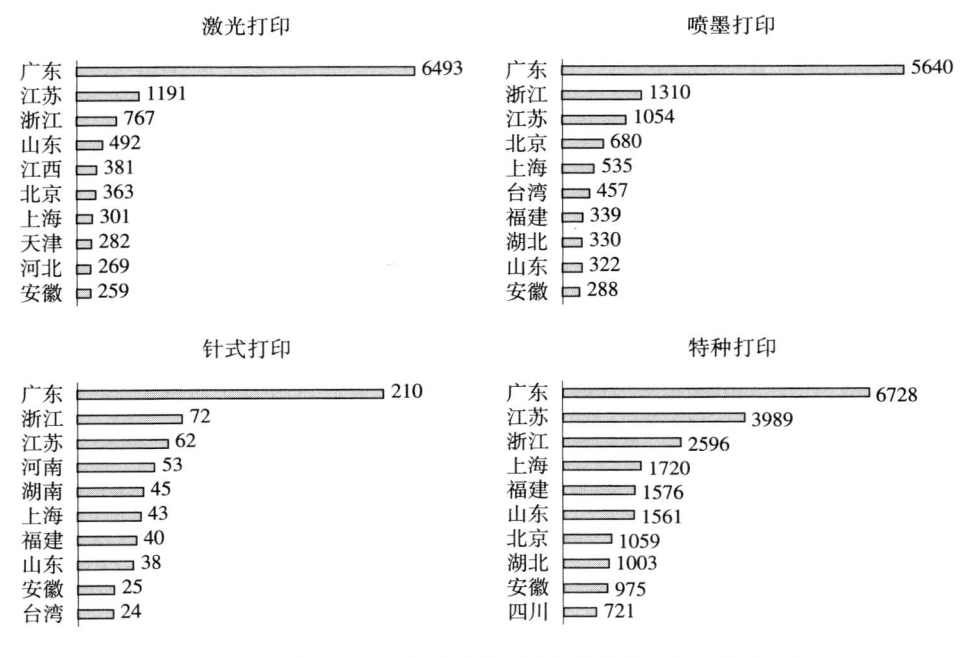

| 省市 | 数量 |
|---|---|
| 广东 | 6493 |
| 江苏 | 1191 |
| 浙江 | 767 |
| 山东 | 492 |
| 江西 | 381 |
| 北京 | 363 |
| 上海 | 301 |
| 天津 | 282 |
| 河北 | 269 |
| 安徽 | 259 |

## 喷墨打印

| 省市 | 数量 |
|---|---|
| 广东 | 5640 |
| 浙江 | 1310 |
| 江苏 | 1054 |
| 北京 | 680 |
| 上海 | 535 |
| 台湾 | 457 |
| 福建 | 339 |
| 湖北 | 330 |
| 山东 | 322 |
| 安徽 | 288 |

## 针式打印

| 省市 | 数量 |
|---|---|
| 广东 | 210 |
| 浙江 | 72 |
| 江苏 | 62 |
| 河南 | 53 |
| 湖南 | 45 |
| 上海 | 43 |
| 福建 | 40 |
| 山东 | 38 |
| 安徽 | 25 |
| 台湾 | 24 |

## 特种打印

| 省市 | 数量 |
|---|---|
| 广东 | 6728 |
| 江苏 | 3989 |
| 浙江 | 2596 |
| 上海 | 1720 |
| 福建 | 1576 |
| 山东 | 1561 |
| 北京 | 1059 |
| 湖北 | 1003 |
| 安徽 | 975 |
| 四川 | 721 |

图 3-13　传统打印领域各分支专利申请量前十省市（单位：件）

# 第二节　3D 打印市场竞争格局

3D 打印技术最早可以追溯到 20 世纪 80 年代初期，当时美国马萨诸塞州的一家公司研制出了一种名为立体光固化成型法的 3D 打印技术。这种技术可以通过使用紫外线照射固化液体树脂来制造出三维物体，具有快速、精确、灵活等优点。

3D 打印技术的出现给传统制造业带来较大的冲击。首先，3D 打印能制造出具有高度复杂内部结构的部件，以往几个不同的制造步骤（如机械加工、焊接）可以集成为一次打印操作。因此，3D 打印可用于以往无法生产或者成本太高的部件的制造，这种整体成型制造方法还可有效减少部件脆弱缺陷点的数量。其次，3D 打印为商业公司在考虑机床投资时提供了一种新的选择。在一些情况下，3D 打印很可能比传统方案的效费比更高，尤其是制造小批量的、定制型的或者具有复杂结构的部件。对于那些采用较少传统加工步骤就能完成的部件，3D 打印的效费比则更低。3D 打印机的尺寸比传统制造设备的体积更小，这也节约了厂房的空间和相应成本。此外，3D 打印可以很方便地修改设计文件，降低制造小批量产品的效费比，这使得 3D 打印十分适用于原型部件的快速制造，从而有利于设计的优化和及时调整。同时，3D 打印"按需制造"的能力有利于制造商减少库存。生产准备成本低，再加上适于小批量生产，3D 打印可有效减少在库存上冻结的资金及相关的存储和保险费用，适用于大规模的个性化定制生产，从而制造出适合用户个性化需求的产品。基于上述优势，3D 打印技术在近些年得到快速发展。

## 一、专利整体概览

3D 打印产业上游为 3D 打印材料，中游为 3D 打印制造方法，下游为应用领域。目前 3D 打印领域全球共有专利 44532 项，中国专利 34922 件（见表 3-8）。

表 3-8　3D 打印产业及耗材上、中、下游全球专利

| 一级分支 | 二级分支 | 三级分支 | 中国总计/件 | 全球总计/件 | 全球总计/项 |
|---|---|---|---|---|---|
| 3D 打印 | 上游：材料 | LOM 材料 | 910 | 3211 | 1161 |
| | | SLS 材料 | 2182 | 5020 | 2306 |
| | | FDM 材料 | 1423 | 3949 | 1659 |
| | | 3DP 材料 | 795 | 2978 | 1049 |
| | | SLA 材料 | 7239 | 32863 | 8778 |
| | 上游合计 | | 12014 | 45806 | 14327 |
| | 中游：制造方法 | 光固化成型（SLA）设备 | 5801 | 17285 | 6736 |
| | | 选择性激光烧结（SLS）设备 | 2118 | 11320 | 3140 |
| | | 三维印刷（3DP）设备 | 4805 | 11090 | 5667 |
| | | 熔融沉积成型（FDM）设备 | 4947 | 13999 | 5773 |
| | | 分层实体制造（LOM）设备 | 431 | 2918 | 789 |
| | | 3D 打印控制 | 5089 | 12644 | 6200 |
| | | 设计软件 | 4172 | 22732 | 7873 |
| | 中游合计 | | 22391 | 69888 | 29663 |

续表

| 一级分支 | 二级分支 | 三级分支 | 中国总计/件 | 全球总计/件 | 全球总计/项 |
|---|---|---|---|---|---|
| 3D 打印 | 下游：应用领域 | 医学 | 1813 | 4799 | 2126 |
| | | 机械 | 3546 | 8602 | 4205 |
| | 下游合计 | | 5328 | 13256 | 6286 |
| 3D 打印合计 | | | 34922 | 112920 | 44532 |

全球 3D 打印产业上、中、下游专利数量分别为 14327 项、29663 项、6286 项。中国 3D 打印产业相应专利数量分别为 12014 件、22391 件、5328 件。3D 打印产业二级分支在全球和中国的专利分布都呈现"中间大、两头小"的橄榄形分配。

## 二、专利申请态势

全球 3D 打印起步较早，但前期发展缓慢。如图 3-14 所示，全球自 1947 年出现 3D 打印专利开始，在接下来的 35 年间发展速度并没有得到提升，每年的专利申请量始终在 100 项以下，年均增速为 8.5%，截至 2003 年，共有 2969 项，年均增速为 15.9%，整体处于平稳增长。该阶段年专利申请量由 100 余项增长至 300 余项，其中 2012 年申请专利 510 项，较 2004 年增长 335 项。2013 年之后，全球 3D 打印专利创造活动进入快速发展阶段，并且在 2014 年及之后年份年申请量均超过 1000 项。截至 2022 年，年均增速为 111.9%。

国外 3D 打印快速成型技术在 1995 年之前处于技术萌芽期，专利申请量增长缓慢。1996—1998 年，专利申请量平稳增长，处于平稳增长期。1999—2003 年，专利申请量呈现出快速增长的趋势。2003 年达到高峰，进入快速成长期，随后申请量出现下滑的趋势。此时专利申请数量变化不大，专利权人数量基本稳定，处于技术发展的相对成熟期。这主要是由 3D 打印技术的材料及打印对象的限制性导致的。

中国3D打印专利申请起步较晚。从检索数据来看，我国自1986年开始有人申请3D打印专利，在1995年及之前年申请量均未超10项，1996—2002年年申请量均在50项以下，截至2002年共申请专利115余项。自2003年中国3D打印专利年申请量超过100项后进入平稳增长阶段，2012年年申请量为271项，十年间年均增速为16.7%。2013年，中国3D打印专利申请量较上年同比增长128.4%，至此进入快速发展阶段。考虑专利申请到公开的延后性，截至2019年年均增速为38.3%，2013年及之后年份共申请专利超过3万项，占中国历年申请总量的九成以上。

如图3-14、图3-15所示，3D打印技术目前尚处于技术发展期，2019年后的回落主要是受到审查周期影响。2010—2019年，全球3D打印材料行业专利申请人数量及专利申请量均呈现增长态势。虽然2020年全球3D打印材料行业专利申请人数量及专利申请量均有所下降，但这两大指标数量仍较多。整体来看，全球3D打印材料技术处于成长期。

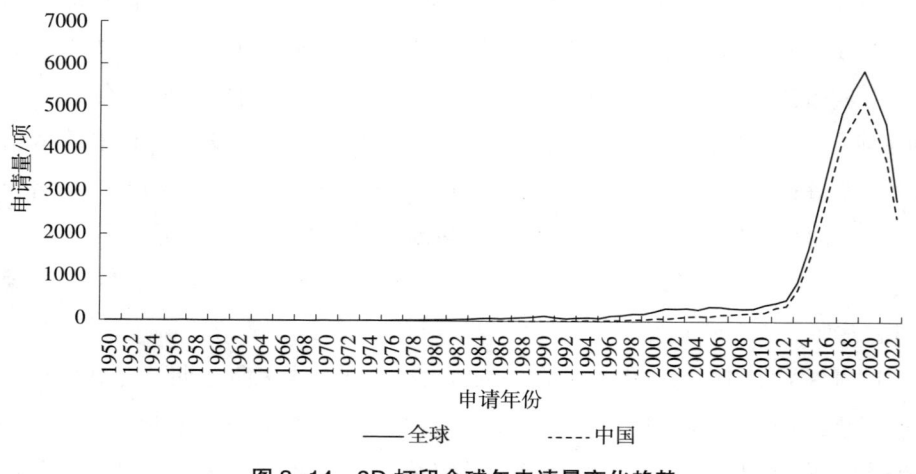

图3-14 3D打印全球年申请量变化趋势

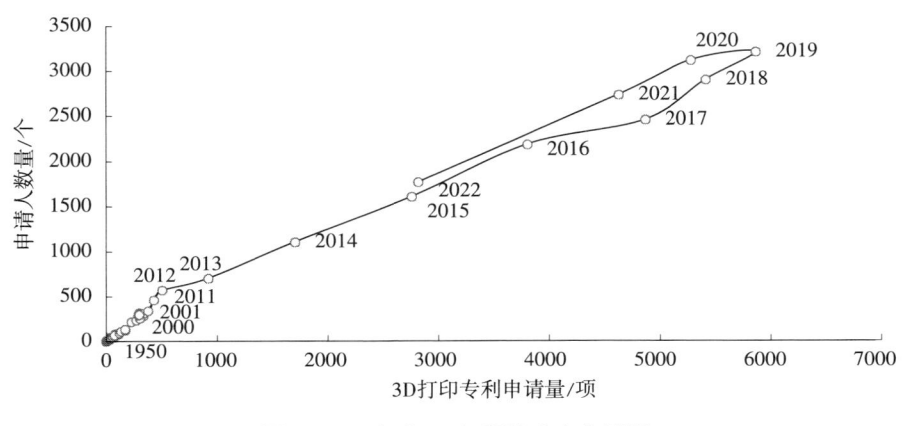

图 3-15　全球 3D 打印技术生命周期

## 三、全球 3D 打印设备市场主要分布国家/地区

在全球市场中，专利在不同国家/地区之间的分布在一定程度上体现了该国家/地区对技术的重视程度和市场潜力等。该国家/地区的 3D 技术专利布局一方面说明了该国家/地区对 3D 打印技术的重视程度、研发能力和科研投入的大小、对于技术保护的力度以及知识产权意识的强弱等要素；另一方面也表明了这些国家/地区是 3D 打印技术发展的大市场或蕴藏了巨大的市场潜力，所以其他国家/地区纷纷在此申请专利、进行专利布局。

全球 3D 打印专利目标市场国家/地区分布特点显著。如图 3-16 所示，中国处于领先位置，美国、日本处于中间梯队。布局于中国大陆的 3D 打印专利占全部专利的 31.2%，远高于其他国家/地区和组织，中国大陆成为名副其实的核心目标市场；布局于美国的专利占全部专利的 23.1%，成为第二大目标市场；布局于日本的专利占全部专利的 10.1%，排在第三位；另有 8.6% 的专利通过 PCT 途径进行全球布局，其余目标市场瓜分剩余约 1/4 的专利。

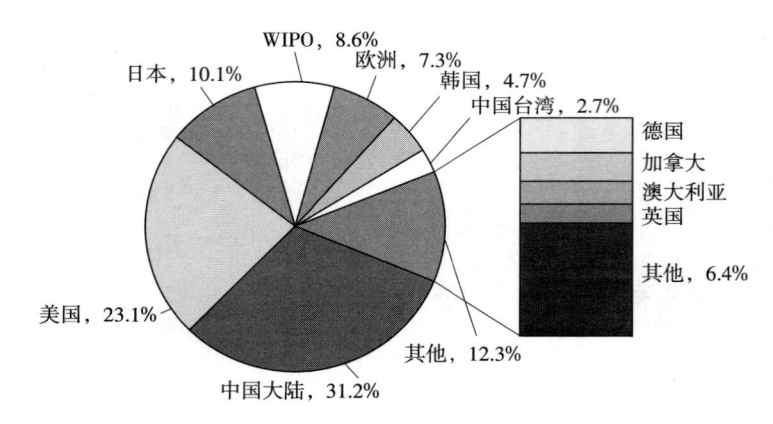

图 3-16　3D 打印全球目标市场国家/地区分布

3D 打印设备市场包括打印设备市场及耗材市场。3D 打印耗材与传统打印的耗材不同。根据材料的特性和打印成型特点可以将 3D 打印分为四类：①丝线类材料，主要是熔融沉积成型（FDM）；②液态光敏类材料，主要是光固化成型（SLA）；③粉末类材料，主要是选择性激光烧结（SLS）、选择性激光熔融（SLM）和电子束选择性成型（EBM）；④板、片、布等层类材料，主要是分层实体制造（LOM）。

熔融沉积成型（FDM）3D 打印是日常生活中最常用的打印方式，利用材料受热变成液态或熔融态，冷却后固化的原理，通过可加热的喷头机构、原料输送装置和机电控制系统的精确控制，完成物体每一层的印刷，层层叠加后实现物体的三维效果，其耗材主要是丝线类材料。FDM 式打印机具有价格便宜、成型工艺简单、维护成本低、材料多样化等优点。但其打印精度低，成品表面纹路明显需进一步优化处理。

光固化成型（SLA）3D 打印主要以液态的光敏树脂作为耗材，结合数字控制技术，使用紫外激光束诱发树脂表面发生光聚合反应，实现零件的一个薄层截面的固化。随后工作台下降浸入光敏树脂液体中一个层面的厚度，使用紫外激光固化新的一层，如此反复逐层固化，最终实现零件的三维打印。SLA 技术成型工艺简单，具有较高的打印精度，成型零件具有较高的力学性能。但其打印速度较慢，并要求操作者具有较高的操作技能，目前主要应用于医学研究以及模具开发等领域。

选择性激光烧结（SLS）、选择性激光熔融（SLM）、电子束选择性成型（EBM）三种打印方式原理类似，其打印耗材主要为金属粉末材料，其打印方式均为使用激光或电子束等选择性的逐层烧结耗材的固体粉末，最终实现固体粉末材料的三维实体制造。

分层实体制造（LOM）打印是早期的3D打印技术，打印原理与方式也最为直观：其使用"层"类材料由激光切割后，材料向前滚动后由激光按层要求切割，最后层层叠加而最终形成三维零件。LOM式打印方法相比于SLA、SLS来说更适用于制造大型零件，可用于汽车制造等工业领域。LOM式3D打印的耗材一般为金属薄板、塑料薄板以及纸质材料等薄层材料，所以在打印过程中针对不同零件的需要，耗材、黏结剂以及送料方式均要做出适当的调整，同时还要考虑到成本。使用LOM方法打印大型零件虽然具有一定的速度优势，但将打印的零件从废料中剥离较为困难，且耗材使用率不高，浪费严重，打印零件的表面粗糙，具有明显的阶梯状纹路且容易开裂。

此外，还有一种3D打印方式是三维印刷（3DP）。3DP工艺与SLS工艺采用的都是粉末状的材料，如陶瓷、金属、塑料，但与其不同的是，3DP使用的粉末并不是通过激光烧结黏合在一起的，而是通过喷头喷射黏合剂将工件的截面"打印"出来并一层层堆积成型。该工艺无须激光器、扫描系统及其他复杂的传动系统，结构紧凑、体积小，可用作桌面系统，特别适合于快速制作三维模型、复制复杂工艺品等应用场合。但是，该技术成型零件大多需要进行后处理，以增加零件强度，工序较为复杂，难以形成高性能功能零件。

3D打印领域中国专利申请较为强势，3DP设备、3D打印控制、SLS材料、机械应用领域的占比超过四成，FDM材料、SLA设备、FDM设备、医学应用领域的占比超过三成。美国在SLS设备、LOM设备和设计软件上较为强势，占比超过三成；3DP材料、LOM设备分支专利较为分散。

3D打印技术三级分支中，中国在医学应用和机械应用方面的专利申请量最多、占比最大（见表3-9）。3D打印在医学领域的开创性技术是一项可制造多种结构功能、组织特异性和机械异质性的仿生技术，目前主要应用于人体器官打印方面，可以制造再生医学中的可移植组织与器官；在机械方面可以实现复杂结构的实时制造，且具有尺寸精度高、生产周期短等优势。①

表 3-9　3D 打印全球目标市场国家/地区三级分支分布

| 分支 | 中国 | 美国 | 欧洲 | 日本 | 韩国 | 加拿大 | 其他 |
| --- | --- | --- | --- | --- | --- | --- | --- |
| LOM 材料 | 28.5% | 29.8% | 9.1% | 6.6% | 2.3% | 1.9% | 21.80% |
| SLS 材料 | 43.7% | 14.9% | 7.3% | 7.0% | 3.5% | 2.2% | 21.40% |
| FDM 材料 | 36.3% | 19.8% | 7.9% | 6.2% | 3.6% | 2.1% | 24.10% |
| 3DP 材料 | 26.8% | 25.7% | 8.5% | 7.4% | 2.7% | 2.0% | 26.90% |
| SLA 材料 | 22.4% | 19.0% | 7.1% | 14.9% | 8.8% | 1.6% | 26.20% |
| SLA 设备 | 33.6% | 24.5% | 8.5% | 6.7% | 3.4% | 2.0% | 21.30% |
| SLS 设备 | 18.7% | 31.8% | 11.6% | 7.6% | 3.2% | 2.2% | 24.90% |
| 3DP 设备 | 43.3% | 20.8% | 6.4% | 4.9% | 3.4% | 1.3% | 19.90% |
| FDM 设备 | 35.4% | 25.2% | 8.0% | 6.1% | 3.0% | 1.8% | 20.50% |
| LOM 设备 | 14.8% | 36.9% | 11.2% | 7.1% | 2.7% | 1.9% | 25.40% |
| 3D 打印控制 | 40.3% | 20.0% | 7.2% | 5.9% | 4.4% | 1.5% | 20.70% |
| 设计软件 | 19.0% | 33.8% | 7.2% | 15.4% | 3.1% | 1.7% | 19.80% |
| 医学 | 37.9% | 23.2% | 6.6% | 4.8% | 2.0% | 2.9% | 22.60% |
| 机械 | 41.3% | 20.3% | 8.3% | 3.8% | 2.2% | 2.1% | 22.00% |

---

① 目前 3D 打印在医疗领域有以下三个优势。第一，3D 打印具有以较低的成本快速制造定制医疗模型的优势，可以帮助医生进行手术分析和术前培训。使用 3D 打印制作的具有复杂形状的个性化医疗模型可以为医生和工程师提供交流的媒介，并可以协助医生进行手术计划和诊断。第二，牙科和骨科常用的永久性医用植入物需要不可降解的生物材料，并且要求在手术后具有良好的生物相容性。与通过传统机械加工技术制造植入物相比，3D 打印可以实现任何复杂植入物的个性化实时制造，且尺寸精度高、生产周期短，是假体制造的良好工具。第三，3D 打印技术可以制造局部生物活性材料和可生物降解支架。制造组织和器官有两种可能的途径：一种途径是间接细胞组装，首先形成 3D 支架，然后接种细胞，可用于创建仿生组织样微结构支架；另一种途径称为直接电池组装，将电池和材料制成复合结构，细胞和凝胶的混合物被封装到由另一种具有良好机械强度的凝胶组成的 3D 支架中，实现组织的再生和修复。尽管 3D 打印技术的成熟速度值得称赞，但在技术高速发展的同时，伦理方面的考虑也不容缺失，比如生物打印过程中使用的供体细胞来源问题、打印器官的所有权问题等。

## 四、技术原创实力强劲的国家/地区

技术原创实力强劲的国家/地区包括美国、中国、欧洲、日本、德国等，这些国家/地区的技术来源分布、技术布局等对我国及其各地方开展打印设备专利技术布局有重大的影响。

### （一）技术来源分布

如图3-17所示，中国是全球3D打印的第一大技术来源国，占全球专利申请量的29.1%；美国位居第二，占全球全部专利申请量的25.3%；欧洲占据全球全部专利申请量的10.8%，排名第三；日本紧随其后，占全球全部专利申请量的10.0%；美国、中国、欧洲和日本是全球技术主要来源地，其余国家/地区仅有全球不足1/4的专利申请量。

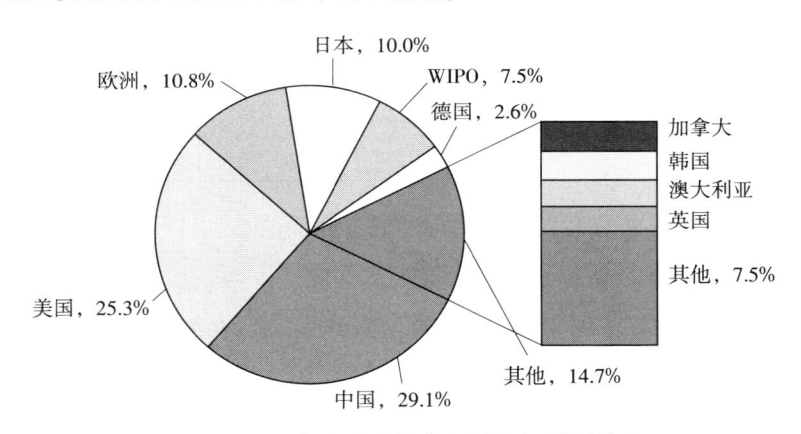

图3-17 3D打印全球技术来源国家/地区分布

如表3-10所示，在3D打印领域，中国专利申请量在SLS材料分支全球占比为五成，FDM材料、SLA设备、FDM设备、机械应用领域占比超三成。美国在LOM设备上占比超过四成，LOM材料、3DP材料、SLS设备、FDM设备、设计软件方面的占比超过三成。日本则仅在SLA材料和设计软件上发力。欧洲专利申请量分布均衡，各三级分支专利数量均占一成左右，相对而言在SLS设备和LOM设备上有突出表现。韩国各项专利申请量都不大，在SLA材料、3D 打印控制和设计软件方面有所涉及。

表 3-10 3D 打印全球技术来源国家/地区三级分支分布

| 分支 | 中国 | 美国 | 日本 | 欧洲 | 韩国 | 其他 |
| --- | --- | --- | --- | --- | --- | --- |
| LOM 材料 | 23.6% | 33.9% | 0.5% | 13.0% | 0.5% | 28.5% |
| SLS 材料 | 50.0% | 16.6% | 0.7% | 10.4% | 0.4% | 21.9% |
| FDM 材料 | 38.3% | 23.6% | 1.9% | 11.1% | 0.9% | 24.3% |
| 3DP 材料 | 17.6% | 36.7% | 1.1% | 13.8% | 0.3% | 30.5% |
| SLA 材料 | 29.4% | 19.3% | 19.3% | 10.5% | 2.3% | 19.2% |
| SLA 设备 | 31.0% | 29.8% | 1.3% | 12.1% | 0.7% | 25.2% |
| SLS 设备 | 16.2% | 37.6% | 0.7% | 14.9% | 0.2% | 30.5% |
| 3DP 设备 | 28.5% | 27.9% | 0.6% | 13.1% | 0.6% | 29.3% |
| FDM 设备 | 30.6% | 30.7% | 0.8% | 13.2% | 0.3% | 24.4% |
| LOM 设备 | 6.2% | 42.4% | 0.4% | 17.7% | 0.0% | 33.3% |
| 3D 打印控制 | 29.9% | 24.4% | 7.2% | 10.3% | 5.3% | 22.9% |
| 设计软件 | 16.8% | 37.8% | 14.6% | 8.8% | 1.8% | 20.2% |
| 医学 | 27.9% | 28.0% | 0.2% | 12.0% | 0.7% | 31.2% |
| 机械 | 33.5% | 24.8% | 0.5% | 13.1% | 0.9% | 27.1% |

(二)"五局"技术布局

在 3D 打印领域，中国有着最多的专利申请，排名第二的美国体量约为中国的 5/6，日本、欧洲专利申请约为中国的 1/3，韩国的专利量则远低于其他四个国家/地区（见图 3-18）。从各分支来看，SLA 材料是"五局"3D 打印专利分布最为集中的领域，中国专利在这一分支尤为集中，FDM 设备和 SLA 设备也是中国布局较多的分支。此外，相对而言，美国在 SLS 材料和 3D 打印控制上较为弱势，专利申请更倾向于 LOM 设备、SLS 设备、设计软件等分支。中国则在 LOM 设备、SLS 设备上较为弱势。

这样看来，在整体上 3D 打印产业专利数量的全球态势分布呈现中国、美国和欧洲为主力军，韩国和日本少量参与的特点。中国、美国和欧洲在三级分支各个部分都有涉及，其中在 SLA 材料、SLA 设备、SLS 设备、3DP 设备、

FDM设备、3D打印控制和设计软件7个方面重点发展，呈现出全面覆盖、主次分明的结构布局。而韩国和日本仅在SLA材料、3D打印控制和设计软件方面有所发力，其他部分专利申请数量几近于无。值得一提的是，日本在这三者的专利申请量上足以和中国、美国、欧洲媲美。

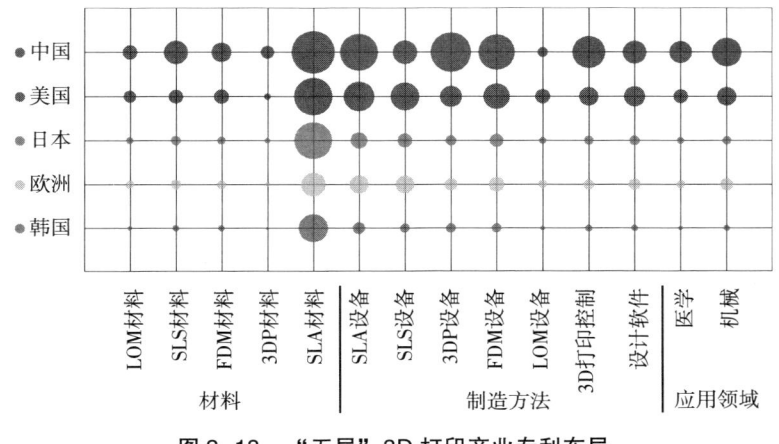

图3-18  "五局"3D打印产业专利布局

### （三）技术原创实力强劲的国家/地区

全球3D打印领域新老企业并存，竞争激烈，Stratasys、3D Systems等老牌3D打印巨头在早期引领了产业的发展，凭借专利优势拥有十几年甚至二十多年的技术积累，已经拥有较高的市场份额和客户认知度，专利申请量均位列全球前十五。如表3-11所示，全球3D打印专利申请量前十五申请人专利申请量在500~2600件，其中来自美国的惠普公司以2513件居首位。从申请人来源国来看，美国和日本分别有8位申请人、6位申请人。3D打印技术全球前十五名申请人呈现多元化态势，一是申请人所在国的多元化；二是申请人类型的多元化，进入排行榜的申请人鲜有传统打印技术强势企业，多为传统制造业企业。

表 3-11　全球 3D 打印产业前十五创新主体

| 排名 | 申请人 | 申请量/件 | 2018—2022 年申请量/件 |
|---|---|---|---|
| 1 | 惠普公司［美］ | 2513 | 328 |
| 2 | 通用电气公司［美］ | 2002 | 237 |
| 3 | 佳能株式会社［日］ | 1922 | 138 |
| 4 | Stratasys［美］ | 1231 | 14 |
| 5 | 3M 创新有限公司［美］ | 951 | 37 |
| 6 | 施乐公司［美］ | 937 | 20 |
| 7 | 株式会社理光［日］ | 857 | 6 |
| 8 | 株式会社 LG 化学［日］ | 832 | 15 |
| 9 | 波音公司［美］ | 831 | 216 |
| 10 | 应用材料股份有限公司［美］ | 782 | 14 |
| 11 | 富士胶片株式会社［日］ | 753 | 106 |
| 12 | 3D 系统公司［美］ | 690 | 0 |
| 13 | 卡本有限公司［中］ | 688 | 9 |
| 14 | 日立化成工业株式会社［日］ | 591 | 0 |
| 15 | 迪睿合股份有限公司［日］ | 591 | 0 |

如表 3-12 所示，中国市场 3D 打印专利申请量前二十申请人特点显著，中国申请人占据 16 位，另有 3 位美国申请人，1 位来自日本。从申请人类型来看，前二十申请人中有 13 位都是高校，是四类打印中唯一有高校申请人专利申请量排在前二十的类型，华南理工大学（386 件）、华中科技大学（369 件）和西安交通大学（357 件）排在前三。从 3D 打印 2018—2022 年专利申请量占全部申请量的比重来看，通用电气公司以 77.7% 的占比领先其余申请人。

表 3-12　中国市场 3D 打印产业前二十创新主体

| 排名 | 申请人 | 申请量/件 | 2018—2022 年申请量/件 |
|---|---|---|---|
| 1 | 华南理工大学［中］ | 386 | 0 |
| 2 | 华中科技大学［中］ | 369 | 2 |

续表

| 排名 | 申请人 | 申请量/件 | 2018—2022年申请量/件 |
| --- | --- | --- | --- |
| 3 | 西安交通大学［中］ | 357 | 40 |
| 4 | 通用电气公司［美］ | 305 | 237 |
| 5 | 珠海天威飞马打印耗材有限公司［中］ | 281 | 0 |
| 6 | 浙江大学［中］ | 212 | 12 |
| 7 | 惠普发展公司［美］ | 190 | 28 |
| 8 | 吉林大学［中］ | 186 | 0 |
| 9 | 南京航空航天大学［中］ | 164 | 16 |
| 10 | 清华大学［中］ | 163 | 0 |
| 11 | 广东工业大学［中］ | 161 | 12 |
| 12 | 四川大学［中］ | 156 | 0 |
| 13 | 中南大学［中］ | 148 | 0 |
| 14 | 湖南华曙高科技股份有限公司［中］ | 140 | 0 |
| 15 | 同济大学［中］ | 135 | 0 |
| 16 | 佳能株式会社［日］ | 129 | 38 |
| 17 | 北京化工大学［中］ | 127 | 0 |
| 18 | 深圳市创想三维科技股份有限公司［中］ | 123 | 0 |
| 19 | 北京工业大学［中］ | 123 | 0 |
| 20 | 3M创新有限公司［美］ | 121 | 37 |

国内3D打印技术重点申请人以高校为主，反映出多年来国内的高校在3D打印技术领域有着丰富的技术积累。例如，西安交通大学作为国内较早从事3D打印技术研究的高校，在1998年提交了第一件发明专利申请，随后几年该领域的专利申请量维持在个位数，直至2013年之后才出现爆发式增长。尤其是该校卢秉恒与李涤尘的研究团队在生物相容性材料、金属、陶瓷及其复合材料的快速成型方面取得较多成果，提交了一系列专利申请，国内工业级SLA的技术几乎全部来源于西安交通大学。华中科技大学同样是我国最早从事快速成型的研究单位之一，学术氛围浓厚，在金属打印成型理论、工艺和装备等诸多方面取得了重要成果。北京工业大学于2013年成立了3D打印

工程技术研究中心，经过多年的发展，积累了深厚的研发及产业应用经验。由西北工业大学黄卫东教授创建的西安铂力特增材技术股份有限公司，提交的126件专利申请基本覆盖了金属3D打印技术的重要领域，其自主研发的机型涵盖激光熔融、激光修复、双激光头、四激光头等多种成型工艺和成型技术，其承担的"激光立体成形技术及国家C919飞机复合钛合金构建生产制造"项目获得国家重大科技成果转化项目资助。

虽然3D打印技术申请人是以高校为主，但企业的作用也不可忽视。比如卢秉恒教授通过与陕西恒通智能机器有限公司、西安瑞特快速制造工程研究有限公司以及西安增材制造国家研究院有限公司等公司合作，进行了技术成果转化，实现了快速成型设备与模具制造设备的产业化。在打印软件方面，作为国内三维数字化的代表，杭州先临三维科技股份有限公司的三维数字化与3D打印技术已经进入产业化阶段。在应用方面，湖南华曙高科技股份有限公司在打印义齿方面取得了较好的成果，并且通过与中国商飞、巴斯夫等企业的合作，在民用飞机、汽车等方面也进行了诸多尝试。

3D打印作为一种新兴的技术，诞生至今不过三十余年。虽然欧美等国家经过一段时期的发展，技术上取得了一些成果，但由于材料、成本、制品性能等方面的限制，距离大规模的推广应用还有较长的路要走。国内相关3D打印企业一方面可以借鉴国外领先公司发展的经验，聚焦自身核心技术，提前进行专利布局，促进产业化发展；另一方面可以以此为依托，通过校企合作等方式，加强产学研一体化，促进技术成果的转化，最终推动国内3D打印技术进一步发展。

（四）国内各省市3D打印产业布局状况

目前，国内3D打印产业发展呈现加速增长态势，但发展不够均衡，技术侧重点受地域经济影响较为明显。3D打印领域企业主要集中在广东省、江苏省、北京市、上海市、浙江省，与国内各省市3D打印技术创新情况相符。由于企业的加持作用，广东省、江苏省、北京市3D打印技术创新较为活跃，3D打印相关专利申请量均超过2500件，位居国内前三。尤其是广东省以5677件3D打印相关专利领先于其他省市，为中国当前申请3D打印材料专利数量最多的省份，创新优势显著。当前3D打印材料专利申请数量排名前十的省市还有安徽、山东、四川、陕西和湖北（见图3-19）。

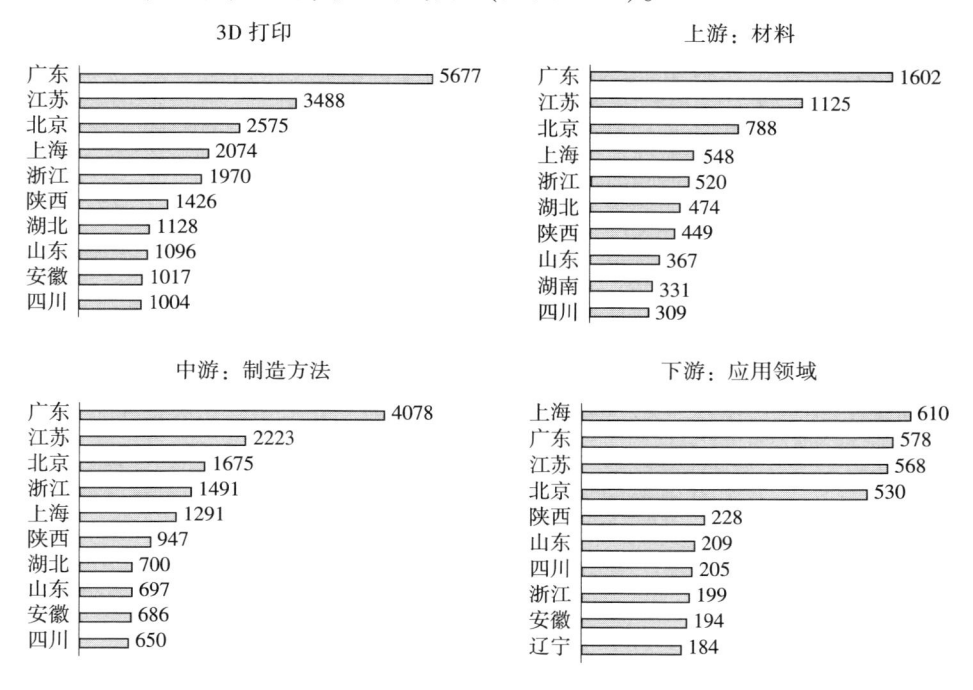

3D打印
- 广东 5677
- 江苏 3488
- 北京 2575
- 上海 2074
- 浙江 1970
- 陕西 1426
- 湖北 1128
- 山东 1096
- 安徽 1017
- 四川 1004

上游：材料
- 广东 1602
- 江苏 1125
- 北京 788
- 上海 548
- 浙江 520
- 湖北 474
- 陕西 449
- 山东 367
- 湖南 331
- 四川 309

中游：制造方法
- 广东 4078
- 江苏 2223
- 北京 1675
- 浙江 1491
- 上海 1291
- 陕西 947
- 湖北 700
- 山东 697
- 安徽 686
- 四川 650

下游：应用领域
- 上海 610
- 广东 578
- 江苏 568
- 北京 530
- 陕西 228
- 山东 209
- 四川 205
- 浙江 199
- 安徽 194
- 辽宁 184

图3-19 3D打印专利申请量前十省市及各省市一级分支专利申请量（单位：件）

3D打印设备的研制生产主要有两种形式：一种是依托高校研究成果，对3D打印设备进行产业化运作，实现了整机生产与销售；另一种是采取引进技术与自我开发相结合的办法，实现了3D打印机的整机生产和销售。目前国内3D打印较为突出的省市多有境内的高校支撑，如广东的华南理工大学，北京的清华大学，陕西的西安交通大学、西北工业大学，湖北的华中科技大学，上海的上海大学、东华大学等高校。这些高校汇集了3D打印技术领域的领军人才，并带出来一批研究团队，也带动了对3D打印技术的研究。

3D打印作为新兴的科技行业，在现阶段技术问题还未全面推广的情况下，多依靠的是高校的科技水平以及当地的经济水平。北京地区由于是众多高校及中国科学院的集中地，多发展的是特种的或者以航天航空方向为目的的3D打印企业。上海地区依靠当地高校的支持，多发展的是以医疗生物替代产品为目的的 3D 打印企业。西安、成都等地，也是依靠当地高校的特点，发展的是多以金属、砂型为材料的 3D 打印企业。而广东省由于紧邻香港、澳门地区，且当地人相对较为富裕、开放，则主要以首饰加工、手办模型、牙科为主要发展方向。我国 3D 产业布局主要分以下区块。

京津冀地区：3D 打印产业发展位于全国领先水平，形成了以北京为核心、多地协同发展、各具特色的产业发展格局。

长三角地区：具备很好的经济发展优势、区位条件和制造业基础，已初步形成包括材料、设备和服务的全 3D 打印产业链。

珠三角地区：国内 3D 打印应用服务的高地，主要分布在广州、深圳、东莞等地。

中西部地区：国内 3D 打印材料的产业化重地，集聚一批龙头企业。

国内 3D 打印产业链完整，技术创新潜力大，高校是创新的重要力量。3D 打印产业主要分布于东部地区，中西部也有一定分布，布局基本合理。

# 第四章　从专利看打印设备产业发展方向

随着世界各国对知识产权的日益重视，专利技术的竞争逐步成为高科技企业竞争的主要战场。作为与技术联系最为紧密的指标，在产业发展方向分析中可包括：①全球产业发展与专利布局的互动关系，可包括产业技术发展历程、全球产业转移趋势、产业链结构、产业链中主要企业、产品市场竞争等与专利布局的互动关系。②全球产业链中具有较强专利控制力的各类主体，可对专利数据与各类主体市场活动数据进行关联分析。③全球范围内具有较强专利控制力主体的相关活动，判断产业发展方向。所述相关活动可包括协同创新、专利布局、专利运用和保护等情况。输出结果包括但不限于产业结构调整、产品开发、技术研发等最新发展方向。本章关注国内外打印设备产业的发展动向，探寻我国打印设备产业的未来发展方向。

## 第一节　全球打印设备产业发展方向

全球打印设备产业结构的动态变化、专利协同创新分析、产业投资热点及专利运营状况等，能很好地反映全球打印设备产业发展方向。

### 一、全球打印设备产业结构动态变化

全球打印产业结构的不断调整及动态变化、整体的调整方向，打印设备强国及主要地区的调整方向，无不影响着整个产业的动向。

## （一）全球打印产业结构调整方向

随着技术的不断升级与市场对打印行业需求的变化，全球打印产业结构也在不断调整。如图4-1所示，在1965年之前，特种打印专利申请量在全球打印产业中占比超七成，其次是激光打印，为13.3%；1965—1974年特种打印被其他分支挤占，此时喷墨打印尚未起势，针式打印占比下降，激光打印增长迅速，占比超过六成；1975—1994年，激光打印和喷墨打印专利申请量齐头并进，共占据了打印行业约五成的专利申请量，此阶段特种打印申请量占比仍高于其他分支；1995—2014年，激光打印和喷墨打印专利申请更加强势，针式打印和3D打印占比相加不足10.0%，此时特种打印专利申请量占比已被激光打印、喷墨打印反超，特种打印占比不断被压缩，3D打印占比则在2005—2014年达到了9.0%；2015—2022年全球打印产业专利申请结构发生了极大的变动，特种打印、激光打印、喷墨打印占比相对均衡，同时3D打印占比高达38.0%，超过了其他打印专利。

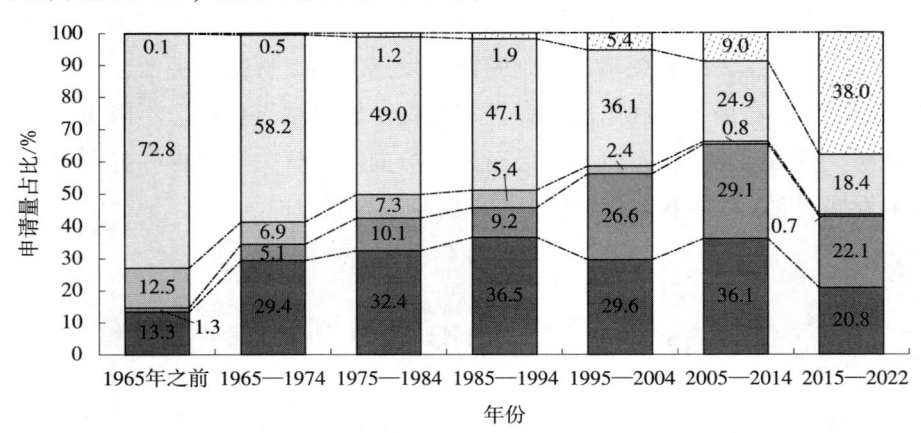

图4-1　全球打印产业结构调整方向

综合来看，激光打印专利申请占比从稳步上升到略有起伏，2015—2022年占比达到20.8%。喷墨打印专利申请占比在2015年之前迅速扩张，特别是1995—2004年，占比从过去十年的9.2%增长至26.6%；2015—2022年呈下降趋势，至22.1%。针式打印和特种打印专利申请占比逐年缩减，针式打印从 12.5% 下降至 0.7%，特种打印则从最开始的 72.8% 下降至 18.4%。3D 打印专利申请占比在 2015 年之前上升较缓，2015—2022 年发展迅猛，上升至 38.0%，位居第一。

（二）主要国家打印产业结构调整方向

打印设备产业的发展主要集中在日本、美国、欧洲和中国。但四个地区的发展方向也存在一定差异。如图 4-2 所示，日本 1995 年后 3D 打印和喷墨打印总占比逐年上升，2005—2022 年近七成打印耗材产业专利申请来自激光和喷墨打印领域，2015 年后，喷墨打印占比反超激光打印和特种打印，且这一差距在逐年扩大。1975 年之前，日本的 3D 打印专利创新处于低谷，仅有 0.3%，2015—2022 年 3D 打印专利占比上升至 16.4%，但仍旧显著低于中美欧地区。整体而言，日本的喷墨打印相较于其他主要地区发展势头较猛，且没有放缓趋势，而 3D 打印的发展速度则相对较慢且明显低于全球水平。

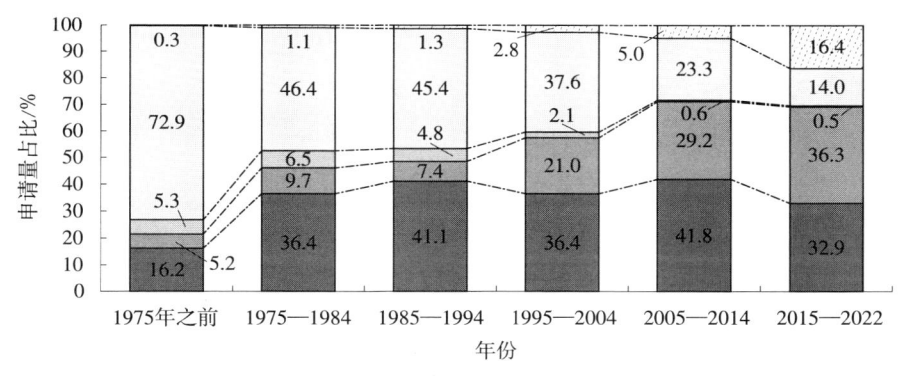

图 4-2 日本打印产业结构配比变化

如图 4-3 所示，美国针式打印和特种打印占比均呈下滑趋势，1975 年前特种打印专利申请量占比超过五成，激光打印专利申请量占比超过两成，2015—2022 年特种打印申请量占比已下降至 9.4%，针式打印申请量占比下降至 0.7%，而激光打印占比始终在 25% 以上。喷墨打印专利申请量占比在 1975—1984 年技术爆发后翻倍并一路上升，2005—2014 年占比超过三成，2015—2022 年受到 3D

打印专利申请占比上扬的影响，其占比有所下降，但仍旧保持在24.8%。美国3D打印申请起步较早，但直到1985—1994年占比才开始超过1.0%，2015—2022年3D打印专利申请开始爆发，占比达36.7%。总体而言，美国地区的打印设备产业的发展趋势和调整方向与全球保持较高的一致性。

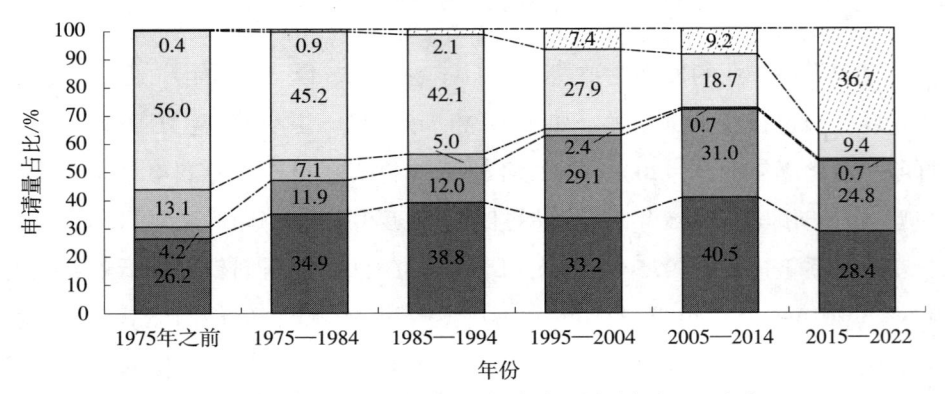

**图4-3 美国打印产业结构配比变化**

如图4-4所示，欧洲打印产业专利申请结构配比变化也与全球基本一致。1985—2004年的20年间，特种打印的比例逐步下降，而喷墨打印逐步占据市场。2015—2022年欧洲3D打印占比超过50%，高于全球平均水平。但是，激光打印占比一直都低于全球平均水平。

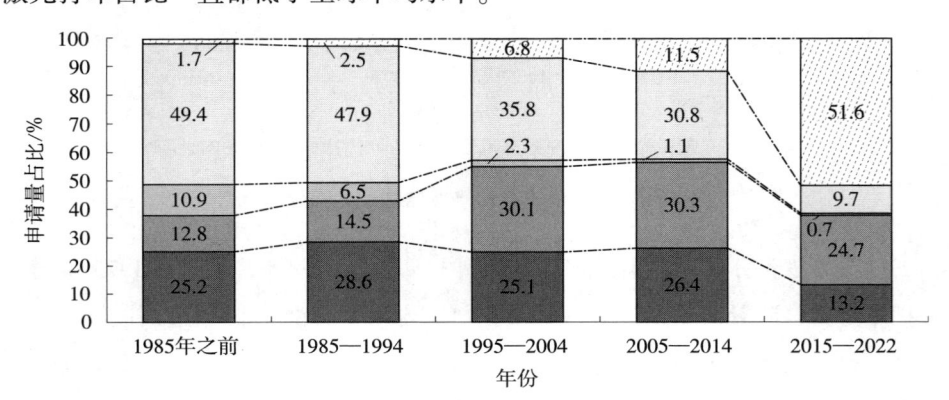

**图4-4 欧洲打印产业结构配比变化**

中国专利申请自 1985 年开始，喷墨打印专利申请量占比始终高于激光打印，2012 年前喷墨打印专利申请量占比一直保持在二到四成。特种打印专利申请量占比也始终在二成以上。如图 4-5 所示，中国申请人对 3D 打印领域专利申请极为积极，专利申请量占比由 2008—2012 年的 8.4% 增长至 2018—2022 年的 37.5%，平均每五年占比翻一番。同时，中国专利申请体量较大，中国 3D 打印专利申请为全球 3D 打印占比作出了较大贡献。

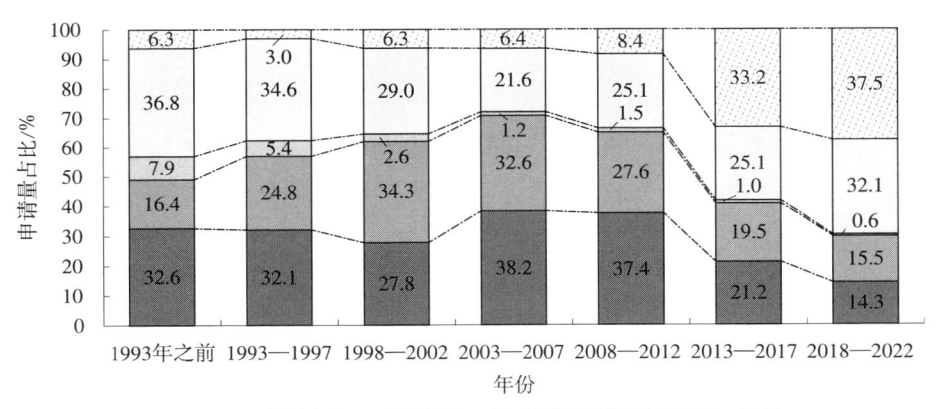

图 4-5 中国打印产业结构配比变化

以上四个主要地区的打印产业结构配比变化与全球结构发展变化是保持较高一致性的，特别是美国。日本的差异性主要体现为喷墨打印发展更快、3D 打印发展较慢。欧洲地区的差异性体现在激光打印发展不如全球平均水平且呈较快的下降趋势，而 3D 打印发展明显高于全球平均水平，领先其他主要地区。

随着后疫情时代的到来，工作生活一体化逐渐成为新常态，家用场景下的打印需求越来越多元，家庭消费者也逐渐意识到打印机的实用性和必要性。用户打印习惯的转变有效激发了家用打印这一市场的巨大潜力。家用打印机中主要是激光打印机和喷墨打印机。据统计，德国家用打印机普及率最高，达到 70%，美国在 50% 左右，而中国目前家用打印机普及率为 8% 左右。

## 二、全球打印设备产业专利协同创新

技术的协同创新通常是产业发展的重要手段。一般而言，一种技术协同创新（共同申请）的数量和占比越大，该技术的技术壁垒可能越高，受重视程度也越高。打印设备产业的专利协同创新情况能在一定程度上反映该产业的技术发展情况以及产业内部不同分支的技术发展差异。

（一）全球协同创新现状

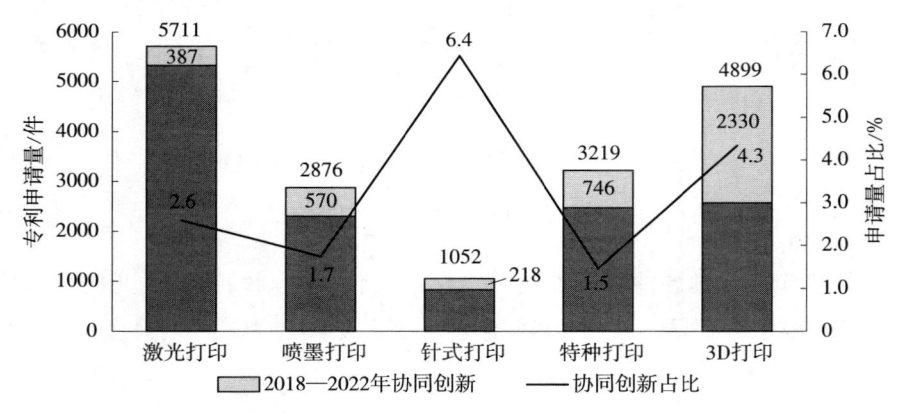

图 4-6 充分展示了全球打印设备产业各分支协同创新专利申请量情况，柱状图整体（顶端数字）为全部协同创新专利申请量，其中上端浅色部分为 2018—2022 年协同创新专利申请量，折线为协同创新专利申请量占各分支全部专利申请量的比重。

图 4-6 全球打印设备产业各分支协同创新专利申请量情况

从各分支协同创新专利申请数量上来看，截至检索日，激光打印协同创新专利申请量共 5711 件，居各分支首位；其次为 3D 打印，协同创新专利申请量为 4899 件。从 2018—2022 年协同创新专利申请量来看，3D 打印 2330 件，占该分支全部专利申请量的 4.3%，占该分支全部协同创新专利申请量的 47.6%，近五成为 2018—2022 年申请；针式打印 2018—2022 年协同创新专利申请量仅 218 件，在数量上不占优势，但占针式打印全部协同创新专利申请量的比重为 20.7%，高于激光打印（6.8%）、喷墨打印（19.8%），低于特种打印（23.2%）。从各分支协同创新专利申请量占全部专利申请量的比重来看，四个分支协同创新专利申请量均不足一成，其中针式打印以6.4%领先于其他分支，其次为3D打印（4.3%），激光打印、喷墨打印和特种打印均低于3.0%。

可见，打印设备产业专利申请中协同创新专利申请量所占比重并不高，该技术的专业壁垒有待加强。

如图4-7所示，在全球打印设备产业各分支协同创新专利申请创新主体类型分布上，企业占主导地位，尤其是传统打印领域，企业参与协同创新专利申请量占比均在八成以上，针式打印、激光打印和特种打印企业占比分别为99.3%、98.6%、95.9%，喷墨打印企业参与协同创新专利申请量占比也在85%以上，而3D打印协同创新72.3%的专利有企业申请人参与。在协同创新申请人为企业的专利中，企业与企业协同创新占核心位置，针式打印、激光打印和特种打印分别有99.3%、98.5%、95.7%的协同创新专利为企业与企业协同申请，而在喷墨打印中也有82.9%的协同创新专利为企业与企业协同申请，3D打印有61.7%。高校和科研机构协同创新参与度较高的为3D打印，两者在与企业协同申请的专利中，26.7%是高校与企业共同申请，11.6%是科研机构与企业共同申请。

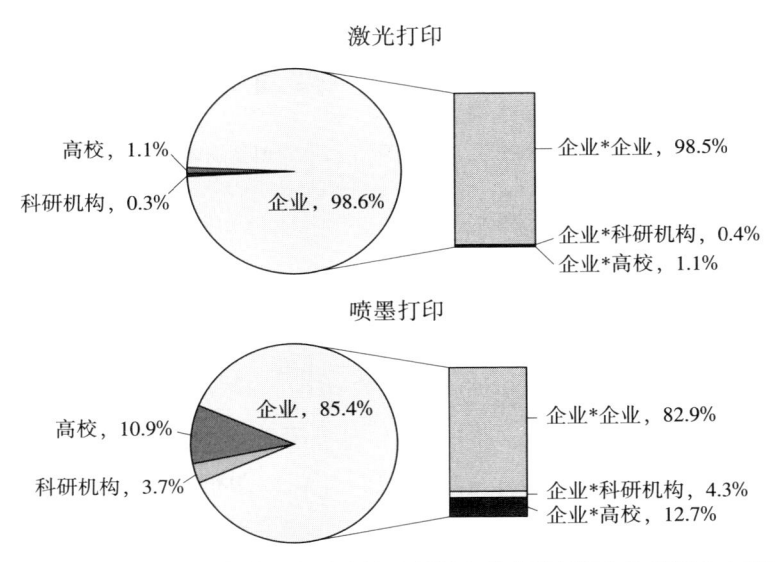

**激光打印**

高校，1.1%
科研机构，0.3%
企业，98.6%

企业*企业，98.5%
企业*科研机构，0.4%
企业*高校，1.1%

**喷墨打印**

高校，10.9%
科研机构，3.7%
企业，85.4%

企业*企业，82.9%
企业*科研机构，4.3%
企业*高校，12.7%

**图4-7 全球打印设备产业各分支协同创新专利申请创新主体类型分布情况**

针式打印

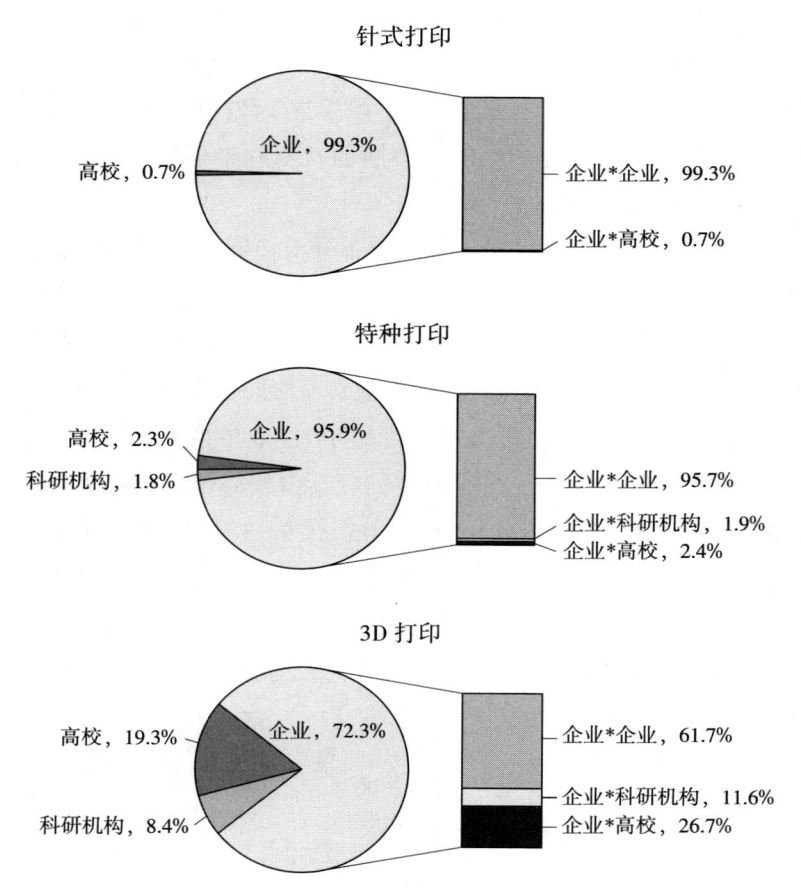

高校，0.7%
企业，99.3%

企业*企业，99.3%
企业*高校，0.7%

特种打印

高校，2.3%
科研机构，1.8%
企业，95.9%

企业*企业，95.7%
企业*科研机构，1.9%
企业*高校，2.4%

3D打印

高校，19.3%
企业，72.3%
科研机构，8.4%

企业*企业，61.7%
企业*科研机构，11.6%
企业*高校，26.7%

图 4-7　全球打印设备产业各分支协同创新专利申请创新主体类型分布情况（续）

## （二）中国协同创新现状

从协同创新专利申请量（见图 4-8）上来看，中国打印产业中特种打印以 1101 件居各分支首位，3D 打印以 1018 件排第二位，激光打印、喷墨打印协同创新专利量未超 200 件，针式打印仍然是协同创新专利申请量最少的分支，且不及 60 件。从协同创新专利申请量占各分支全部专利申请量的比重来看，五个分支排名与全球相似，针式打印仍占比最高，为 4.8%，特种打印协同创新占比以 3.3% 排名第二位，激光打印、喷墨打印占比不足 1%。从 2018—2022 年协同创新专利申请量占协同创新专利申请量的比重来看，3D打印超八成的协同创新专利为2018—2022年申请，激光打印、喷墨打印也有超六成左右的协同创新专利为2018—2022年申请，同时中国2018—2022年协同创新专利申请量占比均高于全球。在体量一致的情况下，中国市场协同创新较全球更为活跃。

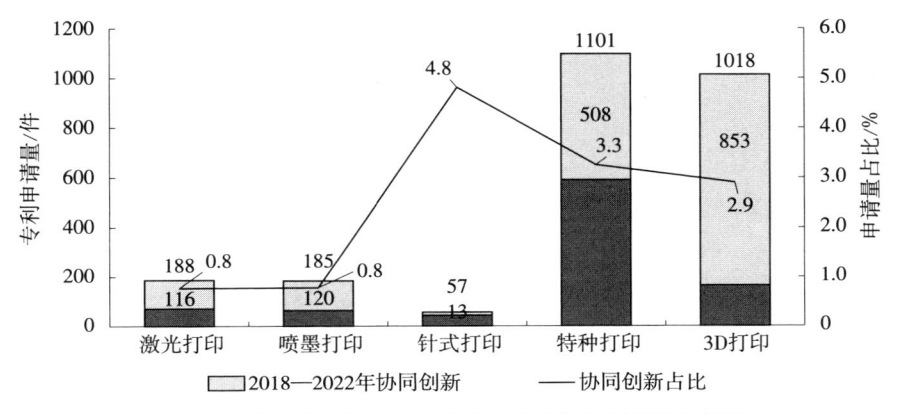

图4-8 中国市场打印设备产业各分支协同创新专利情况

如图4-9所示，中国打印设备产业各分支协同创新专利创新主体类型分布与全球相似，均以企业为主。针式打印协同创新专利量不多，但企业协同创新占比高达93.4%；激光打印、特种打印、喷墨打印、3D打印协同创新专利中企业协同申请的占比分别为89.4%、88.7%、78.8%、66.1%。在除针式打印外的分支中高校和科研机构参与协同创新专利量较全球均有所提升，尤其是高校，喷墨打印高校协同创新专利申请量占全部协同创新专利申请量的比重较全球增长6.5个百分点。3D打印高校和科研机构参与协同创新的比例在四个分支中较为显著，高校和科研机构协同创新专利申请量占比分别为34.0%、17.3%。在各分支企业参与的协同创新专利中，以企业与企业协同申请为主，在针式打印和激光打印协同申请中的占比分别为93.0%、88.2%，在3D打印中也有48.7%，高于企业与高校和企业与科研机构。

激光打印

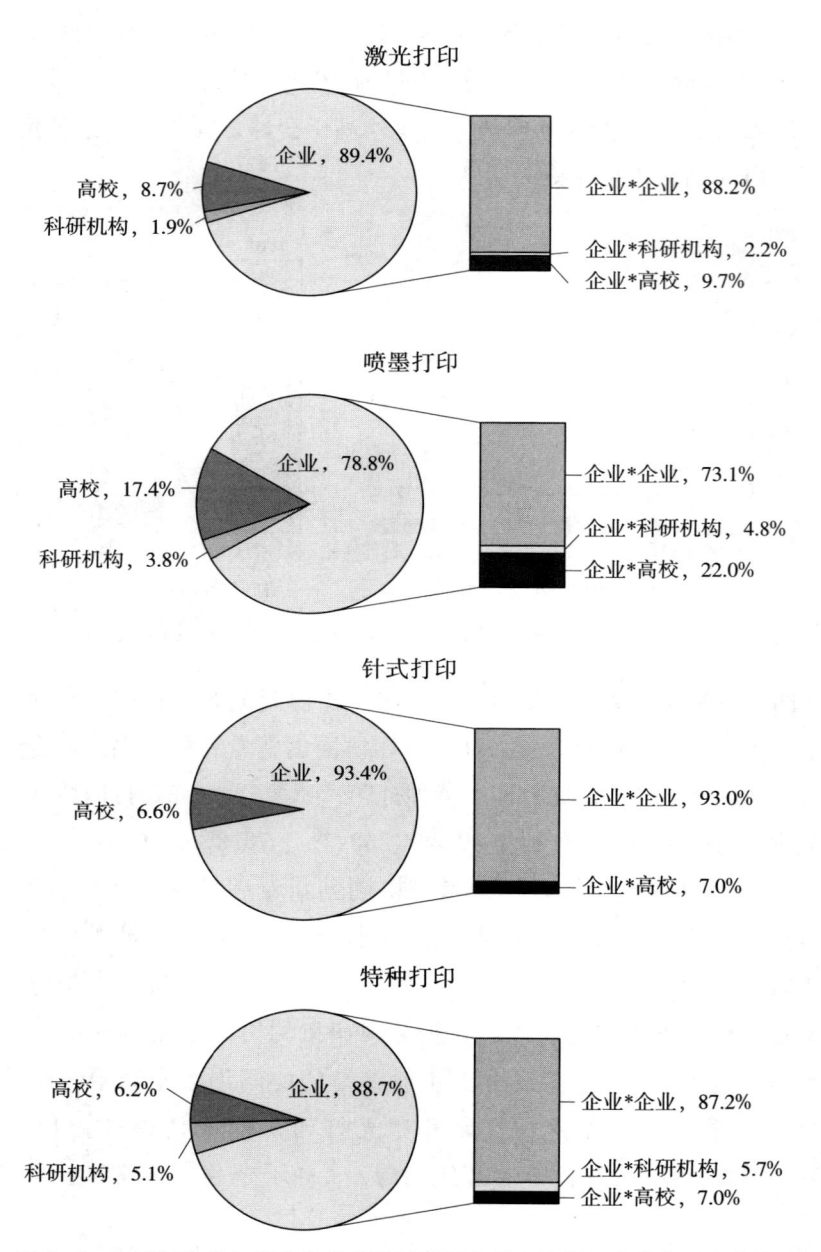

- 企业，89.4%
- 高校，8.7%
- 科研机构，1.9%

- 企业*企业，88.2%
- 企业*科研机构，2.2%
- 企业*高校，9.7%

喷墨打印

- 企业，78.8%
- 高校，17.4%
- 科研机构，3.8%

- 企业*企业，73.1%
- 企业*科研机构，4.8%
- 企业*高校，22.0%

针式打印

- 企业，93.4%
- 高校，6.6%

- 企业*企业，93.0%
- 企业*高校，7.0%

特种打印

- 企业，88.7%
- 高校，6.2%
- 科研机构，5.1%

- 企业*企业，87.2%
- 企业*科研机构，5.7%
- 企业*高校，7.0%

图 4-9　中国打印设备产业各分支协同创新专利申请创新主体类型分布情况

3D 打印

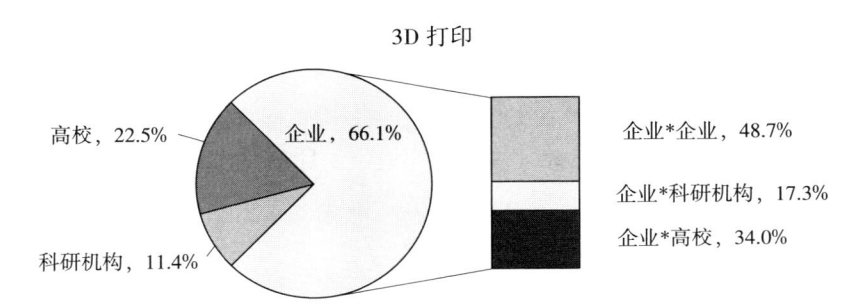

高校，22.5%
企业，66.1%
科研机构，11.4%

企业*企业，48.7%
企业*科研机构，17.3%
企业*高校，34.0%

图 4-9　中国打印设备产业各分支协同创新专利申请创新主体类型分布情况（续）

尽管我国近年来在打印设备专利申请活跃度上领先于其他国家与地区，但我国打印耗材产业一直以来处于产业链"中低端锁定"的困局。我国制造业在产出效率、技术水平、创新能力等方面同一些发达国家相比仍有较大差距。

因此，首先应该围绕创新链布局产业链，提升产业链、供应链的稳定性和竞争力；其次围绕产业链部署创新链、着力以科技创新为核心，全方位推进产品创新、品牌创新、产业组织创新、商业模式创新，把创新驱动发展战略落实到现代化建设的整个进程和各个方面；最后围绕创新链完善资金链，聚焦产业战略目标，集中资源、形成合力。

调整打印设备产业结构，首先需要加大 3D 产业创新比重，其次需要围绕产业链部署创新链。具体而言，需要从三个方面开展相关工作：一是科研创新链，科研院所、政府机构和企业共同参与的创新链，科技的从无到有，到产业化；二是研发创新链，产业链上的各类企业，为解决一系列具体难题，开展技术攻关而组成的研发链；三是产品创新链，企业从研发到试制，再到量产的链条，需要供应商和客户的参与。最后是交付创新链，在产品实现量产后，引入供应商参与其中，满足用户对交期要求和控制自身库存成本的需求。

### 三、打印设备产业投资热点

公开信息显示，2022 年我国 3D 打印相关领域共有 33 起融资，融资总额达 63.36 亿元，与 2021 年的 48 亿元相比增加 32%。其中 2 起融资金额暂未披露,再算上未公开的融资事件,实际融资总额会更多。

从融资时间来看,2022年从第一季度到第四季度的投融资数量分别是10件、8件、8件、7件,大体呈持平趋势。其中融资金额最多的是7月,共13.9亿元,占总融资额的22%;其次是1月、3月和10月,均超过8.0亿元;4月融资金额最少,只有数千万元,如图4-10所示。

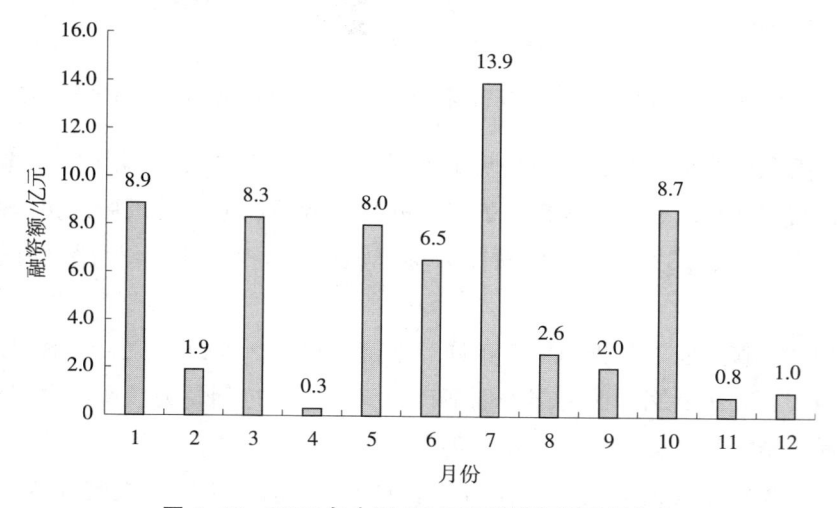

图4-10 2022年中国3D打印投融资额时间分布

从融资规模来看,2022年融资过亿元的有16家企业,融资规模共计57.86亿元,占融资总额的91.3%。16家企业分别为超卓航科、迅实科技、华曙高科、正雅齿科、鑫精合、先临三维、汉邦科技、金石三维、中航迈特、摩方精密、普利生、联泰科技、铖联科技、Polymaker、Raise3D复志科技、清研智束。其中,超卓航科上市募资9.24亿元,华曙高科IPO拟募资6.64亿元,先临三维定增募资4.6亿元,这3家公司融资总和达20.48亿元,占总金额的32.3%。

从融资轮次来看,如图4-11所示,包括天使轮、Pre-A轮、A轮的前期融资占比较高,共15起,占融资数量的48%,但融资金额并不高。成长期企业的融资金额较大,B轮—D轮融资有10起,融资金额共22.48亿元,占总金额的35.4%。2022年,迅实科技在未上市企业中融资金额最高,D轮融资1亿美元(折合人民币6.88亿元)。其次是正雅齿科,D轮获5亿元融资,鑫精合完成 Pre-IPO 轮近 5 亿元融资。

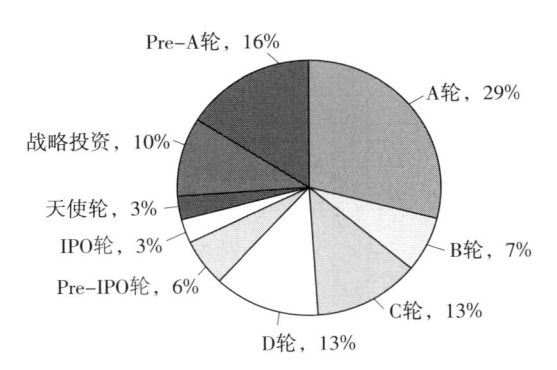

图 4-11　2022 年国内 3D 打印投融资轮次情况

从投资方向来看，如图 4-12 所示，3D 打印设备的融资数量最多，有 17 起，占总数的 51.5%，共融资 40.6 亿元，占 3D 打印领域总融资金额的 64.1%；其次是 3D 打印应用，融资总额为 16.8 亿元，占比 26.6%；3D 打印服务、软件融资各 1 起，融资金额皆为数千万元。

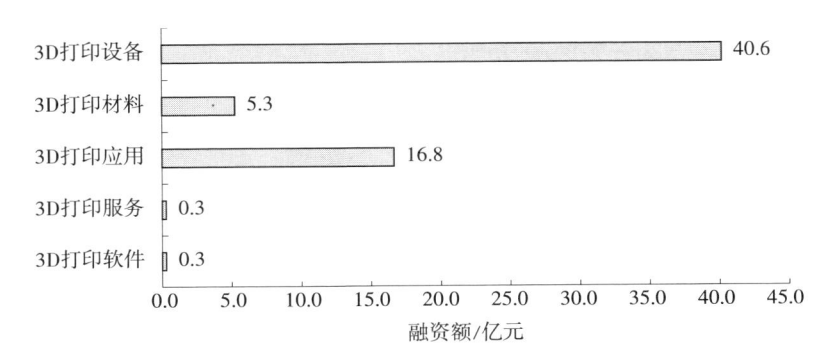

图 4-12　2022 年 3D 打印行业投融资项目分布

相比于过去几年，行业的投资热点未发生大的改变。占比较大的领域主要包括 3D 打印设备、3D 打印应用，以软件和服务为主营业务的公司目前来看融资还较少。主要原因是国产软件相对就很少，而服务更多地被归类于细分领域的应用端。

从投资区域来看，如图 4-13 所示，我国 3D 打印行业投融资主要集中在北京、上海、广东及江苏、浙江等地区。其中，浙江企业的融资最多，占总

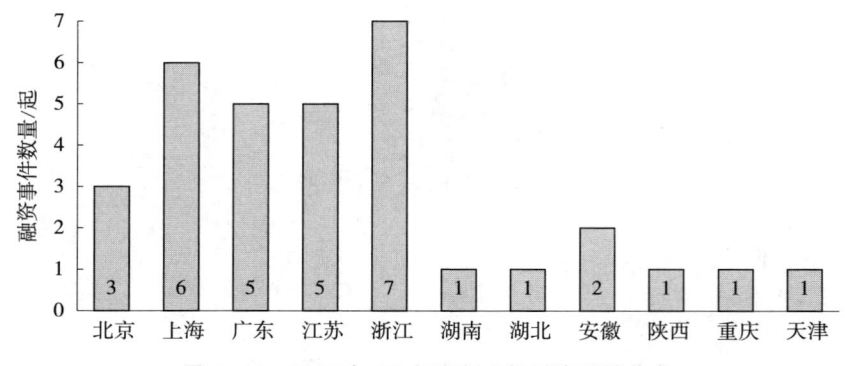

投融资数量的比例达 21.2%；其次是上海，以及广东和江苏。

图 4-13　2022 年 3D 打印行业投融资区域分布

从成立时间来看，如图 4-14 所示，成立 5~10 年的中期企业最多，有 12 家，占比 37%；其次是成立 3 年以内的初创企业，有 8 家，占比 25%；成立 10 年以上的成熟企业有 7 家，占比 22%。3D 打印赛道的新企业和中期企业是资本的主要选择。

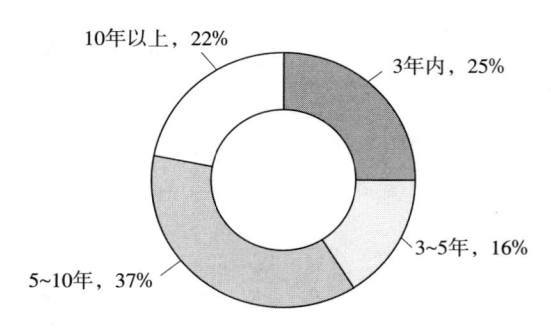

图 4-14　2022 年 3D 打印行业融资企业成立时间

## 四、打印设备产业专利运营状况

图 4-15 为全球打印设备产业各分支专利运营情况，柱状图为专利运营数量，折线图为有专利运营的专利量在全部专利量中的占比。①

---

①　分析中数据百分比仅保留 1 个小数点，图表中横线与左侧坐标对应，右侧占比不完全对应。

在专利转让方面，激光打印和喷墨打印设备专利发生转让的专利量分别为 6.6 万件和 5.0 万件，均占该分支全部专利量的三成左右，两分支转让较为活跃；3D 打印转让专利量为 2.4 万件，针式打印转让专利量仅 3112 件，3D 打印和针式打印转让专利占比均在两成左右；特种打印转让专利量仅 4466 件，特种打印转让专利占比远低于其他分支。

在专利许可方面，3D 打印共有 867 件专利发生许可，占 3D 打印全部专利量的 0.8% 左右，数量和占比在四个分支中均排名第一。喷墨打印和激光打印发生许可的专利量分别为 242 件、135 件；针式打印、特种打印发生许可的专利量分别仅为 18 件、12 件。四个分支许可专利量占各分支全部专利量的比重均为 0.1% 左右。

在专利质押方面，激光打印发生质押的专利量达 3379 件，占全部专利量的比重为 1.5%；喷墨打印和 3D 打印发生质押的专利量也超 2000 件；针式打印虽然仅有 353 件专利发生质押，但质押专利量占比为 2.2%，在五个分支中居首位；特种打印质押专利量为 320 件，相较于其他分支不具优势。

在专利诉讼方面，激光打印共有 483 件专利发生诉讼，占激光打印全部专利量的 0.2%；喷墨打印共有 246 件专利发生诉讼，占喷墨打印全部专利量的 0.1%；3D 打印共有 170 件专利发生诉讼，占 3D 打印全部专利量的 0.2%；针式打印和特种打印诉讼专利均不超 100 件，但针式打印诉讼专利量占该分支全部专利量的占比在五个分支中居首位，为 0.5%。

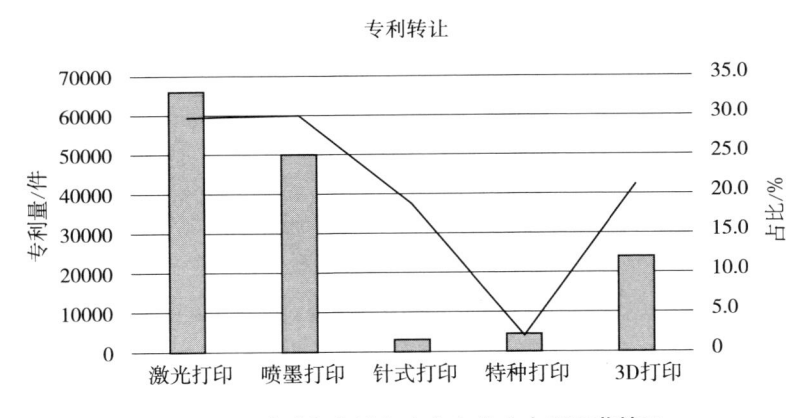

图 4-15 全球打印设备产业各分支专利运营情况

专利许可

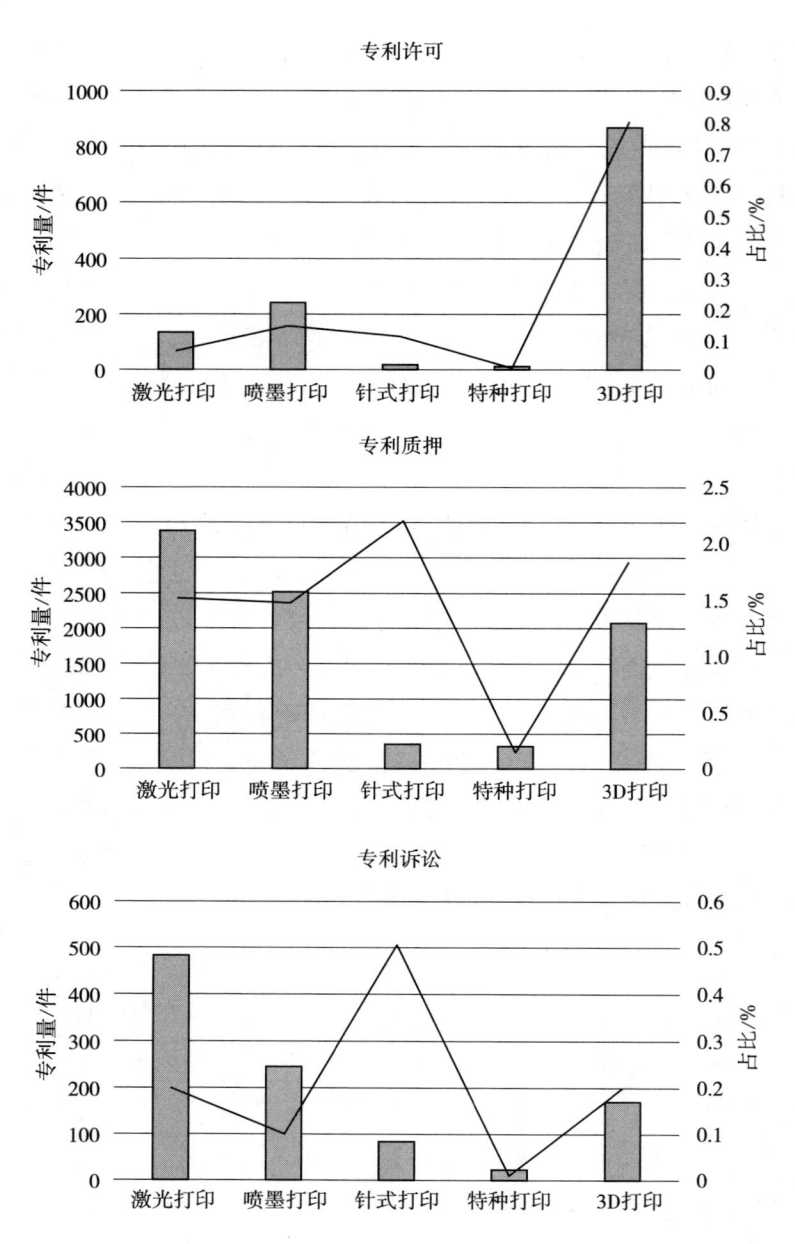

专利质押

专利诉讼

图4-15 全球打印设备产业各分支专利运营情况（续）

图4-16为中国市场打印设备产业各分支专利运营情况，柱状图为专利运营数量，折线图为专利运营量在全部专利量中的占比。

全球和中国打印设备产业专利运营均侧重于转让，但全球专利运营活跃度整体高于中国市场，尤其是在专利转让方面。激光打印发生转让的专利量高达 5574 件，占该分支全部专利量的比重为 22.9%；喷墨打印发生转让的专利量和占比分别为 4380 件、18.6%；激光打印和喷墨打印两分支转让较为活跃。3D 打印转让专利量虽然超 3000 件，但占 3D 打印专利量的比重仅为 9.0%，在五个分支中居倒数第二位；针式打印转让专利量仅 207 件，占比为 17.5%，在五个分支中排名第三位；特种打印转让专利量为 262 件，占比 0.8%。

在专利许可方面，喷墨打印共有 126 件专利涉及许可，占喷墨打印专利量的比重为 0.5% 左右，激光打印、针式打印、特种打印涉及许可专利量均未超 100 件，针式打印仅有 7 件，占针式打印专利量的比重为 0.6% 左右。

在专利质押方面，激光打印发生质押的专利量为 221 件，占激光打印专利量的比重仅为 0.9%，低于质押专利量不及它的针式打印。针式打印虽然只有 18 件专利发生质押，但占针式打印专利量的比重居五个分支首位，为 1.5%。

在专利诉讼方面，针式打印、特种打印和 3D 打印专利诉讼专利量均未超 10 件，激光打印和喷墨打印分别有 48 件、29 件，占各分支专利量的比重均不足 0.3%。

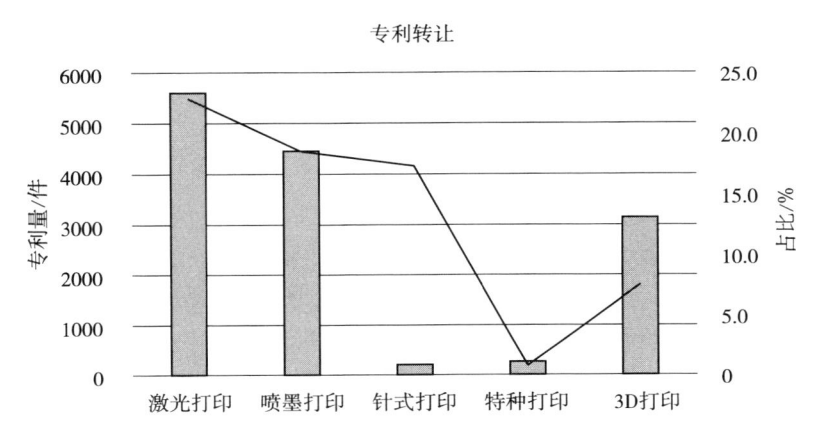

图 4-16　中国市场打印设备产业各分支专利运营情况

图 4-16 中国市场打印设备产业各分支专利运营情况（续）

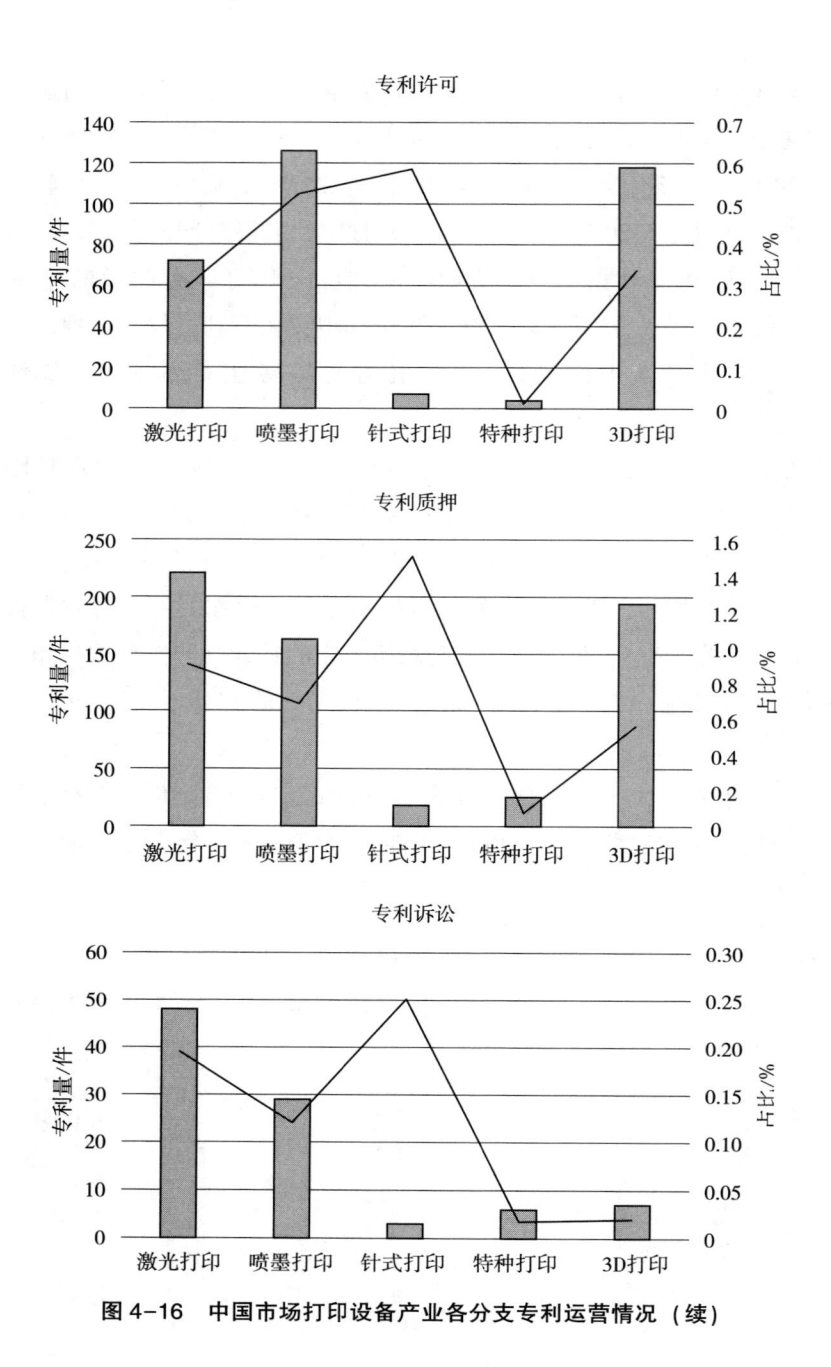

## 五、打印设备产业发展方向

从供应链角度来看，打印机控制整个打印耗材产业的发展方向，而佳能、惠普等打印机厂商占据着价值链的高端。从技术链角度来看，传统打印产业主要热点发展方向包括硒鼓芯片、硒鼓、碳粉、打印语言，3D 打印产业主要热点发展方向包括 SLS 设备、FDM 设备、LOM 设备、设计软件、医学领域（见图 4-17）。

在经济全球化和知识经济背景下，改革开放的初期，中国凭借着劳动力资源优势，迅速发展成为全球打印耗材产品制造大国。但随着中国企业深度参与全球市场竞争，国外利用知识产权工具阻击的力度与手段不断加强，中国打印设备产业的发展受到了严峻挑战。在寻求突破的方向上，云计算、大数据、5G 等新一代信息技术的发展带来了全球信息技术和产业新一轮分化和重组的重大机遇。中国不应错过这一机遇，而是应当全力打造打印机和打印耗材行业核心技术产业生态，进一步推动前沿技术突破，利用新技术弯道超车，打破发达国家在打印机及其耗材制造领域的贸易壁垒。[①]

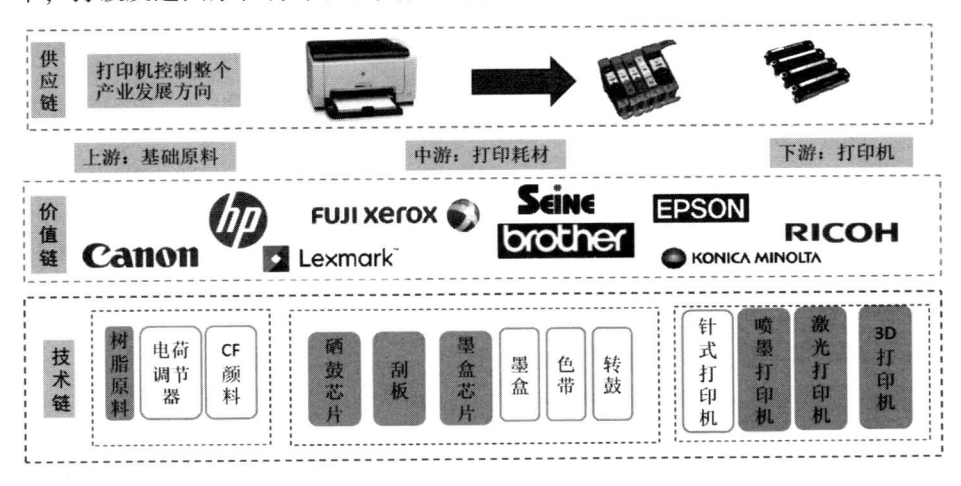

图 4-17　产业发展方向

---

① 谢欢，魏雅丽. 打印耗材行业海外知识产权贸易壁垒研究与建议 [J]. 品牌与标准化，2021（05）：86-88.

## 第二节 传统打印产业发展方向

传统打印产业虽历经风雨沉浮，现今依旧饱含巨大商业价值，基础化学原料的提纯、打印耗材的效能提升、打印机设备的技术精良等无不推动着传统打印产业在勇毅前行。国际市场中，由于环境复杂多变、战争特殊情况散发等超预期因素的影响，积压已久的库存也将得到全面释放，各打印机厂商纷纷清仓，必然促使传统打印产业为迎合新形势拓宽自身应用。

### 一、传统打印领域2018—2022年的专利申请热点

从打印机设备上游（见表4-1）看，一是传统打印所需的基础化学原料大都已经得到开发与完善。其中，树脂原料、颜料、添加剂等关键原料2018—2022年专利申请量超过15%；整个基础化学原料的一级分支2018—2022年专利申请量达8418项，占全部专利申请量的20.1%。二是打印耗材应用领域加速从传统制造业向现代服务业延伸，使得打印耗材芯片、激光打印耗材、特种打印耗材以及其他通用耗材都呈现不同程度的占比提升。其中，国际市场的开拓为兼容国内国际打印机设备型号、硬件差异提供了机遇，通用耗材成为市场新宠，其他通用耗材2018—2022年申请量占比达19.2%。三者相比，基础化学原料申请量占比最高，其次为打印耗材申请量，打印机申请量占比最小。

表4-1 2018—2022年传统打印三级分支专利申请热点方向

| 一级 | 二级 | 三级 | 申请量/项 | 申请量占比/% |
|---|---|---|---|---|
| 基础化学原料 | 树脂原料 | | 3552 | 16.3 |
| | 电荷调节剂 | | 222 | 9.8 |
| | 颜料 | | 1920 | 16.1 |
| | 石蜡 | | 139 | 7.0 |
| | 添加剂 | | 3749 | 29.4 |

续表

| 一级 | 二级 | 三级 | 申请量/项 | 申请量占比/% |
|---|---|---|---|---|
| | 基础化学原料合计 | | 8418 | 20.1 |
| 打印耗材 | 耗材芯片 | 硒鼓芯片 | 190 | 46.6 |
| | | 墨盒芯片 | 199 | 28.0 |
| | 打印耗材芯片合计 | | 347 | 32.7 |
| | 激光打印耗材 | 硒鼓 | 4591 | 16.6 |
| | | 碳粉 | 1375 | 8.3 |
| | | 成像辊 | 1755 | 10.7 |
| | | 定影辊 | 2155 | 14.4 |
| | | 刮板 | 137 | 2.8 |
| | 激光打印耗材合计 | | 8923 | 13.0 |
| | 喷墨打印耗材 | | 10271 | 23.0 |
| | 针式打印耗材 | | 213 | 5.5 |
| | 特种打印耗材 | 热敏纸 | 523 | 48.0 |
| | | 涂布纸 | 556 | 6.6 |
| | | UV墨水 | 451 | 52.1 |
| | 特种打印耗材合计 | | 1492 | 14.5 |
| | 其他通用耗材 | 外壳 | 1429 | 21.7 |
| | | 打印介质 | 351 | 13.1 |
| | 其他通用耗材合计 | | 1779 | 19.2 |
| | 打印耗材合计 | | 21939 | 17.5 |
| 打印机 | 激光打印机 | 激光扫描系统 | 107 | 2.1 |
| | | 激光输纸 | 318 | 10.7 |
| | 激光打印机合计 | | 417 | 5.2 |
| | 喷墨打印机 | 喷墨传感器 | 223 | 7.0 |
| | | 喷墨输纸 | 620 | 20.0 |
| | 喷墨打印机合计 | | 835 | 13.4 |
| | 针式打印机 | 针式打印头 | 54 | 3.1 |
| | | 针式输纸 | 84 | 8.9 |
| | 针式打印机合计 | | 130 | 4.9 |
| | 特种打印机 | 热敏打印 | 2522 | 6.2 |
| | | 热升华打印 | 2341 | 10.7 |
| | | 标签打印 | 6576 | 28.3 |
| | | 手持打印机 | 276 | 28.1 |
| | | 喷码打印机 | 6833 | 65.9 |
| | 特种打印机合计 | | 17997 | 19.0 |

续表

| 一级 | 二级 | 三级 | 申请量/项 | 申请量占比/% |
|---|---|---|---|---|
| 打印机 | 软件算法 | | 1679 | 24.5 |
| | 打印语言 | | 132 | 16.7 |
| 打印机合计 | | | 21499 | 16.8 |
| 传统打印产业链合计 | | | 48374 | 18.1 |

随着众多打印设备企业纷纷进入数字化领域，打印设备产业已然十分成熟。传统打印产业链整体2018—2022年专利申请量占比为18.1%；喷码打印机及UV墨水2018—2022年专利申请量占比分别为65.9%和52.1%，超过50%；热度紧随其后的为热敏纸和硒鼓芯片，申请量占比分别为48.0%和46.6%；基础化学原料2018—2022年申请量占比也在20.1%；针式打印耗材、激光打印机、针式打印机2018—2022年申请量占比最低，分别是5.5%、5.2%、4.9%。

尽管受到3D打印等新兴打印技术影响较大，但传统打印仍有不可忽视的一席之地。同时，随着传统打印行业紧跟科技转型，配合做好行业整合等措施，预计未来我国传统打印市场规模仍会有所增长但会增速放缓。

## 二、传统打印强国/地区的专利布局热点

传统打印领域专利布局核心在于企业竞争策略，依赖专利申请人充分审度市场现况，运用自身挖掘专利热点敏锐度，部署专利布局的技术优势，结合考虑自身资源，契合企业营运策略，整合专利申请策略，让自身打印企业取得市场竞争优势的专利组合。美国、日本、欧洲、韩国以及中国等传统打印强国及地区在传统打印领域的专利布局往往涉及的层面非常广泛，有效的专利布局可以为传统打印企业创造实际营收效益，如技术标准、产业标准、企业产品技术标准等技术授权模式，为企业带来实质效益，也为国家在此领域奠定世界话语权。

纵观2018—2022年"五局"传统打印专利布局情况（见图4-18），中国、美国传统打印专利申请量基本相当，日本、欧洲的投入紧跟其后，而韩

国传统打印专利申请量最少。这与传统打印领域的综合产业支撑、综合市场孕育以及国家经济、法律支持等因素有关。研发投入内容包括对基础化学原料、墨盒、喷码打印机、UV墨水等专利进行有机结合，涵盖了与传统打印企业利害相关的时间、地域、技术和产品等维度。

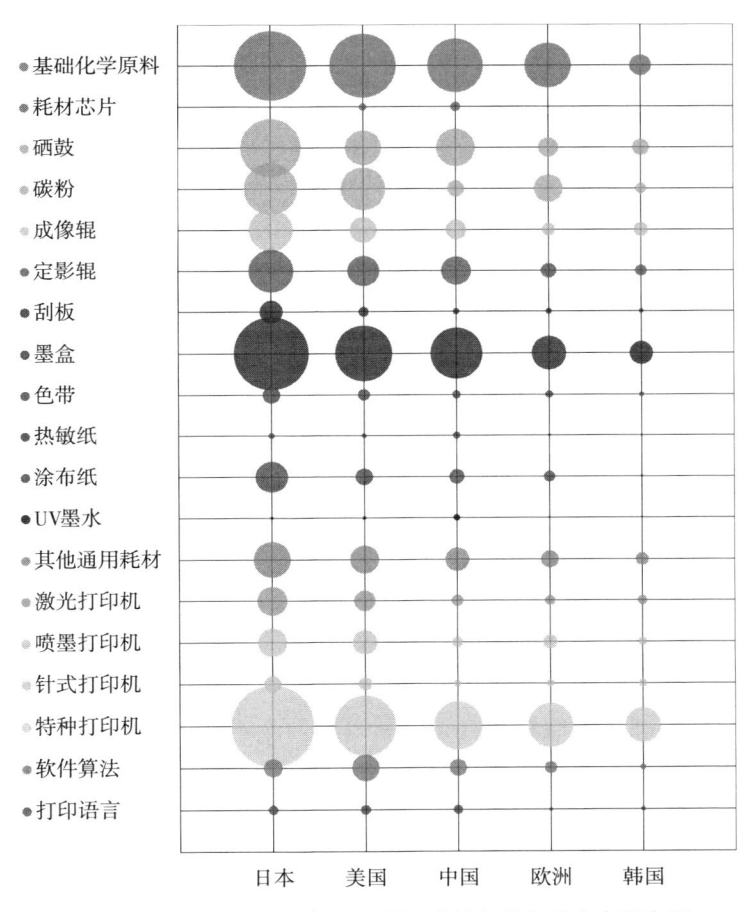

图4-18 2018—2022年"五局"传统打印各分支专利布局

从传统打印的各部分的专利申请量来看，无论是美国、日本、欧洲、韩国还是中国，墨盒依旧是最为热门的专利布局方向，特种打印机、基础化学原料列第二位、第三位（见图4-18）。按照地区来看，中国申请人在碳粉、激光打印机、喷墨打印机上的专利申请较其他四局而言较为弱势，而在耗材芯片上申请突出；美国申请人基于自身的经济发展格局，保护研发实力较强和拥有充足资金的企业，重点在喷墨打印机和软件算法上有较大投入；日本传统打印尽管2018—2022年申请量落后于中国和美国，但其中仍保持碳粉、硒鼓等作为日本的传统强势分支持续投入，加大基础化学原料、墨盒投入；韩国对核心技术的研发有一定难度，更多通过围绕核心专利布局多个小专利实现专利各方面均衡投入发展；欧洲则重点突出基础化学原料、墨盒的专利布局投入，硒鼓、碳粉紧跟其后持续投入。

近年来，传统打印强国在打印产业上的专利布局热点并无固定的格式与规则，基本原则是根据整个市场的专利状况、本国的专利状况以及财力、人力等相关因素的综合考虑进行合理的规划。各种专利布局根据实际情况变换投入类型与调整成本，同时各分支的专利布局之间进行组合，从而形成一个有层次感且性能价格比优越的优质专利防护网。根据专利申请热点的挖掘，在不同程度上，"五局"在国际市场中长期霸占有利的市场，一方面直接获取利润，增加传统打印供应链风险应对筹码，影响传统打印产业规则；另一方面增加产品附加值，打造企业品牌，获得全球市场的认同。

## 三、传统打印产业协同创新热点

在传统打印产业中开展协同创新并非天方夜谭，打印产业本身并非独立的存在，包括基础化学原料、打印耗材等纵向生产线的生产需求整合，也包括图像图文等数字化、信息化设计处理、打印设备外观、硬件兼容等横向生产线合作需求整合。通过国家意志的引导和机制安排，实现纵向生产线与横向生产线在生产与合作需求方面的整合与创新，也是现代打印市场的发展方向。

图4-19所示为传统打印各分支协同创新专利占比情况。从图中可以看出，全球传统打印协同创新占比最高的分支是墨盒，达到了36.1%，其次是基础化学原料中的树脂原料，激光打印耗材中的硒鼓、碳粉和软件算法，协同创新专利占比均在15.0%以上。耗材芯片部分的硒鼓芯片和墨盒芯片协同创新表现相对较弱，占比处于末位，分别为0.1%、0.5%；特种打印机中的

热敏打印、热升华打印、标签打印和喷码打印机协同创新占比均在 1.0% 及以下。

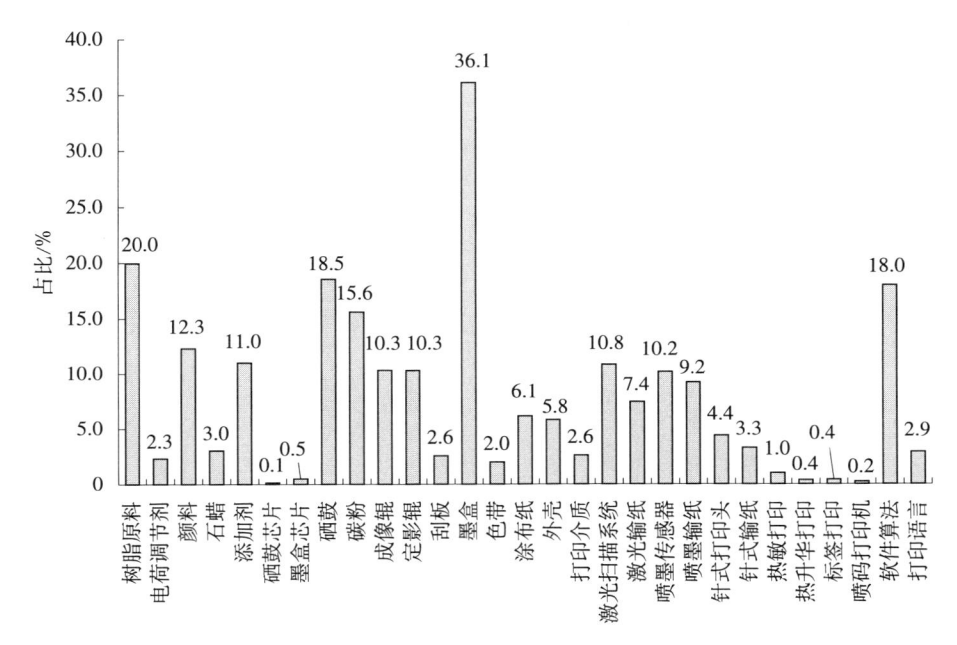

图 4-19 传统打印各分支协同创新专利占比情况

## 四、传统打印产业研发方向热点

通过以上分析可以看出，传统打印技术得益于科学技术的不断进步和产业布局的持续完善，传统打印技术已较为成熟，并形成较为深厚的技术积累，已具备一定规模的企业集群。目前日本的相关专利申请量占据了全球专利的大部分。技术原创国和目标市场国方面，日本原创专利数量和布局专利数量均明显高于其他国家和地区。

进一步基于从专利申请信息、主要国家/地区和龙头企业布局的热点信息、协同创新信息、新进入者信息、专利运用信息等各个维度对传统打印的子领域的综合对比分析，获得传统打印的热点发展方向（见表 4-2）。综合评价最高的是喷墨打印耗材中的墨盒以及打印机中的打印语言，其次是专利许可

## 表 4-2 传统打印热点发展方向

| 一级 | 二级 | 三级 | 申请趋势 | 国家/地区申请热点 | 龙头企业研发热点 | 协同创新热点 | 新进入者热点 | 专利运用热点 诉讼 | 专利运用热点 许可 | 专利运用热点 转让 | 专利运用热点 质押 | 综合评价 | 结论 |
|---|---|---|---|---|---|---|---|---|---|---|---|---|---|
| 基础化学原料 | 耗材芯片 | | ★ | ★ | | ☆ | | | ★ | ☆ | | ★★★ | |
| 打印耗材 | 激光打印耗材 | 硒鼓 | | ★ | ★ | | ★★ | | ☆ | ☆ | | ★★★★ | √ |
| | | 碳粉 | | ☆ | ★ | | ★ | | | ☆ | | ★★★ | √ |
| | | 成像辊 | | | | | | | | | | | |
| | | 定影辊 | | | | ☆ | | | | ☆ | ☆ | ★ | |
| | | 刮板 | | | | | | | | | ☆ | ☆ | |
| | 喷墨打印耗材 | 墨盒 | ★ | ★★ | ★ | ☆ | ★ | ★ | | ☆ | | ★★★★★ | √ |
| | 针式打印耗材 | 色带 | | | | | | ★ | | | | ★ | |
| | 其他通用耗材 | | | | ☆ | | | | | | | ☆ | |
| 打印机 | 激光打印机 | | | | | | | ☆ | | ☆ | | ☆ | |
| | 喷墨打印机 | | | | | | | | | ☆ | | ☆ | |
| | 针式打印机 | | | | | ★ | | | ★★ | ☆ | ★ | ★★ | |
| | 其他打印机 | | | | | | | ★ | ★ | ☆ | | ★★★★ | √ |
| | 软件算法 | | ★ | ★ | | ☆ | | | ☆ | ☆ | | ★★★★★ | √ |
| | 打印语言 | | | | | | | | | | | | |

注：★ 表示该产业在某方面发展非常好，☆ 表示发展较好；综合评价列为对前面各方面评价的综合；结论列打"√"的为发展很好的产业分支。后文同此。

热度最高的软件算法也成为传统打印发展的新宠儿。打印耗材中的成像辊、定影辊、刮板以及打印机中的喷墨打印机、激光打印机将呈现持续走低态势。

概言之，传统打印领域的主要热点发展方向包括打印耗材领域的耗材芯片、硒鼓、墨盒，打印机领域的软件算法和打印语言。

## 第三节　3D 打印产业发展方向

因为 3D 打印具有潜在的巨大商业价值，众多企业纷纷投身到 3D 打印领域，分层实体制造、熔融沉积成型、选择性激光烧结等新型 3D 打印技术不断涌现，相关技术在航天、医疗、汽车等领域的应用也得到广泛研究，3D 打印领域的专利申请量随之快速增长。经过多年的发展，国内外企业通过自主研发、企业并购等方式，不断完善产业链布局，逐渐涌现出了一批行业领先企业，产业与技术集中度越来越高，并在世界多个国家和地区进行了大量的专利布局。

### 一、3D 打印领域 2018—2022 年的专利申请热点

3D 打印技术虽然在 20 世纪八九十年代就已大体成型，但本质仍是个新兴产业。国内从 1988 年就开展 3D 打印技术方面的研究，与国外基本同步，但当前国外企业占据优势，国内企业正处于跟随阶段，在加快追赶。除设计软件分支 2018—2022 年专利申请量占比未超四成外，其余分支占比均在四成以上。

表 4-3 所示为 2018—2022 年专利申请量，占比在六成以上的三级分支有 3D 打印控制、机械、光固化成型（SLA）设备和医学领域，占比分别为 66.2%、65.9%、63.4% 和 60.8%。

表 4-3　2018—2022 年 3D 打印三级分支申请热点方向

| 一级 | 二级 | 三级 | 申请量/项 | 申请量占比/% |
|---|---|---|---|---|
| 3D 打印 | 上游 | LOM 材料 | 518 | 44.6 |
| | | SLS 材料 | 1283 | 55.6 |
| | | FDM 材料 | 894 | 53.9 |
| | | 3DP 材料 | 611 | 58.2 |
| | | SLA 材料 | 4437 | 50.5 |
| | | 上游合计 | 7444 | 52.0 |
| | 中游 | 光固化成型（SLA）设备 | 4272 | 63.4 |
| | | 选择性激光烧结（SLS）设备 | 1652 | 52.6 |
| | | 三维印刷（3DP）设备 | 3307 | 58.4 |
| | | 熔融沉积成型（FDM）设备 | 3269 | 56.6 |
| | | 分层实体制造（LOM）设备 | 355 | 45.0 |
| | | 3D 打印控制 | 4104 | 66.2 |
| | | 设计软件 | 2556 | 32.5 |
| | | 中游合计 | 16060 | 54.1 |
| | 下游 | 医学 | 1292 | 60.8 |
| | | 机械 | 2771 | 65.9 |
| | | 下游合计 | 4037 | 64.2 |
| | | 3D 打印机合计 | 24204 | 54.4 |

近年来，政策的调整使国内 3D 打印领域的专利申请量呈剧增态势，主要集中在金属材料及其打印设备上，基本为国内专利申请，近两年开始出现国际专利申请。

## 二、3D 打印强国/地区的专利布局热点

由于 3D 打印技术对于产业界的革命性影响，各国均重视和鼓励 3D 打印这一新兴产业的发展，近年来全球 3D 打印产业产值以两位数的速度不断增长。3D 打印专利布局尚未完全成熟，也处于一个快速发展的阶段。全球

2018—2022年3D打印专利申请量主要集中在中国、美国、欧洲、日本及韩国，其中3D打印专利数量的前10名权利人来自美国、德国及中国。在3D打印领域，美国市场明显更受到国外重点权利人的青睐，而我国相关企业、高校或科研机构更重视本土市场，鲜少向国外申请3D打印专利。

如图4-20所示，总体来看，中国3D打印专利2018—2022年专利申请量在全球一骑绝尘，是排名第二的美国体量的近两倍，欧洲申请量不足中国的1/5，日本申请量则不足中国的1/7。欧洲在2018—2022年3D打印申请量反超日本，在"五局"中排名第三。中游设备、上游SLA材料、SLS材料依旧是中国申请人的布局重点，美国则侧重于SLA材料的申请。

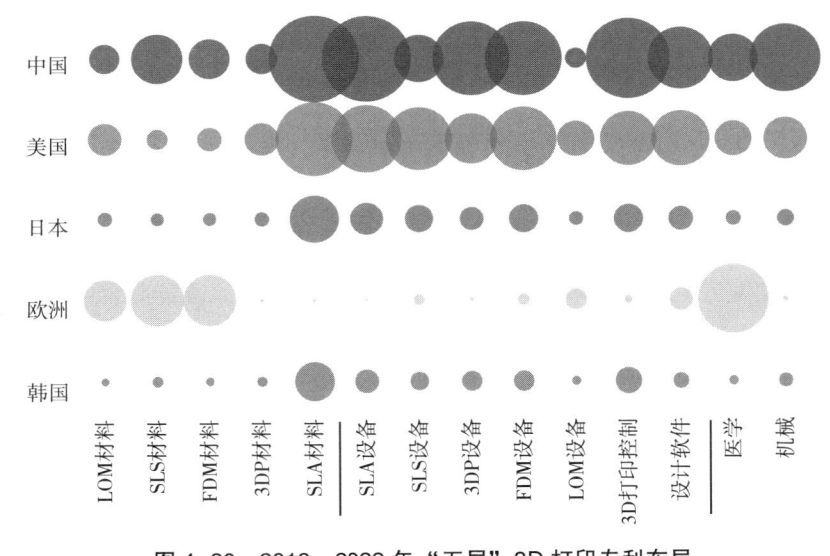

图4-20 2018—2022年"五局"3D打印专利布局

## 三、3D打印产业协同创新热点

区别于传统打印领域的协同创新，3D打印系统对模型数字化立体扫描、分层处理，借助类似打印机的数字化制造设备，将材料不断叠加形成所需的实体模型等，分模块、分区块进行协同创新。协同创新模式下3D打印在中小批量生产成本控制、个性化生产、生产可预测性和材料利用率等方面与传统打印产业协同创新相比更具有明显优势，体现出 3D 打印未来发展的无限可行性。

全球 3D 打印作为高端制造技术的指引者备受业界重视，各国先后出台相关政策，客观科学地进行规划布局，引领技术合理发展，联合科研院所和高校进行技术研发和协同创新。目前 3D 打印行业正快速由制造流转变为数字流，数字经济已经成为各国经济发展的新增长点，以产业数字化为代表的数字技术与制造业的深度融合，是推进产业基础高级化、产业链现代化，构建新发展格局的关键动能与战略抉择。

图 4-21 所示为 3D 打印各分支协同创新专利占比情况。材料、制造方法、应用领域三部分协同创新占比整体呈基本均势状态。其中，材料领域的 SLA 材料专利申请量中有 29.7% 为协同创新，显著高于其他分支；设计软件专利申请量中有 23.8% 为协同创新，位居第二；SLA 设备协同创新占比位居第三，为 14.3%；而 FDM 设备和 3DP 设备则分别以 10.8%、10.4% 的协同创新占比位居各分支第四、第五；LOM 设备、材料协同创新情况相对较弱，分别有 2.3%、2.7% 的专利为协同申请；3DP 材料协同创新占比最低，仅 1.3%。从协同创新情况看，SLA 从材料到设备为创新热点方向，设计软件同样值得重点关注。

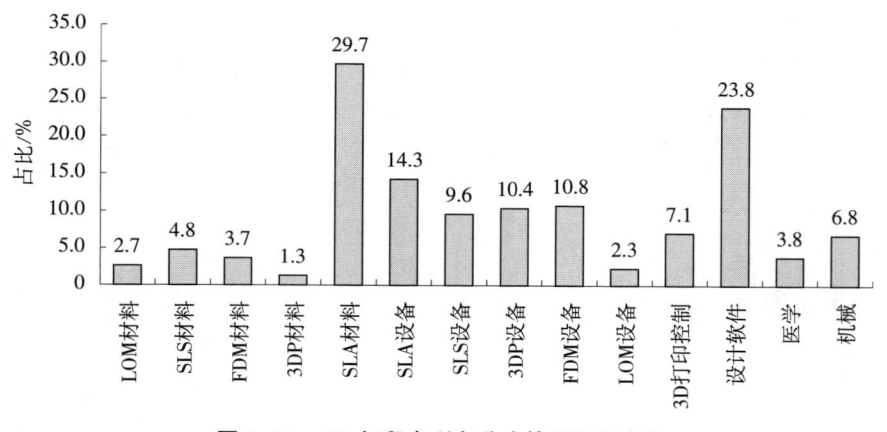

图 4-21　3D 打印专利各分支协同创新占比

可以看到，3D打印核心技术的释放，在一定程度上降低了行业准入门槛与成本，激发了市场活力，推动了打印材料、打印制造、打印设备一系列产业化的进程。随着各国专利布局的成熟，3D打印产业集中在提升可靠性和降低成本上，调动各大高校和科研院所参与研究的积极性，将SLA设备推向爆发高峰。

## 四、3D打印产业研发方向热点

通过以上分析可以看出，3D打印技术尚处在技术爆炸期，目前中国的相关专利申请占据了全球专利的大部分，原创专利数量和布局专利数量均明显高于其他国家和地区。基于专利申请信息、主要国家/地区和龙头企业布局的热点信息、协同创新信息、新进入者信息、专利运用信息等各个维度对3D打印的子领域的综合对比分析，可以获得3D打印的热点发展方向（见表4-4）。

从结果来看，3D打印领域的主要热点发展方向包括中游制造方法的SLA设备、3DP设备、LOM设备、软件算法；下游应用领域中的医学领域。

3D打印行业将呈螺旋式上升发展趋势。3D打印行业作为高新技术产业，其发展迭代过程将呈现螺旋式周期性上升形态。行业整体的阶段性突破主要依靠材料和技术的革新换代，以及政策扶持下逐步形成成熟的商业化模式。

表 4-4  3D 打印热点发展方向

| 二级 | 三级 | 申请趋势 | 国家/地区申请热点 | 龙头企业研发热点 | 协同创新热点 | 新进入者热点 | 专利运用热点 ||||投融资 | 综合评价 | 结论 |
|---|---|---|---|---|---|---|---|---|---|---|---|---|---|
|  |  |  |  |  |  |  | 诉讼 | 许可 | 转让 | 质押 |  |  |  |
| 上游:材料 | LOM材料 | ★ |  |  |  |  | ★ | ★ | ☆ | ★ |  | ★★★ |  |
|  | SLS材料 |  |  |  |  |  |  |  |  |  |  | ★ |  |
|  | FDM材料 | ★ |  |  |  |  |  |  |  | ★ |  | ★ |  |
|  | 3DP材料 | ☆ | ★ |  |  |  |  | ☆ |  |  |  | ★ |  |
|  | SLA材料 |  | ★ |  | ★ | ☆ |  |  |  |  |  | ★★ | √ |
| 中游:制造方法 | SLA设备 | ★ |  | ★ |  |  |  |  | ★ | ☆ |  | ★★★★ |  |
|  | SLS设备 |  |  | ★ | ★ |  |  |  | ★ | ☆ | ★ | ★★★★ | √ |
|  | 3DP设备 | ★ |  | ★ |  | ★ |  | ☆ | ☆ |  |  | ★★★★ |  |
|  | FDM设备 | ★ | ☆ |  |  | ☆ | ★ | ★ | ★ | ★★ | ★ | ★★★★★ | √ |
|  | LOM设备 | ★ | ☆ |  |  | ★ | ★ | ★ | ★ | ★ | ☆ | ★★★ | √ |
|  | 3D打印控制 | ★ |  | ☆ |  | ★ |  |  |  |  | ★★ | ★★★★ | √ |
|  | 软件算法 | ★ |  |  |  | ★ |  |  |  |  | ★ | ★★★★★ | √ |
| 下游:应用 | 医学 | ★ |  | ☆ |  |  |  |  |  |  |  | ★★★ |  |
|  | 机械 | ★ |  |  |  |  |  |  |  |  |  | ★★★ |  |

# 第五章　专利视角下的喷墨打印技术发展路线*

当今全球产业经济面临"撕裂化"的巨大威胁，曾经相互密切配合的国际产业链的断链风险不断加大，发达国家和主要新兴国家的专利丛林中存在的风险和威胁可能因特定国家在产业链补链过程中产业格局的大幅调整和替代竞争的激烈而加大。由于打印设备产业的巨大商业价值，众多国外企业纷纷投身打印设备领域，打印头电镀涂层、纸张干燥等新兴打印技术不断涌现。同时，随着世界各国对知识产权的日益重视，打印设备的专利技术争夺逐步成为各大打印设备产业企业竞争的主要武器，打印设备领域的专利申请量也随之快速增长。因此，要想顺利穿越当前密集的专利丛林与陷阱，成功走出一条自主可控的创新发展之路，就必须深入剖析打印设备产业技术发展路线。

在整个打印设备的专利技术布局过程中，我国珠海已经拥有了具有自主知识产权的激光打印机，而在喷墨打印机方面，以佳能、惠普、爱普生三大巨头喷墨打印技术的发展历程最具有代表性。由于技术路线图可以按照时间可视化展示某个产业或企业发展过程中的重点技术或关键节点的详细脉络，

---

\* 本章技术路线中的专利均可在国家专利导航打印耗材产业专利数据库中检索，扫码即可访问。

打印耗材产业专利数据库

因此本章从专利角度通过技术路线图的方式对三大巨头的喷墨打印技术进行剖析。

## 第一节　早期喷墨打印技术路线分析

目前，虽然惠普、佳能、爱普生占据了喷墨打印机主要市场，但喷墨打印技术的专利申请远早于各巨头介入之前，主要有三条技术线，一是Teletype公司的技术路线；二是A·B·迪克公司（AB Dick Company，后更名为AB-Dick）和录像射流系统国际有限公司的技术路线；三是Hertz Carl Hellmuth 的技术路线。

### 一、Teletype 公司的技术路线

Teletype公司起家于电报机，由于其业务具有对信息进行打印的需求，其推出了最早出现的一种终端设备——电传打字机（teletype），因而在对针式打印机进行专利申请后开始逐渐尝试研发通过电磁控制墨滴从而进行印刷的技术（见图5-1）。

```
1958.5.16              1971.8.18              1986.12.22
US1958735817           US05/172793            US06/944086
一种转移油墨的方法和    用于静电印刷的液滴同步  喷嘴阵列中喷墨喷嘴的
装置                                          速度调节方法

                       1970.6.10                              1983.12.27
                       US05/044953                            US06/565570
1966.4.21              静电打印机              1972.11.13      用于喷墨打印机的打印
DE1524546P0                                   US05/306104     头致动器
一台带有多个喷墨笔的                           喷墨写入过程和装置
快速打印机并排成排                                              1976.4.5
                       1968.10.21                             US05/673561
1967.12.7              AU1968045089           1973.12.12      用于在喷墨打印机中产生
US1967688947           流体传输装置            US05/424025     灰色调的方法和设备
转移液体的方法                                 喷墨装置
```

图5-1　Teletype 公司喷墨打印技术路线

1958年5月16日，Teletype公司提交了"一种转移油墨的方法和装置"

(US1958735817）专利，通过"一种用于在墨水源和接收表面之间静电产生射线状墨水射流的机构和方法，并利用静电装置来加速该射流的行进使其偏转"，初次解决了"由于喷射流形成喷雾的趋势以及由于先前已知的设备无法将墨水喷射流形成喷射"的问题。其实施例提供了三种具体的实施方式："在足够的压力下将墨输送到毛细管喷嘴，以在喷嘴的端部形成凸出或凸出的弯月面，但是不足以产生从喷嘴流出的墨流。通过在压板和喷嘴之间施加电位差，在喷嘴和放置在喷嘴出口对面的导电压板之间建立静电场，从而抽出墨水并将凸出部分拉成具有尖端的细射线状喷射流从该尖端向平板或压板抽出从而在纸张上进行可控制长度的标记"、"阀板或'阳极'在其上具有孔，墨水的喷射被引导通过该孔。通过改变施加到该阀板上的电压，可以控制喷嘴中断其向着墨水接收表面和压板的流动"和"通过改变施加到偏转电极上的电压来偏转射流的方向，并且控制这些电极以使射流在带或片上形成字符或其他图案"。

1966年4月21日，Teletype公司提交了"一台带有多个喷墨笔的快速打印机并排成排"（DE1524546P0）专利申请。该申请为一种用于使喷墨流偏转的快速装置，可以链接每种情况下要写入的字符，改善连续式高速打印机的电路和墨水消耗。该申请提供的具体方法是三十个打印头彼此相邻放置，每个打印头都有四个一组的选择性控制装置——偏转电极，并依靠支撑梁连续移动进行打印。通过串联电路控制电极从而改变各个喷墨笔的喷嘴产生的电势，进而决定喷头是否偏转、是否喷墨。

1967年12月7日，Teletype公司提交了"转移液体的方法"（US1967688947）专利申请，针对US1958735817"墨水从喷嘴发出的气流形成的液滴大小和间距不均匀，从而导致偏转电极控制单个液滴非常困难"的问题，提出了"流体通过静电吸引从喷嘴加速到目标，在喷嘴和靶之间放置一对电极，基本上相同的直流电势被施加到相隔很短距离的两个电极上。墨水流经过加速电极后在两个电极之间的区域分裂成小滴，因为两个电极的电位基本相同，在它们之间只有微弱的静电场出现，一旦液滴通过第二（中间）电极，它们就受到额外的静电吸引，但这对已分离的液滴尺寸或间距没有影响，因此可以对单个液滴偏转实现精确控制"的方法。

1968年10月21日，Teletype公司提交了"流体传输装置"（AU1968045089）专利申请。该专利基于向不应落在介质上的墨滴提供不同于打印墨滴的电荷从而使之落到打印介质外的技术，为了消减由于墨滴轨迹不同可能发生的互相影响，加入变化场对液滴进行二次偏转，从而实现精准控制。

1970年6月10日，Teletype公司提交了"静电打印机"（US05/044953）专利申请。为解决打印时字体倾斜或需要添加用于推进线迹的电子元件的问题，该专利提出了第一对电极不平行于载体移动路径的方向，其从平行状态的倾斜角度是载体速度的函数，使得由相关的墨滴流单次扫描产生的线迹将标记载体垂直于载体移动的路径；并且掩模的边缘平行于每条墨水流在打印时"水平"偏转的线的方法。

1971年8月18日，Teletype公司提交了"用于静电印刷的液滴同步"（US05/172793）专利申请，基于静电打印机利用从喷嘴发出的气流同步产生的所选墨滴来打印的技术方案，让与喷嘴相关联的导线具有向下游突出超过喷嘴的端部并且以规则的频率振荡，以使液滴同步。

1972年11月13日，Teletype公司提交了"喷墨写入过程和装置"（US05/306104）专利申请，是为了解决打印过程中墨滴结合扰乱载体上所需的液滴尺寸和间距，受影响的液滴可能无法到达载体上的预期位置的问题。该申请通过"给连续的墨滴充电以偏转成相应液滴的连续波，液滴沿着载体的单个直线撞击，每个波中的每个波点被偏转到与其他站离散的载波上的站，并且与同一站处的其他波导隔开，波中的相应下降被偏转到载波上的相同站，波中的液滴以选定的顺序撞击载体，波中相应的下降以相同的顺序冲击载波"的方法，最大化喷墨写入过程中带电液滴的环境条件的相似性，最小化由于包括空气动力学和静电条件在内的环境因素对喷墨写入过程中墨滴的预期移动的干扰，从而提高打印质量。

1973年12月12日，Teletype公司提交了"喷墨装置"（US05/424025）专利申请，通过"提供掩模或排水捕集器用于阻挡和捕获不带电的墨滴并提供静电场以使带电的液滴避免撞击在排水捕集器上并进入撞击在记录介质上用于在其上打印的路径。振动传感器连接到喷嘴结构，并以固定的液滴形成频率向从喷嘴喷出的墨水施加起伏，以便在所施加的液滴处引起墨水流破碎成具有均匀尺寸和间隔的液滴形成频率，数据信号和液滴形成信号之间的相位随机变化"，从而"使输入数据信号电压转换期间重复或周期性形成液滴的不利影响最小化"。

1976年4月5日，Teletype公司提交了"用于在喷墨打印机中产生灰色调的方法和设备"（US05/673561）专利申请，提出将打印机将纸张表面划分为称为点位置的大量小区域，每个小区域可以根据要打印的色调级别决定是否接收一个或多个墨滴。色调级别共有15个，其中色调比例通过小区域上的滴数来均匀地进行划分。对于给定的充电时段，将对不同数量的墨滴进行充电，从而使墨滴可以在对应于单个色调值的若干个位置上取平均值。

1983年12月27日，Teletype公司提交了"用于喷墨打印机的打印头致动器"（US06/565570）专利申请，为解决墨水腐蚀金属板并可能由于泄漏而使导体短路的问题，提供一种易于制造并且对墨水的腐蚀作用具有高抵抗力的致动器，致动器重点墨滴通过包含少量墨水的受限腔室的壁中的喷嘴孔排出。腔室具有由致动器覆盖的开口，致动器包括压电晶体板，第一和第二导电电极覆盖压电板表面的一部分，通过施加到第一和第二电极的电位差，腔室的容积减小，墨水滴通过喷嘴孔排出。

1986年12月22日，Teletype公司提交了"喷嘴阵列中喷墨喷嘴的速度调节方法"（US06/944086）专利申请。此时Teletype公司使用的喷墨原理已经从墨滴附电荷变为了压电。液滴速度不均匀性的主要因素之一是由与阵列中各个喷嘴相关的换能器之间的压电效应的变化，为了补偿这种变化，现有技术需要测试阵列中的每个喷嘴并通过调节到换能器的驱动脉冲电压来调整速度。该申请提供了"通过调节每个喷嘴的压电效应，使得每个喷嘴的驱动脉冲具有相同的大小"的方法，用于调节喷嘴阵列中每个喷嘴产生的墨滴速度。

此后，Teletype公司几乎没有再提交专利申请。

## 二、A·B·迪克公司和录像射流系统国际有限公司的技术路线

早期喷墨打印的第二条技术路线来自A·B·迪克公司和录像射流系统国际有限公司，前者前期的专利申请均与印刷机和复印机相关，且早在20世纪

50年代就开始了静电印刷（复印），后者1964年首件专利申请就与喷墨打印相关，这两家企业围绕喷墨打印技术发生了频繁的专利转让（见图5-2）。

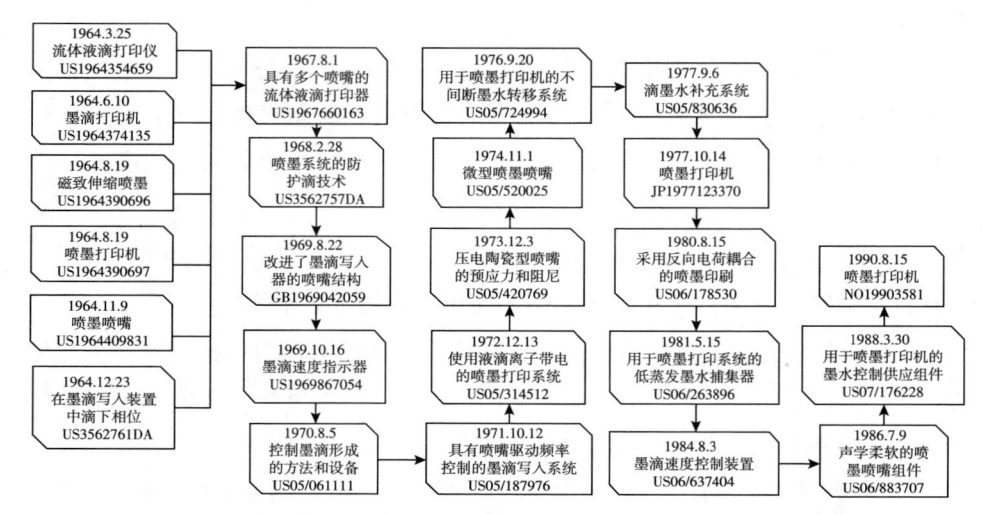

```
1964.3.25                                                                              
流体液滴打印仪      1967.8.1        1976.9.20         1977.9.6
US1964354659      具有多个喷嘴的   用于喷墨打印机的   滴墨水补充系统
                  流体液滴打印器   不间断墨水转移系统  US05/830836
1964.6.10         US1967660163    US05/724994
墨滴打印机
US1964374135      1968.2.28       1974.11.1         1977.10.14
                  喷墨系统的防     微型喷墨喷嘴       喷墨喷嘴
1964.8.19         护滴技术         US05/520025       JP1977123370
磁致伸缩喷墨       US3562757DA
US1964390696                      1973.12.3         1980.8.15
                  1969.8.22       压电陶瓷型喷嘴     采用反向电荷耦合
1964.8.19         改进了墨滴写入   的预应力和阻尼     的喷嘴印刷        1990.8.15
喷墨打印机         器的喷嘴结构     US05/420769       US06/178530       喷墨打印机
US1964390697      GB1969042059                                        NO19903581
                                  1972.12.13        1981.5.15
1964.11.9         1969.10.16      使用液浦离子带电   用于喷墨打印系统的  1988.3.30
喷墨喷嘴           墨滴速度指示器   的喷墨打印系统     低蒸发墨水捕集器   用于喷墨打印机的
US1964409831      US1969867054    US05/314512       US06/263896       墨水控制供应组件
                                                                      US07/176228
1964.12.23        1970.8.5        1971.10.12        1984.8.3
在墨滴写入装置     控制喷滴形成    具有喷嘴驱动频率   墨滴速度控制装置    1986.7.9
中激下相位         的方法和设备    控制的墨滴写入系统  US06/637404       声学柔软的喷
US3562761DA       US05/061111     US05/187976                         墨喷嘴组件
                                                                      US06/883707
```

图5-2　A·B·迪克公司和录像射流系统国际有限公司方法技术路线

1964年3月25日，Richard G. Sweet提交了"流体液滴打印仪"（US1964354659）专利申请，这一专利先后转让给A·B·迪克公司和录像射流系统国际有限公司。该专利首次提及了"使喷墨液或墨水喷射以一系列微小的单个液滴的形式从喷嘴中喷出，根据要记录的输入信号的瞬时值的函数液滴被赋予静电电荷，带电液滴在一对具有恒定的高压电场的静电偏转板之间通过完成偏转，偏转量由液滴上的电荷大小决定，偏转方向由电荷极性决定"的喷墨打印方法。

同年6月10日，A·B·迪克公司提交了"墨滴打印机"（US1964374135）专利申请。当时使用的静电技术以及静电复印技术在提供高速打印的同时，需要使用昂贵的静电纸，针式打印机则由电磁阀驱动锤子，将锤子驱动纸抵靠在色带上，而色带又被驱动在其表面带有类型字符的旋转鼓上。设备和耗材相当昂贵，因此急需廉价高速打印机。此专利要求保护一种用于响应视频信号用墨水进行书写的系统，原理与"流体液滴打印仪"（US1964354659）专利类似。

同年8月至12月，A·B·迪克公司连续申请了"磁致伸缩喷墨"（US196

4390696)、"喷墨打印机"（US1964390697）、"喷墨喷嘴"（US1964409831）、"在墨滴写入装置中滴下相位"（US3562761DA）四件喷墨打印相关专利。"磁致伸缩喷墨"通过在磁致伸缩管的外面构造墨滴形成管的端接部分在磁致伸缩管周围缠绕线圈来提供允许液滴均匀且彼此紧密地形成的独特墨滴结构，由磁致伸缩材料制成的管用于确定所发射的墨流的直径，是指向所述管施加变化的磁场以使其振动的装置。所述管在所述变化的磁场的频率下与所述发射的墨流同步地形成液滴。"喷墨打印机"要求保护的是一种成本更为低廉且不要求墨滴形成的均匀性或与视频控制信号同步的系统，具体是"储墨器的一侧具有一个或多个彼此相邻地定位的毛细管，低于保持在其中的墨的水平，每个毛细管中均放置有导线，当需要打印时，将正电压选择性地施加到电线上并移动纸张，在背杆和电线之间施加足够幅度的电压电势，墨水将从电线的尖端移动到纸张上，能够再现由施加到导线的信号表示的信息"。"喷墨喷嘴"对通过拉制玻璃管、振动金属管或磁致伸缩金属管从而制造均匀墨滴的方法进行了优化，提出了采用压电晶体的墨滴装置，通过驱动电能产生压力使得管道喷射墨水的方式。"在墨滴写入装置中滴下相位"更进一步提供了检测和校正不正确的墨滴定相并充电的方法。

1967年8月1日，Richard G. Sweet 在 US1964354659 专利的基础上又申请了"具有多个喷嘴的流体液滴打印器"（US1967660163）专利。在该专利中，液滴会根据信号值发生静电放电并选择性偏转，以实现液滴在记录介质上的沉积或液滴的拦截，可以根据字符矩阵与液滴形成的速率同步地编程控制信号。

1968年2月28日，A·B·迪克公司提交了"喷墨系统的防护滴技术"（US3562757DA）专利申请，该专利以在带电墨滴之间提供具有屏蔽作用的保护性墨滴来最大程度降低墨滴电荷排斥的不利影响的办法来解决墨滴打印过程中墨滴间距过近导致相邻电荷相互排斥的问题。

1969年8月22日，A·B·迪克公司提交了"改进了墨滴写入器的喷嘴结构"（GB1969042059）专利申请，再次优化了喷嘴结构，"墨滴通过对喷嘴施加周期性收缩而形成，通过操作换能器的收缩，该换能器设置成在使用中沿着墨流动方向直接向喷嘴施加周期性力，从而直接导致喷嘴长度的周期性变化,并且通过喷嘴的伴随弹性变形引起收缩"从而避免了"晶体和管的断裂或分离"。

1969年10月16日,A·B·迪克公司提交了"墨滴速度指示器"(US1969867054)专利申请;1970年8月5日提交了"控制墨滴形成的方法和设备"(US05/061111)专利申请;1971年10月12日提交了"具有喷嘴驱动频率控制的墨滴写入系统"(US05/187976)专利申请;1972年12月13日提交了"使用液滴离子带电的喷墨打印系统"(US05/314512)专利申请,这四件专利后均转让给了录像射流系统国际有限公司。"墨滴速度指示器"(US1969867054)专利通过提供一种相对简单的电路实现了便宜而简便的喷墨打印系统中液滴速度的检测。"控制墨滴形成的方法和设备"(US05/061111)专利通过调整喷嘴封闭管的长度来保证其在所需的工作频率附近"流体共振"并加快小液滴的形成,从而节省了功率消耗和部件成本,减少了喷嘴处的热耗散从而防止流体流的极端温度偏移,为操作系统提供了更稳定的条件。"具有喷嘴驱动频率控制的墨滴写入系统"(US05/187976)专利通过在墨滴写入系统中提供一种以喷嘴振动的频率建立喷嘴驱动的装置最大化液滴充电的可能性,从而改进了喷墨打印的均匀性和保真度。"使用液滴离子带电的喷墨打印系统"(US05/314512)专利提供了一种更为简单的不依赖于充电与断开时间的同步的墨滴充电系统和一种从喷墨流中脱落后带来液滴的墨滴加料系统,墨滴从喷墨流分离之后通过离子检测并将离子充电到由视频信号指示的水平,充电后液滴通过电场,使每个液滴偏转由其上的电荷幅度确定的量。

1973年12月3日,A·B·迪克公司提交的"压电陶瓷型喷嘴的预应力和阻尼"(US05/420769)专利,提供一种通过在陶瓷管和管状喷嘴之间施加合适的黏合剂确保在管状喷嘴和由压电陶瓷材料制成的环绕环之间存在良好机械耦合的方法。

1974年11月1日,A·B·迪克公司提交的"微型喷墨喷嘴"(US05/520025)专利提供了一种远比现有技术的喷嘴短的喷嘴,使其机械共振频率远高于所需的工作频率,且第一流体柱共振高到足以超过工作频率,从而使得喷嘴对于其与流的声耦合既不依赖机械共振也不依赖流体共振,对改变流体参数或温度都不敏感,以保证打印的稳定性。

1976年9月20日，A·B·迪克公司提交的"用于喷墨打印机的不间断墨水转移系统"（US05/724994）专利通过为捕获墨水流中未使用的墨滴并将其返回到容纳该墨水的容器中预定时间或者直到墨水容器或返回的墨水容器中的墨水量达到预定值的方法来避免未使用的墨水返回墨水供应并通过系统再循环时沉积在通风容器中的问题。

1977年9月6日，A·B·迪克公司提交的"滴墨水补充系统"（US05/830636）专利适用于液滴写入系统，简化了墨滴写入系统的操作和维护，不需要特殊的补充墨水配方来维持主墨水供应，其中每个具有已知量的墨水的墨滴向打印目标投射，电荷水平控制装置响应于数据信号调节液滴的电荷水平以便选择哪些液滴撞击打印目标以及哪些液滴将返回系统中的墨水供应，从而解决了难以适当地配制补充油墨而存储许多油墨配方的成本高等问题。

同年10月14日，A·B·迪克公司提交的"喷墨打印机"（JP1977123370）专利提供了一种具有供墨装置的喷墨打印设备，该供墨装置能够连续地操作适于以恒定压力供应压缩气体的泵装置从而使墨盒可以连续地向喷嘴头供应墨水。

1980年8月15日，A·B·迪克公司提交的"采用反向电荷耦合的喷墨印刷"（US06/178530）专利采用反向电荷耦合来增加字符高度的方式。具体来看，喷嘴中的墨水被视频信号反向充电，因此当形成墨滴所带电荷大于在通常情况下可以获得的电荷，这允许液滴的更大偏转，从而在打印介质上产生更大的字符。

1981年5月15日，A·B·迪克公司提交的"用于喷墨打印系统的低蒸发墨水捕集器"（US06/263896）专利解决了拦截和回收未使用的墨水时墨水在空气中蒸发速率较高的问题。此后，A·B·迪克公司未再申请喷墨打印相关专利。

1984年8月3日，录像射流系统国际有限公司提交的"墨滴速度控制装置"（US06/637404）专利申请，提供了一种用于喷墨打印机的速度控制系统、电子控制系统和流量控制装置，通过偏转电场保持墨水速度基本恒定，从而将墨滴附着到标记基板上的准确位置，并精确地控制向系统添加溶剂，装置与打印头喷嘴保持大致恒定，同时保持通过喷嘴的基本恒定的流速。

1986年7月9日，录像射流系统国际有限公司提交的"声学柔软的喷墨喷嘴组件"（US06/883707）专利中，喷墨喷嘴组件由诸如聚苯硫醚的材料制成，得到的组件在声学上是柔软的，使得喷嘴结构不支持共振，相反，由于频率响应的变化，驱动能量直接传输到墨流而没有放大或衰减，从而使流体和机械共振最小化。

1988年3月30日，录像射流系统国际有限公司提交的"用于喷墨打印机的墨水控制供应组件"（US07/176228）专利，为解决泵压力过大导致浪费能量加大磨损缩短寿命的问题，提供了一种用于喷墨打印机的供墨控制组件，组件包括在所述主体装置内用于调节的装置，喷墨控制设备具有用于向一个或多个打印机头供应墨水的储墨器。

1990年8月15日，ELMJET公司在该公司专利"连续喷墨装置"（GB1988006218）专利的基础上提交了"喷墨打印机"（NO19903581）专利申请，并后续转让给了录像射流系统国际有限公司。该专利保护了一种连续喷墨打印装置，其中电极中的一个电极、喷嘴板和定位构件及其互补部分是刚性的，从而保障充电电极、一个偏转电极、水槽、相位检测器或位置检测器等与墨水流非常精确地定位，进而降低了高制造成本，在原始设置和现场服务期间也不再需要进行精确的手动调整。

录像射流系统国际有限公司的专利申请一直持续到2007年，其间还有"具有双流体共振的喷墨喷嘴"（US07/661660）、"可变频率喷墨打印机"（US07/886130）、"喷墨打印头"（GB1992007353）、"频率优化的喷墨打印机"（US07/971959）、"变频喷墨打印机"（AU1993049912）、"喷墨打印机"（GB1994007985）、"用于连续流喷墨打印头的液滴发生器"（GB1995006980）、"用于喷墨打印机的液位传感器"（US08/319264）、"用于喷墨打印机的防堵塞喷嘴系统"（US08/613838）等一系列喷墨水卡盒及组件相关专利。

A·B·迪克公司和录像射流系统国际有限公司的专利方法中配置有充电电极，该充电电极在附接有压电振动元件的打印头的一部分喷嘴的孔口（喷射口）前面施加打印信号。压电振动元件被布置得彼此隔开预定距离，并通过被施加恒定频率的电信号而机械振动喷射出小液滴的打印液体。打印液滴中静电感应出电荷，并且根据打印信号对液滴充有一定量的电荷，当在均匀施加恒定电场的偏转电极之间飞行时，打印液的液滴根据所添加的电荷量而偏转。

## 三、Hertz Carl Hellmuth 的技术路线

喷墨打印早期的第三个思路来自 Hertz Carl Hellmuth，其为个人申请人，专利申请量并不大，但六成以上的专利都是由于期限届满才失效，专利质量极佳（见图5-3）。

| 时间 | 专利号 | 名称 |
|---|---|---|
| 1966.10.7 | DEH0060688 | 用于打印设备的电控写入装置等 |
| 1971.3.31 | CA944807DA | 液体喷射写入器 |
| 1971.5.4 | US05/140145 | 用于引导液滴在流中流动的方法和设备以及包含该流体的仪器 |
| 1973.7.2 | SE7309262 | 其书写元件由至少一个液体射流组成的书写装置 |
| 1977.2.3 | DE2704514 | 用于形成特别适用于喷墨印刷的复合液体射流的方法和设备 |
| 1980.12.5 | DE3045932 | 用于产生液滴射流的方法和装置 |
| 1985.1.31 | US06/696690 | 用于高分辨率喷墨打印的方法和设备 |
| 1987.4.14 | EP1987105560 | 用于高分辨率喷墨打印的方法和设备 |
| 1987.7.8 | US07/070922 | 喷墨墨滴偏差的补偿方法和装置 |

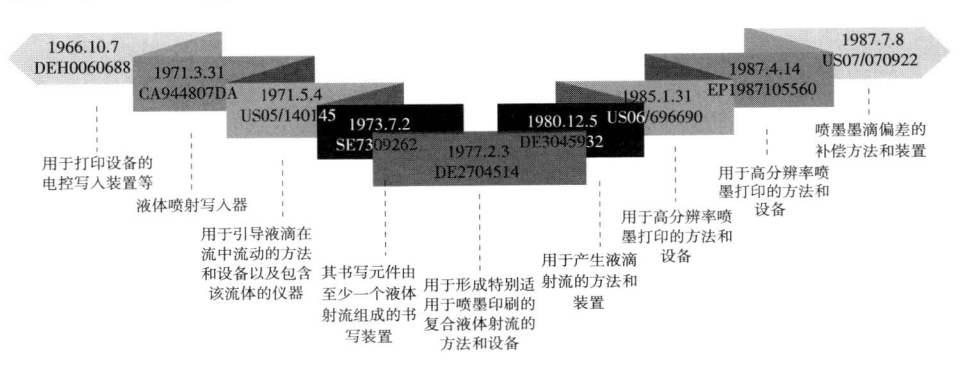

图5-3　Hertz Carl Hellmuth 喷墨打印技术路线

1966年10月7日，Hertz 在 SE6513057 专利的基础上提交了"用于打印设备的电控写入装置等"（DEH0060688）专利申请，其中提到了对喷射器充电使墨水扩散并形成喷雾，然后借助于横向电直流电压场防止喷射到达打印接收纸张，与电流充电然后将其偏转到打印接收纸上的所需位置的打印方式。

1971年3月31日，Hertz 在 SE7004528 专利的基础上提交了"液体喷射写入器"（CA944807DA）专利申请，请求保护一种液体喷射打印系统，其中导电示踪流体通过毛细管喷嘴压力喷射，以形成指向打印纸的射流。中空控制电极设置在液滴形成点周围，在流体和电极之间施加的大电位脉冲将使射流破裂，从而允许射流被强度调制。

同年5月4日，Hertz 提交的"用于引导液滴在流中流动的方法和设备以及包含该流体的仪器"（US05/140145）专利的特征在于，液体在足够的压力下从小孔径发出以形成在射流中行进的单个液滴，周期性振荡的频率和振幅被调节以使液滴从角度发散。通过在液体接收器的上游放置能够使沿着流轴

行进的液滴通过或者使得从轴发散的液滴通过合适的拦截器，可以控制液体到达受体。通过将该通断切换与脉冲持续时间的适当调制相结合，可以使用该方法在喷墨打印中获得灰度级。

1973年7月2日，Hertz提交的"其书写元件由至少一个液体射流组成的书写装置"（SE7309262）专利简化了控制液体射流的总电极系统，该系统具有几何简单性，因此允许构造非常紧凑的喷墨打印器，从而使这些喷墨打印器特别适用于体现电子系统的印刷系统。电极装置仅由两个电极形成，第一个用于在液滴上放置电荷，第二个用于与第一电极一起使用以建立和维持用于控制电极的电场，该装置可以执行Sweet和Hertz两种方式的喷墨打印技术。

1977年2月3日，Hertz在SE7601235专利的基础上提交了"用于形成特别适用于喷墨印刷的复合液体射流的方法和设备"（DE2704514）专利申请，这种喷墨打印方法的改进包括通过在压力下喷射来自喷嘴的主要液体流通过薄层来形成所述细小液滴的喷射，其特征在于构成主要液体和次要流体的复合射流，从而解决了当时喷墨打印必须使用低黏度、无颗粒、具有导电性的油墨、着色剂沉淀后容易导致打印误差甚至堵塞喷头、油墨中必须包括杀菌剂以防止微生物生长的问题。

1980年12月5日，Hertz在SE7910088的基础上提交了"用于产生液滴射流的方法和装置"（DE3045932）专利申请，用于控制由位于电场内的液滴形成点处的加压液体流破碎形成的液滴上的电荷的方法和装置。提供场以具有电势梯度，并且提供装置以在场中的点处实现液滴形成，该点对应于在其形成点处放置在液滴上的所需预定电荷。可以通过施加到装置的各种部件的一个或多个信号来控制充电场内的液滴形成点的位置。

1985年1月31日，Hertz提交的"用于高分辨率喷墨打印的方法和设备"（US06/696690）专利提供了精确控制沉积在打印纸上的像素中的印刷流体液滴数量的方法和喷墨装置，解决了彩色喷墨打印颗粒度高的问题。具体是通过控制打印脉冲宽度或持续时间来实现精确控制，使液滴形成与打印脉冲的前沿同步可以获得进一步的精度。撞击纸张和像素位置的液滴在打印脉冲的持续时间期间充电，通过数量多少产生颜色密度。使用多个喷嘴和墨水颜色将产生非常高分辨率和高质量的彩色印刷品。

1987年4月14日，Hertz提交的"用于高分辨率喷墨打印的方法和设备"（EP1987105560）专利通过刺激或时钟信号与像素信号被协调或同步来进一步减小图像的颗粒感。

同年7月8日，Hertz提交的"喷墨墨滴偏差的补偿方法和装置"（US07/070922）专利通过在打印模式期间向每个液滴施加可调偏置电荷，由电偏转场作用于液滴携带偏置电荷，引起液滴偏转的方式使偏差最小化。

Hertz专利的方法中，用于产生打印液的液滴的直接能量是电能，且液滴的偏转是由电场控制，通过在喷嘴和环形充电电极之间施加电场，并且使用连续液体产生方法来产生打印液体。该方法根据打印信号对施加在喷嘴和充电电极之间的电场强度进行调制来控制液滴的雾化状态，从而产生打印图像的灰度并进行打印，可以使用多喷嘴打印头，适用于高速打印。但结构复杂，打印液滴的电控制复杂且困难，存在容易在部件上形成卫星点的缺陷。

在上述所有方法中，在飞行期间从喷嘴喷射的打印液体的液滴都是被电控制，承载打印信号的液滴也被选择性地控制。Stemme Nils Gustaf Erick 则提出了与上述方法原理不同的方法，通过将液滴黏附到打印构件上来进行打印，并且根据打印信号从喷射口喷射小滴打印液来执行打印。

与第一种至第三种方法相比，Stemme方法具有许多优点：结构简单，不需要收集图像打印不需要的小液滴，也不需要像第一种方法和第二种方法那样使用导电打印液，具有高度的自由度。但由于在处理打印头时存在问题，因此在多喷嘴和压电振动元件小型化上存在困难。同时，由于打印液滴通过压电振动元件的机械振动的机械能喷射，不适合于高速打印。

1971年1月11日，Stemme提交了"关于用有色液体进行纸张书写的机制的处理"（SE7100219）专利申请，其中首次提到了"使用压电晶体或磁系统或活塞或在加热下膨胀主体或通过加热或电解气体生产使油墨蒸发"的方法，从而降低功耗到mW而不是W的量级，优势在于可以减小尺寸、无声印刷和使用普通纸，并且可以实现每秒1000个符号以上的打印速度，该速度显著高于现有技术。这一专利涵盖了目前两大主流喷墨打印方法——压电式和热气泡式的思路。

除了上述三种技术路线，大公司中西门子和IBM也曾尝试过喷墨打印技术的研发，其原理类似于 A·B·迪克公司，但在佳能、惠普、爱普生等企业进行技术突破后选择了不再继续投入。

## 第二节 佳能公司喷墨打印技术路线分析

佳能公司喷墨打印技术以热发泡式为主，以 Stemme 方法为基础。本节通过专利是否有效、失效原因、被引次数、同族数量等条件组合筛选具有技术发展代表性的专利。以下将以佳能公司各个年代具有技术发展代表性的专利为例，按照时间顺序分析佳能公司喷墨打印机技术路线（见图5-4）。

### 一、20 世纪七八十年代喷墨打印技术路线

1977 年 10 月 3 日，佳能公司提交的"打印方法和装置"（JP1977118798）专利提供了一种新打印装置。其拥有用于沿预定方向喷射打印液的喷射口，与排出口连通并具有笔直部分的液体通道，用于使打印液体与液体通道连通，用于使液体路径的笔直部分中的打印液体由于热而发生状态变化的热能供应装置，并基于该状态变化从喷射口喷射打印液体以形成飞沫。这种打印装置结构简单，易于形成多喷嘴，能够进行高速打印，不产生卫星点，并且产生没有雾的清晰打印图像。[①]

1978 年 10 月 26 日，佳能公司提交的"通过热能打印介质放电打印装置"（JP1978131860）专利提出了一种按需型而非连续型的喷墨式打印装置。该装置的打印头由用于以液滴形式喷射液体打印介质的排放孔构成，入口用于引入液体打印介质，包含用于保持液体打印介质的液体腔室和用于向液体腔室中的液体打印介质施加热能的加热元件，以及用于施加电压脉冲以控制加热元件的加热的装置，加热元件表面与液体打印介质之间的距离不大于 100μm。

---

[①] 何君勇，李路海. 喷墨打印技术进展 [J]. 中国印刷与包装研究，2009，1（06）：1-9.

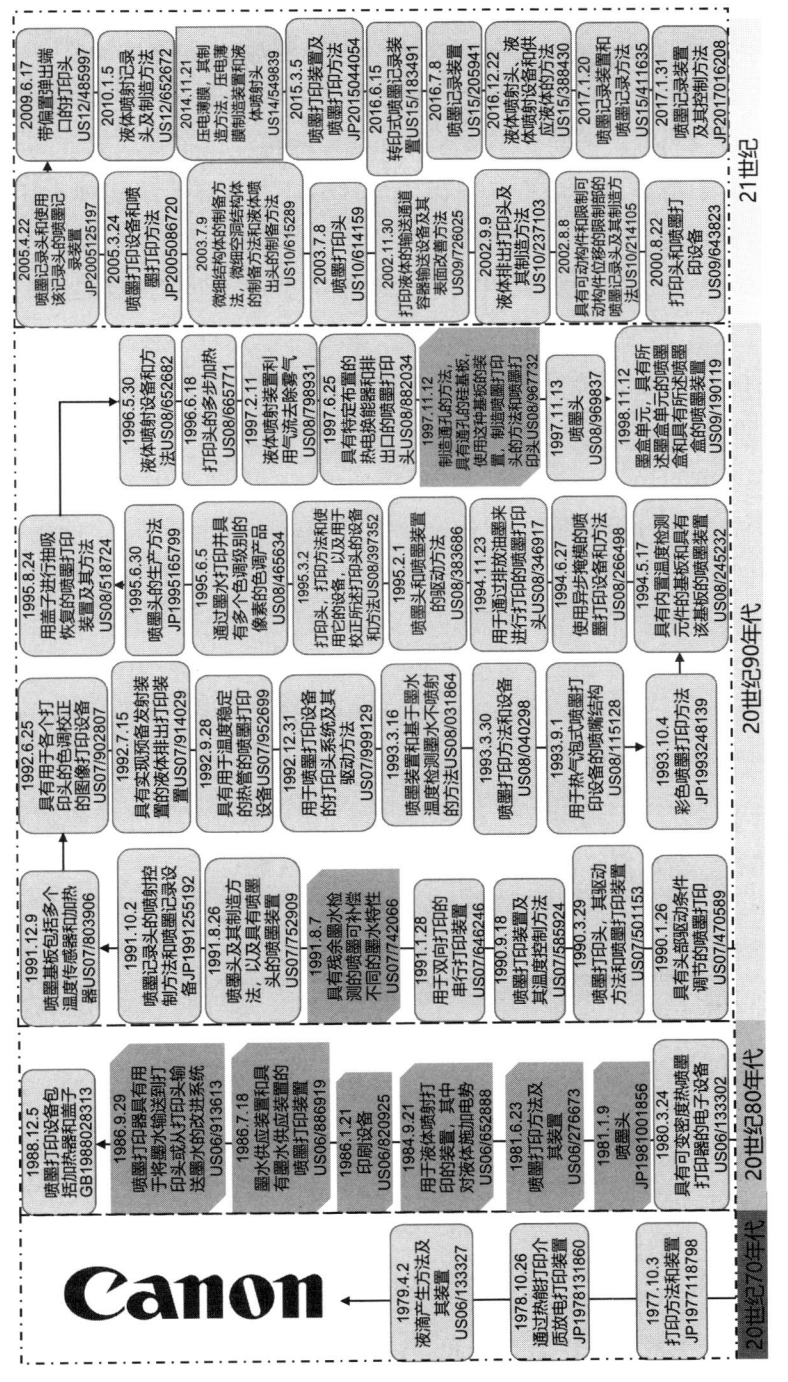

图5-4 佳能公司喷墨打印技术路线

1979年4月2日，佳能公司提交的"液滴产生方法及其装置"（US06/133327）专利提供了一种用于通过响应液滴产生指令在小液室中产生气泡而从孔中喷射液滴的方法和装置。该方法和装置的特征在于气泡的逐渐收缩以防止液体腔室中的孔口过度衰退阻碍随后的液滴产生。为了实现上述功能，液滴产生装置或液滴喷射头设置有允许有效产生和消除气泡的结构，还具有交错块布置的发射头用于改善器件和元件以及时分驱动电路的对准密度。

1980年3月24日，佳能公司提交的"具有可变密度热喷墨打印器的电子设备"（US06/133302）专利解决了在传统的热敏打印系统中在热敏纸上显色变化所需的时间相对较长，因此为了重复多次电传输需要更多的时间且并不总能获得高密度的问题。本发明结构简单，通过控制放电次数来表现诸如半色调的浓密和浅色打印密度。

1981年1月9日，佳能公司提交的"喷墨头"（JP1981001856）专利提供了一种喷墨头制造方法。喷墨头包括一个通过层压光敏组合物的固化薄膜和一个喷墨孔形成的油墨流动通道，至少油墨排放孔区域被固化的薄膜折叠。解决了以下问题：在传统方法的切割过程中板易于破裂或破裂，导致产量降低，并且在蚀刻过程中需要许多步骤导致高昂的生产成本，大规模生产率低，墨滴的直线驱动还会受到阻碍，黏合剂也易于流入精细的墨水喷嘴或精细的墨水流动路径，造成堵塞从而降低喷墨头的主要性能。

1981年6月23日，佳能公司提交的"喷墨打印方法及其装置"（US06/276673）专利提供了一种通过使用多种颜色的墨水进行彩色打印的喷墨打印方法和一种喷墨打印头。其包括：用于每种彩色墨水的多个孔，连接着细长液体室；公共液体腔室，每个腔室对于相同颜色墨水的所述孔是共用的，每个公共室对应于具有形成飞墨滴的装置的多个孔；根据每种彩色墨水的特性调节用于形成墨滴的装置。打印头制备得非常紧凑，喷射孔也以高密度设置，可以高速印刷具有高质量和高分辨率的字母。

1984年9月21日，佳能公司提交的"用于液体喷射打印的装置，其中对液体施加电势"（US06/652888）专利提出了一种液体喷射打印头，其用热能喷射液体，再用电极对液体进行偏转。具体包括用于产生热能以喷射液体的发热装置，发热装置包括发热电阻器和至少一对电极，两者之间电连接从而向发热电阻器施加预定电压；保护膜设置在所述发热装置上；第三电极设置成与液体接触，用于向液体施加低于施加到所述发热电阻器的预定电压的电压。

1986年1月21日，佳能公司提交了"印刷设备"（US06/820925）专利申请，可以通过传感装置和控制装置将第二墨水储存装置中的墨水供给所述第一储存装置。

1986年7月18日，佳能公司提交的"墨水供应装置和具有墨水供应装置的喷墨打印装置"（US06/886919）专利提供了一种具有阀装置的供墨装置，以解决传统装置结构复杂、电磁阀的供电时间长、大功率消耗和大量发热、墨水泄漏、墨水易发生混合等问题。该墨水供应装置具有止回阀，即使在头单元侧的压力波动时也能防止墨水等的回流。该专利还提供了一种具有溢流传感器的供墨装置，该溢流传感器具有一个水锤吸收阻尼器，用于在发生水锤时吸收水锤的压力并防止水锤的压力影响头侧，在少量液体长时间达到溢流水平时也不会出现液体溢出的问题。

1986年9月29日，佳能公司提交的"喷墨打印器具有用于将墨水输送到打印头或从打印头输送墨水的改进系统"（US06/913613）专利解决了现有技术中喷墨打印器各种模式只能建立一种的问题。通过控制切换装置的打开/关闭状态和泵的操作条件，可以选择性地建立打印模式、供应模式、压力模式、循环模式或存储模式。

1988年12月5日，佳能公司提交的"喷墨打印设备包括加热器和盖子"（GB1988028313）专利提交了解决在设备长时间不用于打印的情况下，溶剂组分从孔中蒸发使得打印液的黏度增加这一问题的方法。具体是在打印信号的作用下形成液滴的喷墨打印单元中提供单独的加热器用于加热墨水和用于与重新打印单元耦合的盖子，当在预定时间段内没有提供打印信号时，控制器停止加热并盖住打印头。

## 二、20世纪90年代喷墨打印技术路线

1990年1月26日，佳能公司提交的"具有头部驱动条件调节的喷墨打印"（US07/470589）专利提供了一种具有支撑构件的喷墨打印装置，以及具有用于容纳墨水的一体墨盒和用于排出墨盒中容纳的墨水的打印头部分的墨盒。其中打印头部分包括一个排出口和一个能量产生元件，用于响应打印信号通过排出口排出墨水，墨盒适于可互换地安装在支撑件上；使用传感器装置检测靠近排放口的墨水的压头，所述传感器装置产生压头信号；调节打印信号以响应传感器装置产生的压头信号保持基本恒定的墨水排放。因此，无论墨水罐中剩余的墨水量如何，都可以始终排出墨水，从而实现均匀的图像密度。

1990年3月29日，佳能公司提交的"喷墨打印头，其驱动方法和喷墨打印装置"（US07/501153）专利进一步改进加热其中的墨水（预加热），以便将墨水的温度保持在预定范围内的方法。其中，预热有效地以相对简单的方式进行，喷射口之间的温度变化最小化，恢复机制的恢复操作频率显著降低，因此可以以稳定的打印质量进行高速打印操作。

1990年9月18日，佳能公司提交的"喷墨打印装置及其温度控制方法"（US07/585924）专利解决了佳能传统的喷墨打印装置采用闭环控制方法，温度传感器和温度控制加热器设置在打印头单元中从而使得打印头的温度为基于检测到的打印头的温度控制其落在期望的范围内，导致制造成本增加、损害了可操作性、妨碍打印机小型化的问题。该专利提供了一种用于从打印头排出墨滴以进行打印的喷墨打印装置，包括用于加热打印头的加热元件阵列、用于测量环境温度的温度传感器、用于测量与温度变化相关的时间的计时器，即使在打印速率改变时也能控制打印头的温度落在所需范围内。

1991年1月28日，佳能公司提交的"用于双向打印的串行打印装置"（US07/646246）专利提出了一种串行打印装置，用于使打印头相对于打印介质往复运动以进行双向打印。此装置包含检测打印头的参考位置的位置检测装置、使打印头在包括参考位置的预定区域内往复运动的驱动装置、计算当

位置检测装置检测到的参考位置之间的差值的装置、根据差值来校正双向打印中的位置误差的装置，从而解决传统打印装置存在的需要额外的电路部件、调整耗时、负载初始调整值改变导致不稳定状态等问题。

1991年8月7日，佳能公司提交的"具有残余墨水检测的喷墨可补偿不同的墨水特性"（US07/742066）专利提出了一种包括喷墨头的喷墨打印装置，该喷墨头具有与用于排出墨水的排出口连通的设置有电极的墨水通道；剩余墨水量检测装置根据来自电极的电阻值、电流值或电压值检测所述墨水通道中的残留墨水量；校正装置根据墨水的电阻差来校正电阻值、电流值或电压值，从而补偿不同的墨水阻力，在使用不同的墨水或由于环境条件的变化而改变墨水阻力时也能提供精确的残留墨水检测。

1991年8月26日，佳能公司提交的"喷墨头及其制造方法，以及具有喷墨头的喷墨装置"（US07/752909）专利提到蚀刻金属、黏合剂黏合、树脂膜形成等打印头生产现有技术具有步骤复杂、成本高、孔径可能变化甚至堵塞、可能有皱纹或气泡等问题。该专利提供了一种制造具有与排放口连通的墨水通道的喷墨打印头的方法，排放能量产生元件设置在墨水通道中，排放开口板设有排放口并与之连接，墨水从排出口排出，排出口板安装在墨水通道的端面上，然后照射准分子激光，精确加工排出口。

1991年10月2日，佳能公司提交的"喷墨记录头的喷射控制方法和喷墨记录设备"（JP1991255192）专利保护了一种喷墨打印设备。该设备通过响应施加于加热器上的驱动信号产生的热能在墨汁中产生气泡，通过气泡的膨胀将墨汁喷射到打印材料上，该设备对于每个墨滴喷射向加热器施加多个驱动信号，第一驱动信号用于在不产生气泡的情况下提高加热器附近的墨汁温度，第二驱动信号在第一驱动信号之后并与之有一个间隔，用于喷射墨汁；转换装置用于改变第一驱动信号的宽度以调节喷墨量，间隔不短于 $2.6\mu s$，第二驱动信号的宽度保持恒定，稳定墨汁喷射方向和喷射量以便减小打印图像上的密度变化或非均匀性。

1991年12月9日，佳能公司提交的"喷墨基板包括多个温度传感器和加热器"（US07/803906）专利提出了解决在传统系统中温度传感器和加热器分开安装导致制造步骤和成本增加以及控制整个打印头的整体温度会在连续打印操作之后产生温度梯度,从而降低打印图像的质量这两个问题的方案。该专利提供了一种温度检测以高精度和良好的响应进行的打印头和使用液体喷射打印基板的设备,基板包括多个内置能量元件可以形成阵列产生用于喷射液体的热能,内置电极布线和温度传感器检测基板的温度,内置加热器设置在阵列外部并邻近阵列的相对端,用于加热基板。

1992年6月25日,佳能公司提交的"具有用于各个打印头的色调校正的图像打印设备"(US07/902807)专利提出了通过大量的检测和校正操作来校正喷墨打印的浓度不均匀性的方法。该专利提供了一种使用多个打印头且每个打印头能够打印具有特定色调特性的图像的打印装置,包括根据与该打印头相关的色调校正信息校正提供给相应打印头的图像信号的多个色调校正装置和根据与该打印头相关的特定音调特性为每个打印头设置音调校正信息的音调校正信息设置装置。

1992年7月15日,佳能公司提交的"具有实现预备发射装置的液体排出打印装置"(US07/914029)专利提供了一种包括液体排出打印单元和发射能量产生装置的喷墨打印机。该发射能量产生装置包括能够加热诸如墨水的打印液体以响应于液体形成液滴的电热能转换装置,兼顾了防止墨水蒸发和缩短打印启动时间。

1992年9月28日,佳能公司提交的"具有用于温度稳定的热管的喷墨打印设备"(US07/952699)专利提供了一种可以改善打印图像的稳定性的喷墨打印装置,来自普通鼓风机的气流对打印头的所有热管共同进行加热和冷却,可以冷却由于多个打印头之间的热阻引起的温度梯度,以严格控制打印头的温度并减少上述电功率的损失,因而墨水排出条件稳定。本发明还提供了一种多色喷墨打印装置,通过减小打印头之间的距离来实现高热交换效率。

1992年12月31日,佳能公司提交的"用于喷墨打印设备的打印头系统及其驱动方法"(US07/999129)专利提供了一种用于具有全行打印头的喷墨打印装置的打印头系统。打印头被分成可变数量的块。将每个块的打印比率(即根据打印数据在块中驱动的喷墨元件的数量与块中的喷墨元件的总数的比率)与参考打印比率进行比较。当打印比率大于参考打印比率时,块的驱动时序与下一个块的驱动时序之间的间隔延长,反之亦然,从而改善由周期性墨水压力的波动引起的打印图像的不均匀性。

1993年3月16日，佳能公司提交的"喷墨装置和基于墨水温度检测墨水不喷射的方法"（US08/031864）专利提供了一种可以可靠地检测墨水的减少或不喷墨的方法，解决了传统方法中不能用于打印的废墨会导致运行成本增加，墨盒内的墨水水平随着墨水盒的移动而上下移动导致故障的问题。在该申请中，一页打印终止后托架移动到打印头位于盖子对面的位置，墨水通过打印头的喷嘴排出到盖子内的温度检测元件上。从检测电路输出温度检测元件与墨水接触时的温度变化，并通过放电检测装置检测墨水的正常排出。

1993年3月30日，佳能公司提交的"喷墨打印方法和设备"（US08/040298）专利提供了一种喷射不同颜色的墨水的多个打印头相对于打印介质往复移动，并且通过在打印头的前向和后向扫描中执行主扫描来执行打印操作的喷墨打印方法和装置。在这种情况下，通过使用多个稀疏图案执行多个主扫描来打印在单个主扫描中可打印的区域，其中 $m \times n$ 像素组被定义为布置成具有互补的排列关系的非相邻位置的单位像素组，从而高速获得高质量彩色图像，以及避免由例如打印元件的变化引起的浓度不均匀性。

1993年9月1日，佳能公司提交的"用于热气泡式喷墨打印设备的喷嘴结构"（US08/115128）专利提供了一种结构紧凑并保持机械强度的多色调打印头，解决了不同的热膨胀或收缩速率妨碍两部分结构精确对准使得图像密度通常低于每英寸400点（dpi）的问题。打印头包括基板和以二维方式布置在基板上的多个喷嘴，相邻喷嘴之间的至少一个维度上的最短距离短于像素间距。

1993年10月4日，佳能公司提交的"彩色喷墨打印方法"（JP1993248139）专利提出了解决黑色图像和彩色图像交界处的羽化现象的方法，具体为：判断在与黑色图像相邻处是否有彩色图像以确定是否用黑色墨水或者一组青色的、品红色和黄色的彩色墨水来形成黑色图像。如果黑色图像是用一组彩色墨水形成的，就用青色、品红色和黄色中的两种构成的重复图案来进行打印以防止与彩色图像的泗渗，并通过减少总的喷射量来提高附着特性。

1994年5月17日，佳能公司提交的"具有内置温度检测元件的基板和具有该基板的喷墨装置"（US08/245232）专利解决了传统系统中温度梯度和局部高温导致基板变形的问题，提供了一种通过相同的薄膜沉积过程在基板上产生温度检测元件和保温加热元件的液体喷射打印基板，降低制造成本、紧密配置并高精度和快速响应地进行温度控制。

1994年6月27日，佳能公司提交的"使用异步掩模的喷墨打印设备和方法"（US08/266498）专利将每个具有给定大小并定义非打印像素位置和打印像素位置的随机阵列的随机掩模与掩码寄存器中的打印区域相关联地放置。使用放置的掩模，打印数据被稀疏并提供给打印头然后打印图像。由于稀疏掩模不具有周期性，任何固有的密度不均匀性都会失去周期性，因此可以产生高清晰度图像。

1994年11月23日，佳能公司提交的"用于通过排放油墨来进行打印的喷墨打印头"（US08/346917）专利解决了在进行彩色打印时需要采用具有用于排放不同颜色油墨的多个喷墨打印头的喷墨单元的问题，这种喷墨单元尽管打印速度快，但尺寸难以减小，成本也因喷墨打印头数量上升而增加。本发明提供了一种小巧且低廉的不会产生油墨的颜色混合的喷墨打印头，一种使用这种喷墨打印头的喷墨单元以及一种喷墨打印装置。喷墨头主要包括一个设有多个用于排放油墨的排放能发生件的元件基片，以及一个整体地具有排放口的开槽件，多个槽形成油墨流动通道，这些通道和排放能发生件上的凹入部分形成多个用于将油墨供给多条油墨流动通道的液盒，液盒间的凹入部分设置隔离槽以防止油墨流入液盒之间。

1995年2月1日，佳能公司提交的"喷墨头和喷墨装置的驱动方法"（US08/383686）专利涉及一种从与墨水通道连通的排放口排出墨水作为液滴的驱动喷墨头的方法和一种具有上述喷墨头的喷墨装置。喷墨头通过沿着墨水通道设置的电动机械转换元件，通过墨水中产生的压力进行打印，避免了气泡捕集和不必要的喷墨。

1995年3月2日，佳能公司提交的"打印头，打印方法和使用它的设备，以及用于校正所述打印头的设备和方法"（US08/397352）专利提供了具有多个加热板的打印头，每个加热板包括移位寄存器，用于选择预热脉冲信号的打印数据和选择数据作为输入，用于选择根据锁存的选择数据输入的多个预热脉冲信号中的任何一个，以及由打印数据或预热脉冲信号驱动的多个加热电阻。由头校正装置获得的用于通过校正每个加热板的特性以平均密度进行打印的校正数据存储在打印头的存储器中。打印设备根据校正数据确定选择数据，并在选择数据锁存电路中设置选择数据。从而避免了驱动打印头的复杂性，并且可以降低打印设备的尺寸和成本。

1995年6月5日，佳能公司提交的"通过墨水打印并具有多个色调级别的像素的色调产品"（US08/465634）专利为了解决在传统的多液滴系统实现不低于16色调的高质量色调打印需要非常精确的头部制造导致的高成本和低产量问题，提供了一种液体喷墨打印设备和方法，其通过从多个喷嘴排出的液滴形成多级色调图像。打印头的第一次扫描经过打印材料根据色调信号从第一喷嘴喷射墨滴，第二扫描根据音调信号从第二喷嘴喷射墨滴执行副扫描操作。喷射的墨滴具有与其标称尺寸/体积不同的实际尺寸/体积形成多个色调级别，从而最小化具有相同色调级别的像素之间的变化。

1995年6月30日，佳能公司提交的"喷墨头的生产方法"（JP1995165799）专利提供了一种喷墨头的生产方法，用以解决墨供给部件的厚度导致打印材料和墨射出口之间的距离无法减小，墨液滴射出位置的准确性较差从而图像质量较差的问题。该喷墨头中向喷墨头供应墨的墨供给口生产步骤包括：制备硅基层，在硅基层表面形成喷射墨压力产生部件和氧化硅膜或氮化硅膜，在背面形成构成墨供给口的耐腐蚀防护罩，通过各向异性腐蚀法将硅基层背面上的其位置与墨供给口部分相对应的硅去除，在硅基层表面形成墨射出口部分，将氧化硅膜或氮化硅膜去除。

1995年8月24日，佳能公司提交的"用盖子进行抽吸恢复的喷墨打印装置及其方法"（US08/518724）专利解决了喷墨头处于墨水填充状态时需要抽吸恢复，而打印头排出口和与它们连通的液体通道构造得非常精细且高密度，因此迄今为止使用的现有抽吸回收方法在某些情况下不太有效的问题。本发明提供了一种用于具有可拆卸地安装在其上的打印头的打印装置的喷墨打印装置，沿着主扫描方向设置的更换位置可以更换多种类型的磁头或磁头盒。头部在安装时与设置在托架上的电接触面接触，以识别多种类型的头部，每个头部具有其自身的ID用于识别头部类型，根据所识别的头部类型设定恢复条件或抽吸条件，头部或头部盒的类型被自动区分以优化恢复操作，防止由于抽吸操作或颜色头的颜色混合而浪费的墨水消耗，从而可靠且稳定地实现墨水排放，使喷墨打印设备更小并且运行成本更低，并且可以实现快速、高质量和高分辨率录制。

1996年5月30日，佳能公司提交的"液体喷射设备和方法"（US08/652682）专利解决了在喷射液体和气泡发生液体完全隔开的结构中气泡产生的压力通过柔性膜的膨胀-收缩变形而传播到喷射液体，压力很大程度被该柔性膜吸收，能量利用效率和喷射力都受到损害的问题。本发明提供了一种用于通过产生气泡喷射液体的液体喷射头，包括：喷射液体的喷射出口，与喷射出口流体连通的液体流道，在液体中产生气泡的气泡发生区域和与之相对设置具有一基部和一比基部靠近喷射出口的自由端的可动件，可动件由在气泡发生区域中产生的压力作用而运动，以通过喷射出口喷射液体。其中，可动件在与气泡发生区域相对的部分具有一弯折部分。

1996年6月18日，佳能公司提交的"打印头的多步加热"（US08/665771）专利提供了一种包括控制打印头温度的发热元件、驱动发热元件产生热量驱动装置和控制驱动装置的控制装置的打印装置，在完成打印操作之后，以预定的发热周期以多个步骤从所述发热元件产生热量，从而使得打印头温度控制结构简单、尺寸小、成本低。

1997年2月11日，佳能公司提交的"液体喷射装置利用气流去除雾气"（US08/798931）专利，为解决细小的液滴雾形成的不溶性墨水沉积导致墨滴喷射方向偏转喷射失败的问题，提供了能够防止或减少不溶物质在喷墨头的喷射口部分上的沉积并制造弹射稳定状态的头单元、喷墨盒和喷墨打印设备。基于喷射时产生的回弹雾的含量，确定由喷墨头的喷射口形成表面上的盖板或安装有盖板的喷墨头覆盖的区域，油墨和处理液重叠，在通过喷射墨水和使墨水不溶的处理液进行打印的喷墨打印设备中，在喷射墨水和处理液时产生的回弹喷雾中包含的不溶物质的沉积的重叠被成功阻止。

1997年6月25日，佳能公司提交了"具有特定布置的热电换能器和排出口的喷墨打印头"（US08/882034）专利，以解决现有技术中通过多个加热器以各种排出量排出墨水的情况下，排出量小的墨滴功率小，无法稳定地排出厚墨水，因此需要频繁地进行预备放电造成的打印的吞吐量降低的问题。本发明提供了一种包括多个液体流动通道的喷墨打印头,每个液体流动通道具有用于以排出速度 $v$ 和排出量 $vd$ 排出墨水的排出口和多个热电换能器,前向热电换能器设置在排放口侧,当仅由前向热电换能器排出墨水时相对于放电开度侧的值 ($v/vd$),当距离 OH 减小时,$v/vd$ 基本恒定,其中设置附加的热电换能器,使得当通过的热电换能器排出墨水时,相对于距离 OH 的值在第二距离 OH 处。

1997 年 11 月 12 日,佳能公司提交的"制造通孔的方法,具有通孔的硅基板,使用这种基板的装置,制造喷墨打印头的方法和喷墨打印头"(US08/967732)专利提供了一种制造通孔的方法,一种用于制造通孔的基板,一种具有通孔的基板,以及一种使用这种通孔的装置或具有这种通孔的基板。其特征在于仅通过从背面蚀刻硅衬底就可以产生通孔,无论硅晶片厚度和取向平角的变化如何,开口长度都可以精确地控制到所需的值,并且与所采用的取决于硅晶体取向的各向异性蚀刻剂的类型无关;可以实现高生产率、高生产再现性和易于生产。

1997 年 11 月 13 日,佳能公司提交的"喷墨头"(US08/969837)专利提供了一种增加孔板的机械强度和可靠性来减少喷头中保持气泡对喷墨特性的不利影响的喷墨打印头。具体包括:多个用于产生排出墨水墨滴的能量的放电能量产生元件和墨水排出口,其上具有向一个方向延伸的多个放电能量产生元件的阵列的基板,包括设置在孔板上具有沿所述多个放电能量产生元件的所述阵列的方向延伸的穿透孔的供墨孔,基板和孔板相互邻接形成墨水通道。

1998 年 11 月 12 日,佳能公司提交的"墨盒单元,具有所述墨盒单元的喷墨盒和具有所述喷墨盒的喷墨装置"(US09/190119)专利提出了一种具有供墨口的墨盒单元将墨供应到喷墨头单元以排出墨时墨盒单元具有分隔部分的结构,在墨水存储部分和具有负压产生构件的负压产生构件接收部分之间分隔,其底部部分上具有墨水连通部分将二者连通,分隔部分允许两者在运动方向上连续所述墨盒单元在排出墨水时的状态。这一结构可以提高墨水的使用效率,保持高水平的供墨性能和可靠性,防止物理分配过程中的各种变化,且制造成本低廉。

### 三、21世纪喷墨打印技术路线

2000年8月22日，佳能公司提交的"打印头和喷墨打印设备"（US09/643823）专利提供了特别优异的快速响应能力和喷射性能，当墨水经由墨水供应路径和形成在打印头中的支撑构件和打印元件基板中的墨水供应开口供应到液体腔室，然后从喷射开口喷射时，墨水的压力在喷射时实现的喷射被传递到墨水供应路径。然而，该压力可以通过连通路径被气室吸收，以减少在喷射之后压力对液体路径中的墨水再填充的不利影响。在这种情况下，由于气室和其他部件构造成相对于大气封闭，因此可以防止诸如与气室和其他部件与大气连通相关的黏度增加的问题。

2002年8月8日，佳能公司提交的"具有可动构件和限制可动构件位移的限制部的喷墨记录头及其制造方法"（US10/214105）专利提供一种制造利用通过加热放热电阻器从而喷射墨水的喷墨打印头的方法。包括以下步骤：制备具有放热电阻器的基板；将第一树脂涂覆在基板上，第二树脂在第一模具形状上形成喷嘴通道和可动件，通过这种方法，可移动元件在墨水入口和放热电阻器之间的喷嘴通道中形成，从而提供在保持适当的放电性能的同时改善频率响应的高密度、高精度的喷墨打印头。

2002年9月9日，佳能公司提交的"液体排出打印头及其制造方法"（US10/237103）专利解决了涂层树脂层（孔板）中的内应力导致孔板在与凹槽接触的边缘周围从基板上剥离造成墨水排出口的区域放电性能恶化甚至导致打印不良的问题。提供了一种包括设置有用于产生液体排出能量的能量产生元件的基板和与基板层叠的孔板的侧射型液体排出打印头，基板和孔板之间形成流动通道，液滴沿基本垂直于基板和孔板表面的方向排出，环绕流动路径的槽在孔板中形成，与槽接触的孔板的边缘部分形成具有多个微小凹痕的锯形部分。

2002年11月30日，佳能公司通过"打印液体的输送通道容器输送设备及其表面改善方法"（US09/726025）专利提供了一种打印液体输送通道、打印液体容器和具有上述装置的打印液体输送设备，并提供一种对打印液体输送通道表面改善的方法，用于有效地输送打印液体通过输送管。如果输送管的内表面被污水处理，形成亲水表面，打印液体将沿着输送管内表面上的亲水表面与黏附的气泡一起流动，气泡在输送管内表面上的黏附区域被减少，气泡悬浮在内表面上，当打印液体被输送时，气泡可以被打印液体的流动轻易地带走，避免打印液体的流动被气泡所阻碍。

2003年7月8日，佳能公司提交的"喷墨打印头"（US10/614159）专利提供了一种能够防止再填充速度降低同时减小在排出方向上的流动阻力的喷墨打印头，其头部具有：具有多个供液体流动的喷嘴的流路组合物基板，将液体供应到每个喷嘴的供应室，多个包括鼓泡室的喷嘴用于排出液滴的端部开口，产生用于排出液滴的热能的放电能量产生元件，鼓泡室和用于将油墨供应到鼓泡室的供应路径，设置有所述放电能量产生元件的元件基板。

2003年7月9日，佳能公司提交的"微细结构体的制备方法，微细空洞结构体的制备方法和液体喷出头的制备方法"（US10/615289）专利提供了一种便宜、精密、可信度高的液体喷出头的有用的微细结构体和微细空洞结构体的制备方法、使用方法和由此得到的液体喷出头。该申请将含有以丙烯酸酯为主体的三元共聚物的正型感光性材料作为微细结构体材料使用，其含有热交联化用的丙烯酸和用于扩大灵敏度区域的单体单元，具体步骤为：在基板上设置正型感光性材料层，加热处理之交联化；用能分解所述交联化正型感光性材料的波长区域的致电离射线照射所述交联化正型感光性材料层预定部分，在基板上形成由非照射区域组成的微细结构体；正型感光性材料还含有作为热交联因子的甲基丙烯酸与扩大对所述致电离射线的灵敏度区域的因子。

2005年3月24日，佳能公司提交的"喷墨打印设备和喷墨打印方法"（JP2005086720）专利提供了一种喷墨打印设备和方法，其采用由多个连接在一起并且各具有用来喷墨的喷嘴阵列的小器件构成的连接式打印头进行打印，其中减少了可能由每个小器件中的连接部分引起的白带。

2005年4月22日，佳能公司提交的"喷墨记录头和使用该记录头的喷墨记录装置"（JP2005125197）专利提供了一种喷墨记录头和使用该记录头的喷墨记录装置。该喷墨记录头具有连接端子组，该连接端子组用于在安装到喷墨记录装置上时与装置侧的连接端子组接触，从而进行包含记录元件的驱动信号在内的信号的电连接。通过对一部分端子进行接触检测，保证所有端子的连接，将记录头的连接端子中由于记录头安装偏差与装置侧连接端子之间距离最大的连接端子作为接触检测用端子，例如，将设置在矩形平面区域内的连接端子组中位于角部的连接端子用作接触检测用端子，只要检测到这些端子的接触，就能保证该区域内全部端子的连接，从而解决了各种元件的基板或记录头的大型化、制造成本提高的问题。

2009年6月17日，佳能公司提交的"带偏置弹出端口的打印头"（US12/485997）专利提供了一种打印头，其喷嘴包括：压力室，从液体供应口供应的液体被存储在压力室中；以及位于压力室中的打印元件产生能量以施加到存储在压力室中的液体；其与压力室连通的排出口，并通过打印元件向其施加能量的液体被排出。从液体供给口向压力室供给的液体流过的液体流路，该液体流路的宽度与从液体供给口向液体供给口的液体供给方向正交的方向的宽度。当打印头喷射液滴时，在液滴的喷射期间抑制了由打印元件产生的气泡变形从而防止了喷射的液滴受到气泡变形的影响。因此，可以将液滴精确地喷射到预定位置。

2010年1月5日，佳能公司提交的"液体喷射记录头及制造方法"（US12/652672）专利主要用于减小记录头的尺寸，实现既防止气泡进入记录液供给路径中，又确保记录液供给路径的横截面面积。喷头主流路形成构件设置有凹槽，该凹槽在其底表面上成为记录液供给路径。第二流路形成构件设置有宽度小且长度大的臂部。第二流路形成构件的臂部用作用于封闭槽的开口的盖，该槽成为形成在主流路形成构件的底面上的记录液供给路径。如上所述的主流路形成构件和第二流路形成构件通过注射成型而形成，并且通过接合构件彼此接合。在主流路形成构件中，接合构件形成覆盖成为记录液供给路径的槽的开口边缘的部分的周边，该部分与第二流路形成构件的臂部对接。

2014年11月21日，佳能公司提交的"压电薄膜，其制造方法，压电薄膜制造装置和液体喷射头"（US14/549839）专利，提供了一种压电薄膜的制造方法，用以解决基板大型化以增加基板的表面积，导致面的取向比下降并且在基板中的每个斑点之间变得明显的变化，在基板内基板的电特性变得可变的问题。该压电薄膜的制造方法包括：通过涂覆包含有机溶剂和压电薄膜前体的涂覆溶液来涂覆基板以形成涂层的步骤；在无风环境下从涂层蒸发有机溶剂以获得包含压电薄膜前体的干燥涂层的步骤；加热干燥涂层以从包含压电薄膜前体的干燥涂层形成压电薄膜的步骤。

2015年3月5日，佳能公司提交的"喷墨打印装置及喷墨打印方法"（JP2015044054）专利，公开了一种喷墨打印装置及喷墨打印方法。在各种类型的温度控制中，基于利用温度传感器的不同组合所获取的代表温度来执行多种类型的不同温度控制中的各种温度控制。喷墨打印装置包括：打印头，所述打印头具有在预定方向上排列被配置为生成热能以排出墨水的多个打印元件的打印元件阵列和被配置为检测温度的检测元件；获取单元，被配置为在对所述打印头执行第一温度控制时获取与所述打印头的第一温度控制所必需的多个检测元件处的温度相关的信息，以及在对打印头执行第二温度控制时获取与所述打印头的第二温度控制所必需的多个检测元件处的温度相关的信息；控制单元，被配置为基于已有所述获取单元获取的与温度相关的信息来执行所述打印头的温度控制。打印头的第一温度控制所必需的所述多个检测元件和所述打印头的第二温度控制所必需的所述多个检测元件部分重叠。

2016年6月15日，佳能公司提交的"转印式喷墨记录装置"（US15/183491）专利，提供了一种转印式喷墨记录装置。通过该设备，可以在转印的同时实现与卤化银照片相当的高光泽图像质量。该装置具体包括：中间图像形成单元，用于将含有树脂的油墨施加到中间转印构件上以形成中间图像；转印单元，用于将中间图像转印到记录介质上。其中，所述装置还包括：加热单元，用于将中间图像加热到等于或高于树脂的最低成膜温度的温度；冷却单元，用于将由加热单元加热的中间图像冷却到低于玻璃化转变温度的温度。

2016年7月8日，佳能公司提交的"喷墨记录装置"（US15/205941）专利，提出了一种能够防止堵塞长时间保持喷射稳定性的喷墨记录装置。该喷墨记录装置包括记录头和液体供应机构，该记录头具有用于喷射水性墨水的喷射口和喷射口打开的喷射口表面，该液体供应机构构造将喷射口堵塞防止液体供应到喷射口中。在该端口中，水性油墨含有选自颜料颗粒和树脂颗粒中的至少一种组分，并且防堵塞液在25℃下具有20~40的介电常数。

2016年12月22日，佳能公司提交的"液体喷射头、液体喷射设备和供应液体的方法"（US15/388430）专利，公开了一种包括喷射口的液体喷射头，其中布置有能量产生元件的通道；喷射口部分，其允许喷射口和通道之间的连通；用于允许液体流入通道的供应通道，以及允许液体流出到外部的流出通道。当通道的高度设定为$H$时，满足$H^{-0.34} \times P^{-0.66} \times W > 1.7$的表达式，设定喷射口部分的长度$P$，喷射口部分的长度设定为$W$。这一喷射头能够防止因为墨水变黏稠或色彩浓度变化导致的喷墨不良或打印图像的浓度不均匀。

2017年1月20日，佳能公司提交的"喷墨记录装置和喷墨记录方法"（US15/411635）专利，提供了立即除去墨中的液体成分以免记录介质过度吸收墨水中的液体成分导致固化或起皱的方法，申请了一种喷墨记录装置，包括：图像形成单元，被配置为通过第一液体和着色材料在墨水接收介质上形成墨水图像；液体吸收构件，包括形成带状的多孔体，所述多孔体具有第一表面和与所述第一表面相对的第二表面，其中所述第一表面构造成与所述墨图像接触并吸收所述第一表面中的至少一些墨水图像中的液体；压缩构件，其构造成与多孔体的第二表面接触，以压缩第二表面，以从第一表面挤出第一液体；液体收集构件构造成收集由压缩构件从第一表面挤出的第一液体。

2017年1月31日，佳能公司提交的"喷墨记录装置及其控制方法"（JP2017016208）申请，该专利提供了一种能够在对打印头执行的恢复操作中减小滑架行进距离的喷墨打印设备。具体包括：具有打印头表面的打印头，在打印头表面上布置有用于喷射墨的多个打印头，所述打印头构造成在打印区域中执行打印操作。滑架，包括打印头，并且可以沿第一方向移动；用于覆盖喷射孔表面的盖。所述盖通过滑架的移动而可移动至第一位置，以及沿第一方向移动至比第一位置更远离打印区域的第二位置，其中，在沿第一方向的第二位置处，盖可以上升和下降到帽盖抵靠喷射孔表面的封盖位置，并且上升到帽盖不抵靠喷射孔表面的分离位置，并且其中当帽盖在顶盖处时，擦拭器擦拭喷射孔表面。

## 第三节 惠普公司喷墨打印技术路线分析

惠普喷墨打印技术同样以热发泡式为主,根据不同的技术手段和技术功效选取具有技术发展代表性的专利。以下将以惠普公司各个年代具有技术发展代表性的专利为例分析惠普公司喷墨打印机技术路线。

### 一、通过调节出墨情况改善打印质量的方法

惠普公司喷墨打印通过调节出墨情况改善打印质量的技术路线如图 5-5 所示。

1982 年 9 月 17 日,惠普公司提交了"用喷墨打印灰度"(US06/419299)专利,提供了一种使用单个换能器室的喷墨系统,其可以在不降低打印分辨率的情况下产生视觉打印密度(灰度)的广泛变化。在实际的喷射印刷过程中,载体与油墨混合,以产生所需的灰度。该系统也很容易适用于生产多色印刷品。

1983 年 4 月 29 日,惠普公司提交了"用高速热喷墨打印机产生灰度的方法和设备"(US06/490003)专利,提供了一种可以发出可变体积的离散液滴以产生印刷灰度级的热喷墨打印机。脉冲串脉冲序列用于产生包括连接或合并的液滴的包的液滴;分组内的各个液滴在飞行中合并以产生单个液滴,其体积取决于脉冲包内包含的脉冲数。

1988 年 12 月 2 日,惠普公司提交了"用于提高由喷墨打印机产生的彩色和黑白图像的质量的方法和系统"(US07/278881)专利,提供了一种用于降低彩色成像系统中的"颗粒度"或颜色对比度并同时减少或消除由喷墨打印所打印的介质的纸张褶皱的方法。该方法包括确定减少或消除印刷介质中的纸张褶皱所需的最大可允许油墨印刷密度,然后提供与该最大可允许印刷密度相关的灰度油墨滴数和相关染料加载的选择的严格控制,以便最大化打印

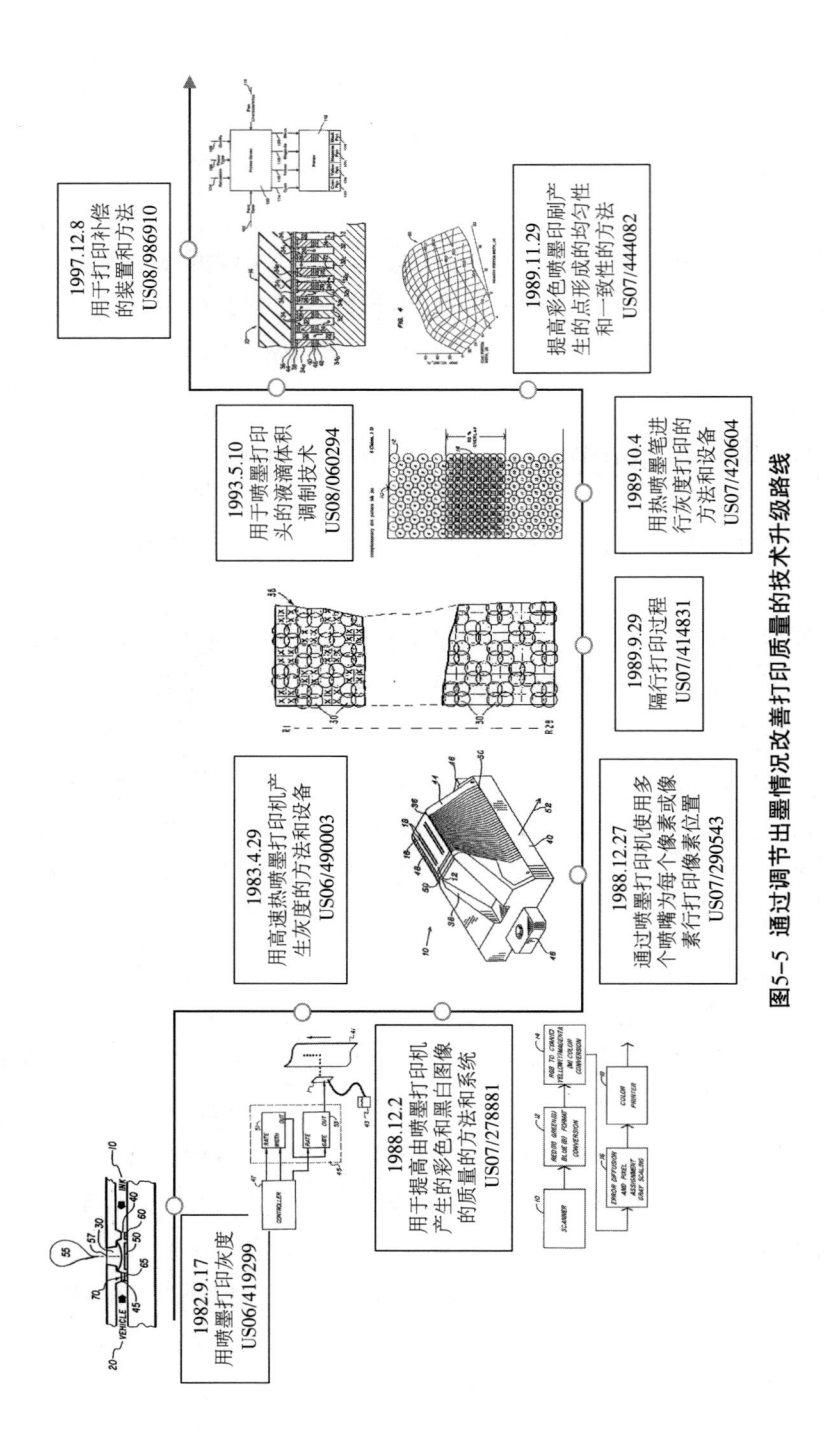

图5-5 通过调节出墨情况改善打印质量的技术升级路线

介质上的墨水分布的均匀性。该方法可以使用可变液滴尺寸或具有可变染料负载的固定液滴尺寸。它还适用于目前在图像处理领域中使用和可用的大多数误差扩散或抖动方案。

1988年12月27日，惠普公司提交了"通过喷墨打印机使用多个喷嘴为每个像素或像素行打印像素位置"（US07/290543）专利，通过在每个像素位置或每像素行使用多个喷嘴的打印策略来减少不正确操作或不可操作的喷嘴在像素位置处打印着色剂点的视觉影响。

1989年9月29日，惠普公司提交了"隔行打印过程"（US07/414831）专利，对于由喷墨打印机产生的打印图像的质量通过将墨点的交错应用交错到像素位置而使得在打印头的连续通道上打印重叠的墨点等得到改善。通过将像素分组为超像素，并且以交错的顺序将彩色墨点的各种组合应用于每个超像素内的各种像素，进一步改善了多色或多阴影图像的质量。

1989年10月4日，惠普公司提交了"用热喷墨笔进行灰度打印的方法和设备"（US07/420604）专利，该专利中，热喷墨笔的发射电阻器依次由加热信号和定制的触发脉冲驱动。通过加温脉冲实现的油墨的预热程度改变由发射脉冲喷射的液滴的体积，从而实现灰度打印。

1989年11月29日，惠普公司提交了"提高彩色喷墨印刷产生的点形成的均匀性和一致性的方法"（US07/444082）专利，提供了一种多道互补点图案喷墨印刷方法，用于增强彩色喷墨印刷过程中点（滴）形成的均匀性和一致性。当在透明胶片和普通纸或特殊纸上打印时，通过最小化聚结、成珠、色调偏移、弯曲、翘曲和颜色渗色等特性，直接影响并改善彩色印刷区域上的总印刷质量。通过在打印介质上沉积第一和第二部分重叠的互补点图案来制作连续的印刷条带使用该过程，本发明还涉及将如上所述的互补通过喷墨印刷与点对点（DND）超像素组合的新方法，以进一步优化产生上述优化均匀性所需的墨滴干燥条件。

1993年5月10日，惠普公司提交了"用于喷墨打印头的液滴体积调制技术"（US08/060294）专利，提供了一种喷墨打印头和一种相关的方法，用于可操作地驱动喷墨打印头，以使体积可调节液滴从其压墨侧壁制动器部分地限定的墨水输送通道中喷出，使墨水量可以被调节。

1997年12月8日，惠普公司提交了"用于打印补偿的装置和方法"（US 08/986910）专利，涉及一种用于提供均匀打印输出的方法和设备。每个笔具有特征液滴体积，表示在形成用于形成输出像素的墨滴时笔排出的墨水的典型体积。最多使用 N 滴来形成每个像素。打印机驱动程序接收打印机的打印数据，指示要打印的像素数据的饱和度值。基于预期的笔滴体积，每个饱和度值映射到该值的相应数量的墨滴。为了减少发送到打印机的数据量，零到 N 的范围被细分为级别，每个级别代表每个像素的一些丢弃数量，并且该级别数据被发送到打印机。如果笔的特征墨滴体积与预期体积不同，则可以调整级别细分以补偿墨滴体积的差异。

## 二、打印头电镀涂层技术

惠普公司喷墨打印头电镀涂层技术升级路线如图5-6所示。

1982年11月23日，惠普公司提交了"单片喷墨打印头"（US06/443971）专利，提供了一种制造整体式气泡驱动喷墨打印头的方法，其消除了使用胶水或其他黏合剂来构造多个部件组件的需要。该方法的概念是提供一种分层结构，该结构可以通过相对标准的集成电路和印刷电路处理技术制造。首先，制造衬底/电阻器组合。然后将导电材料的基础牢固地附着到基板上，并且抗蚀剂层用于在基础上限定周边/壁组合，周边/壁组合围绕电阻器并在它们之间提供液压分离。然后将周边/壁组合电镀到位。在抗蚀剂上施加闪光金属涂层，该抗蚀剂位于周边/壁组合的周边内，并且第二抗蚀剂层用于限定所需的孔和部件的外部形状。然后将第二层金属电镀在覆盖第一抗蚀剂层和周边/壁组合的闪光涂层上。剥离闪光涂层和抗蚀剂，留下由第二金属层和周边/壁组合限定的空隙，该第二金属层中有孔。空隙形成发射室，用于在操作期间向电阻器供应墨水。

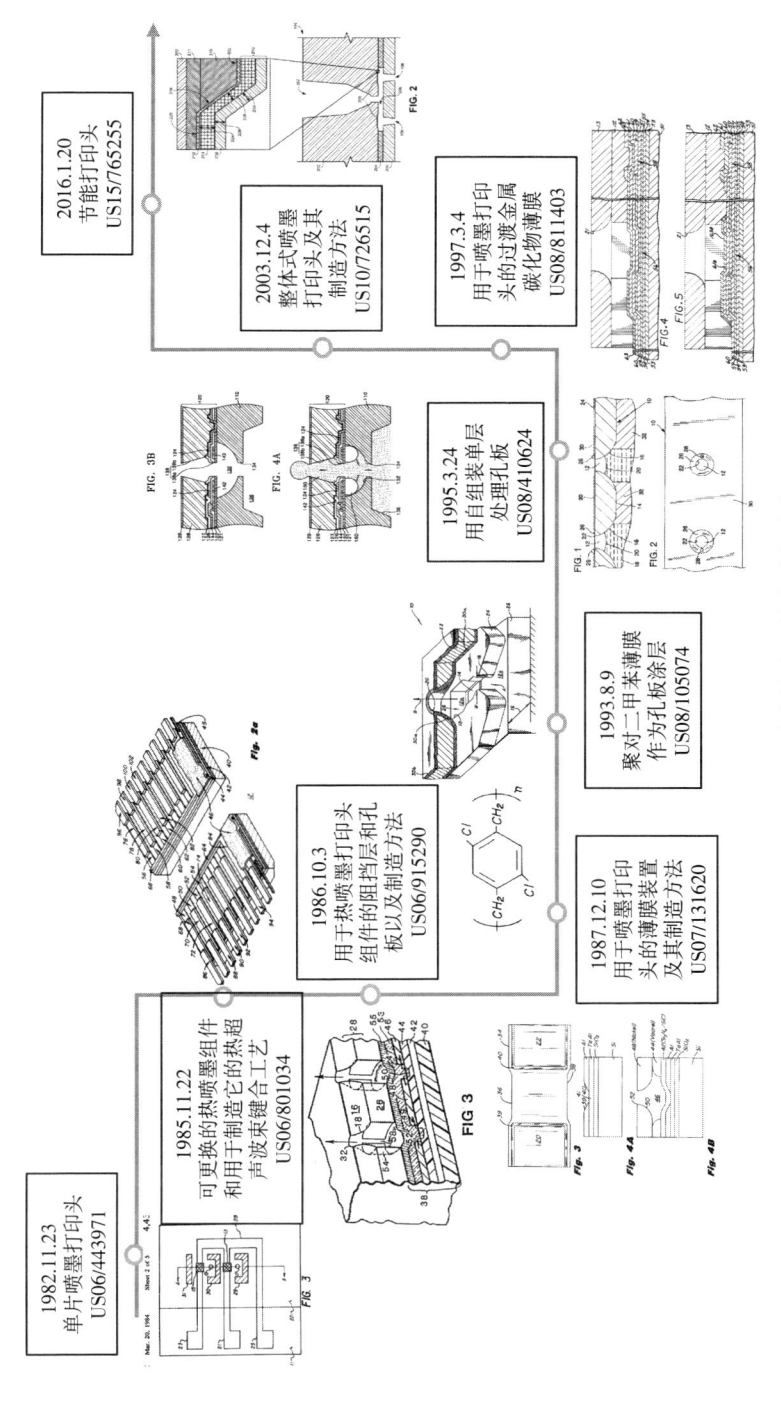

第五章 专利视角下的喷墨打印技术发展路线

图5-6 打印头电镀涂层技术升级路线

1985年11月22日，惠普公司提交了"可更换的热喷墨组件和用于制造它的热超声波束键合工艺"（US06/801034）专利，公开了一种新的和改进的低成本、高密度热喷墨印刷头组件及其制造方法，其中带式自动接合（TAB）柔性电路在一个接一个的引线接合工艺中顺序地热耦合到薄膜电阻器基板上的对准的导电迹线。这些迹线为基板上的相应的多个加热电阻器提供电流路径，并且这些电阻器用于加热热喷墨打印头中的相应的多个墨水储存器。该方法的特征在于热喷墨薄膜电阻器基板的平面中的热声束引线键合，可以减少与上述现有技术相关的基板尺寸，从而减少热喷墨打印头组件制造的总成本。

1986年10月3日，惠普公司提交了"用于热喷墨打印头组件的阻挡层和孔板以及制造方法"（US06/915290）专利，公开了一种热喷墨打印头和制造方法，其特征在于改进的全金属孔板和阻挡层组件。该组件包括收缩的墨水流动端口，以减少气蚀损坏和平滑的轮廓会聚墨水喷射孔，以防止在喷墨过程中"吞咽"空气。这两个特征都扩展了打印头的最大工作频率$f_{max}$。镍阻挡层和下面的薄膜电阻器基板是镀金的，然后焊接在一起，以在基板-阻挡层界面处形成良好的强焊料结合。

1987年12月10日，惠普公司提交了"用于喷墨打印头的薄膜装置及其制造方法"（US07/131620）专利，提供了一种制造薄膜电阻器基板的方法。例如，在制造喷墨打印头时有用，其中最初在电阻层的表面上图案化不连续的导电材料条带。使用限定电阻加热器元件的"X"尺寸的第一系列掩模和蚀刻步骤形成这些条带。然后，导电条和它们之间的电阻材料被完全掩蔽，以准备随后的第二蚀刻步骤，用于去除电阻层的暴露部分，从而限定电阻加热器元件的"Y"尺寸。这些步骤使得如此限定的导电层和电阻层具有平滑的轮廓、良好的台阶覆盖和高质量的倾斜边缘。这些层现在可用于随后的钝化层、阻挡层和孔板沉积工艺，以完成用于喷墨打印机的薄膜打印头。

1993年8月9日，惠普公司提交了"聚对二甲苯薄膜作为孔板涂层"（US08/105074）专利，发现，聚对二甲苯涂层作为热喷墨黏合剂材料与热喷墨打印头中使用的电阻器组件相结合，表现出优异的性能。与其他涂层材料相比，这种材料证明了用于将孔板固定到用于在打印头内形成墨水喷射室的阻挡材料以及对热喷墨墨水的优异耐腐蚀性的更好的黏附性。

1995年3月24日，惠普公司提交了"用自组装单层处理孔板"（US08/410624）专利，公开了用自组装单层处理用于喷墨笔的孔板的内表面和外表面的方法。用自组装单层处理镀金孔板的外表面可以控制表面的润湿性，以减少残余油墨的积聚；处理内表面以改善和控制液滴喷射。各种单层用在内表面上也可以控制稳态发射速率和在来自笔的液滴均匀性方面具有更大的灵活性。此外，用自组装单层处理孔板表面可抑制板的腐蚀和污染，同时为油墨提供均匀的表面。用于本发明的自组装单分子层包括硫醇、二硫化物和亚磺酸盐，在孔板上的金与单层化合物的硫醇、二硫化物或亚磺酸盐基团之间形成化学键，单层化合物的末端官能团远离孔板的表面取向，并由末端基团是否具有疏水或亲水特征决定表面是否润湿。

1997年3月4日，惠普公司提交了"用于喷墨打印头的过渡金属碳化物薄膜"（US08/811403）专利，提供了一种热喷墨打印头，包括：薄膜基板，包括多个薄膜层；多个喷墨加热电阻器，限定在所述多个薄膜层中；图案化的碳化钽层，设置在所述多个薄膜层上；设置在碳化钽层上的油墨阻挡层，以及在各个薄膜电阻器上形成在油墨阻挡层中的各个油墨室，每个腔室由在阻挡层中开口的腔室形成。碳化钽层形成抗氧化和耐磨层和/或阻挡黏合层。

2003年12月4日，惠普公司提交了"整体式喷墨打印头及其制造方法"（US10/726515）专利，涉及一种热驱动的整体式喷墨打印头及其制造方法。该喷墨打印头具有与基板一体形成的喷嘴板和形成在喷嘴板表面上的疏水涂层，具体包括：基板，其具有供墨的墨室；用于向墨室供应墨的歧管；以及墨通道，用于在墨室和歧管之间提供连通。喷嘴板，包括：顺序地堆叠在基板上的多个钝化层，形成在钝化层上的金属层，以及从墨室喷射墨水的喷嘴，其穿过喷嘴板，设置在相邻钝化层之间的加热器，加热器是位于墨室上方用于加热墨室内的墨水，导体设置在相邻的钝化层之间，导体电连接到加热器以向加热器施加电流，疏水涂层专门形成在加热器的外表面上。

2016年1月20日，惠普公司提交了"节能打印头"（US15/765255）专利，公开了一种节能打印头。示例性打印头包括具有通道的基板，该通道将墨水引向打印头的多个喷嘴。示例性打印头还包括在基板上的钝化层。该钝化层比用于打印头的其他已知的钝化层薄得多，同时提供了类似水平的防腐蚀和/或磨损保护。钝化层包括使用原子层沉积形成的第一电介质材料的第一薄膜。另外，一些示例性打印头使用的钝化层中的材料比现有打印头中使用的其他已知的钝化层中的材料具有更强的介电性能。结果，与当前已知的打印头相比，具有钝化层的示例性打印头表现出较高的能量效率。此外，更薄的钝化层使得能够制造比以前更小和/或喷嘴密度更高的打印头。另外，打印头表现出开启能量的显著降低，从而能够提高从打印头喷嘴喷射墨水的速度，提高了打印速度。

### 三、打印头背压调节方式

用于传统喷墨打印头的墨水输送系统在轻微的真空下输送墨水，称为"背压"，使墨水不会从喷嘴泄漏。通常，这种轻微的真空是低于大气压的 2~3 英寸的水。通过将墨水容器定位在打印头下方可以产生背压，使得系统在打印头内部具有轻微真空的情况下达到平衡。或者，可以使用弹簧产生略微负的背压，以将囊膜向外拉，以在墨水容器内产生轻微的负压。

惠普公司喷墨打印头背压调节方式技术升级路线如图 5-7 所示。

1982 年 11 月 23 日，惠普公司提交了"具有基本恒定的负背压的储墨器"（US06/443973）专利，公开了一种墨水储存器，其包括连接到储液器的膜壁的负背压源，以防止墨水从储存孔泄漏。背压由线性或非线性弹簧产生，该弹簧可以独立于膜或与膜成为一体。当储存器与诸如喷墨打印中使用的墨水笔一起使用时，起到了没有墨水泄漏并且改善了打印质量的作用。

1986 年 12 月 4 日，惠普公司提交了"热喷墨普通开槽供墨打印头"（US06/939285）专利，在用于热喷墨打印头的薄膜电阻器基板中提供了一个细长的供墨槽，用于向基板上的多个加热电阻器供应墨水。墨水从该槽垂直地流过基板，然后沿着孔板和阻挡层构件中的预定墨水流动路径横向流动到加热器电阻器上方的墨水储存器。这种方式中到所有储存器的墨水流动压力下降是相等的，从而增强了对所有储存器的墨水压力控制。

第五章　专利视角下的喷墨打印技术发展路线

图5-7　打印头背压调节方式技术升级路线

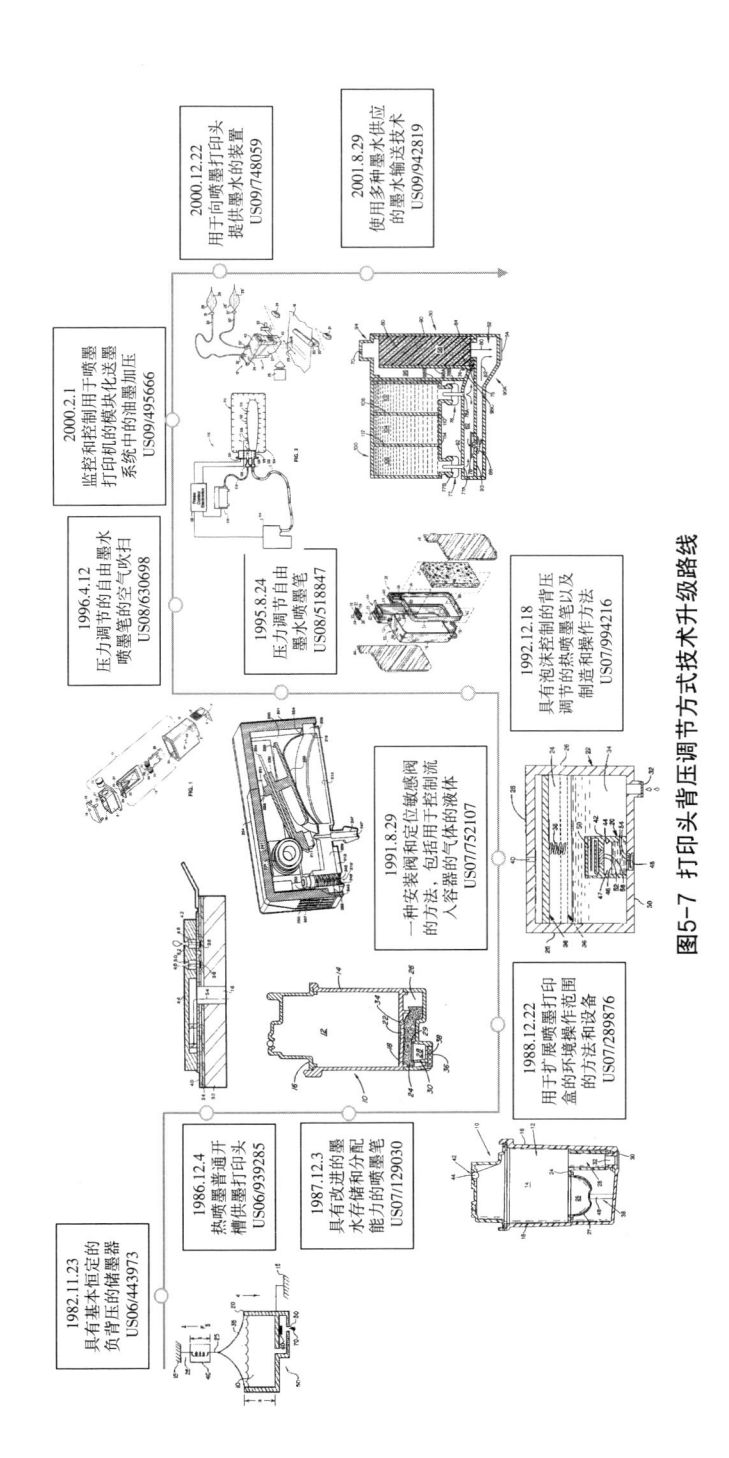

1987年12月3日，惠普公司提交了"具有改进的墨水存储和分配能力的喷墨笔"（US07/129030）专利，提供了一种喷墨笔（或其他类似的流体输送系统），其中主墨水储存器和辅助墨水储存器以及喷墨打印头都通过多孔墨水转移构件互连。墨水将在正常或预定的温度和压力范围内直接从主墨水容器传递到打印头。对于该范围之外的温度和压力，二级储存器将投入运行以向多孔油墨转移构件提供或从多孔油墨转移构件接收油墨，从而用于在打印头处保持基本恒定的背压。

1988年12月22日，惠普公司提交了"用于扩展喷墨打印盒的环境操作范围的方法和设备"（US07/289876）专利，提供了一种包括墨水容器，用于从储存器喷射墨水的打印头以及用于限制储存器负压的第一和第二压力控制机构的喷墨打印盒。第一压力控制机构通过可控地将替换流体（即空气或墨水）引入其中来限制储存器负压。第二压力控制机构通过改变其容积来限制储存器的负压。两个压力控制机构协作以在宽范围的环境偏移下将储存器中的负压调节到期望值，并允许使用体积有效的包装。

1991年8月29日，惠普公司提交了"一种安装阀和定位敏感阀的方法，包括用于控制流入容器的气体的液体"（US07/752107）专利，提供了一种阀门，该阀门可与气泡发生器一起操作，该气泡发生器将限制的气泡流提供到喷墨笔的储存器中以减轻笔中过多的背压。该阀门包括容纳的操作液体，在笔从竖直方向倾斜时关闭阀门。提供疏水性多孔通气孔，用于允许气泡通过阀进入储存器，同时阻止操作液体流过通气孔。本发明涉及一种阀门，该阀门可用于气泡发生器，用于调节喷墨笔中的背压，并且每当笔移动到储墨水不再覆盖的位置时，可靠地防止意外消除笔中的背压。

1992年12月18日，惠普公司提交了"具有泡沫控制的背压调节的热喷墨笔以及制造和操作方法"（US07/994216）专利，提供了一种热喷墨笔，包括主墨水储存室，其中泡沫块与周围环境完全密封隔离。该笔还包括墨水输送部分，该墨水输送部分的一端与墨水储存室流体连接，并且具有安装在其外表面上的薄膜打印头。上述主要墨水储存室包括一对柔性主侧壁，当在喷墨打印操作期间墨水和空气从笔中抽出时，这对侧壁开始塌陷。当发生这种情况时，可折叠侧壁被迫进入压缩泡沫块的相对表面，并且泡沫块的固有弹力产生与墨水储存室内的这些侧壁平衡的相等且相反的力。该平衡条件用于使墨水储存室内的负背压稳定在相对恒定的值,并防止笔使墨水流淌。

1995 年 8 月 24 日,惠普公司提交了"压力调节自由墨水喷墨笔"(US08/518847)专利,涉及自由墨水型喷墨笔。在笔内提供弹簧加载的调节器机构,以允许来自加压墨水容器的墨水被输送到笔,同时根据需要在打印头处保持预定的设定点背压以进行适当的笔操作。与环境大气连通的机构与基本恒定的力偏置机构结合使用,以维持抵消力之间的平衡。无论从墨水容器进入笔的墨水流速如何,背压都保持基本恒定。

1996 年 4 月 12 日,惠普公司提交了"压力调节的自由墨水喷墨笔的空气吹扫"(US08/630698)专利,涉及一种自由墨水型喷墨笔,更具体地说,涉及一种从轴上墨水储存器中清除空气的方法和设备。在笔内提供偏压调节器机构,以允许来自加压墨水容器的墨水被输送到笔,同时根据需要在打印头处保持预定的设定点背压以进行适当的笔操作。与环境大气连通的机构与基本恒定的力偏置机构结合使用,以维持抵消力之间的平衡。无论从墨水容器进入蓄能器的墨水流量如何,背压都保持基本恒定。通过向环境大气机构施加正压力,偏压调节器机构被强制打开,并且捕集在储液器内的任何气泡被迫通过储液器墨水进料。

2000 年 2 月 1 日,惠普公司提交了"监控和控制用于喷墨打印机的模块化送墨系统中的油墨加压"(US09/495666)专利,涉及用于计算机控制的打印机的打印盒,更具体地说,涉及用于将墨水输送到这种打印盒的方法和设备。辅助墨水供应盒包括具有空气、墨水和电信号连接的加压容器。根据启动顺序、操作顺序、等待时间和关闭顺序,监视施加到辅助墨水供应的空气压力以保持在预定范围内。

2000 年 12 月 22 日,惠普公司提交了"用于向喷墨打印头提供墨水的装置"(US09/748059)专利,提供了一种包括一个背压调节器的用于从墨水容器接收墨水并将墨水输送到打印头的装置。调节器具有柔性壁,可响应一侧的大气压力和另一侧的调节器中的墨水压力。调节器内有一个阀门,可由壁驱动调节输送到打印头的墨水压力。在调节器内还有一个压缩弹簧,它同时预先加载阀门关闭并推动柔性壁抵抗大气压力。装置设有打印头,该打印头具有两个喷嘴阵列和两个背压调节器,它们独立地将不同色调的墨水输送到打印头上的单独喷嘴阵列。该装置通过相对于打印机托架定位调节器和打印头来执行双向喷墨彩色打印而没有色调偏移。

2001年8月29日,惠普公司提交了"使用多种墨水供应的墨水输送技术"(US09/942819)专利,提供了一种喷墨打印系统,包括具有多个喷墨元件的打印头,具有设置在其中的毛细管材料的第一墨水供应装置,用于保持一定量的墨水并与打印头流体连接,以及第二墨水供应装置具有一定量的墨水并与打印头流体连接。当打印头和第二供应装置之间的压差超过预定压力时,第二墨水供应源向打印头提供墨水。

### 四、各类喷墨打印头结构和制造方法

惠普公司喷墨打印头结构和制造方法技术升级路线如图5-8所示。

1983年5月2日,惠普公司提交了"一次性喷墨头"(US06/490754)专利,公开了一种热喷墨头,其中喷射电阻器、流体互连、墨水容器、电连接和喷射孔完全集成,以提供便宜的一次性喷射头。整个液压油墨系统被密封以消除用户与液体油墨的相互作用,并且油墨只能在喷射电阻器的影响下通过喷射孔离开头部。一旦墨水耗尽,用户就用旧头部进行处理,并通过断开以及进行简单的机械和低压电瓷连接来安装新的墨水。降低了复杂性和费用。

1987年12月17日,惠普公司提交了"集成热喷墨打印头和制造方法"(US07/134135)专利,描述了一种集成的热喷墨打印头及其制造工艺。其包括在可重复使用的或上面的孔板、第一阻挡层、加热电阻器、第二阻挡层和储墨器限定层的连续堆积。通过控制这些部件的横截面积,可以引入导体与加热电阻器形成一体,并且在墨水储存器和孔板之间形成开口(通道),以在加热电阻器的控制下提供墨水流动。将虚设基板从相邻的孔板上剥离,并且墨水储存器限定层可以固定到墨水供应罐,该墨水供应罐向各个墨水储存器供应墨水。因此,打印头的孔板、加热器电阻器和墨水流动路径是自对准的,并且加热器电阻器从来自孔板喷射的墨水的直接空化力中移除。

第五章 专利视角下的喷墨打印技术发展路线

图5-8 各类喷墨打印头结构和制造方法技术升级路线

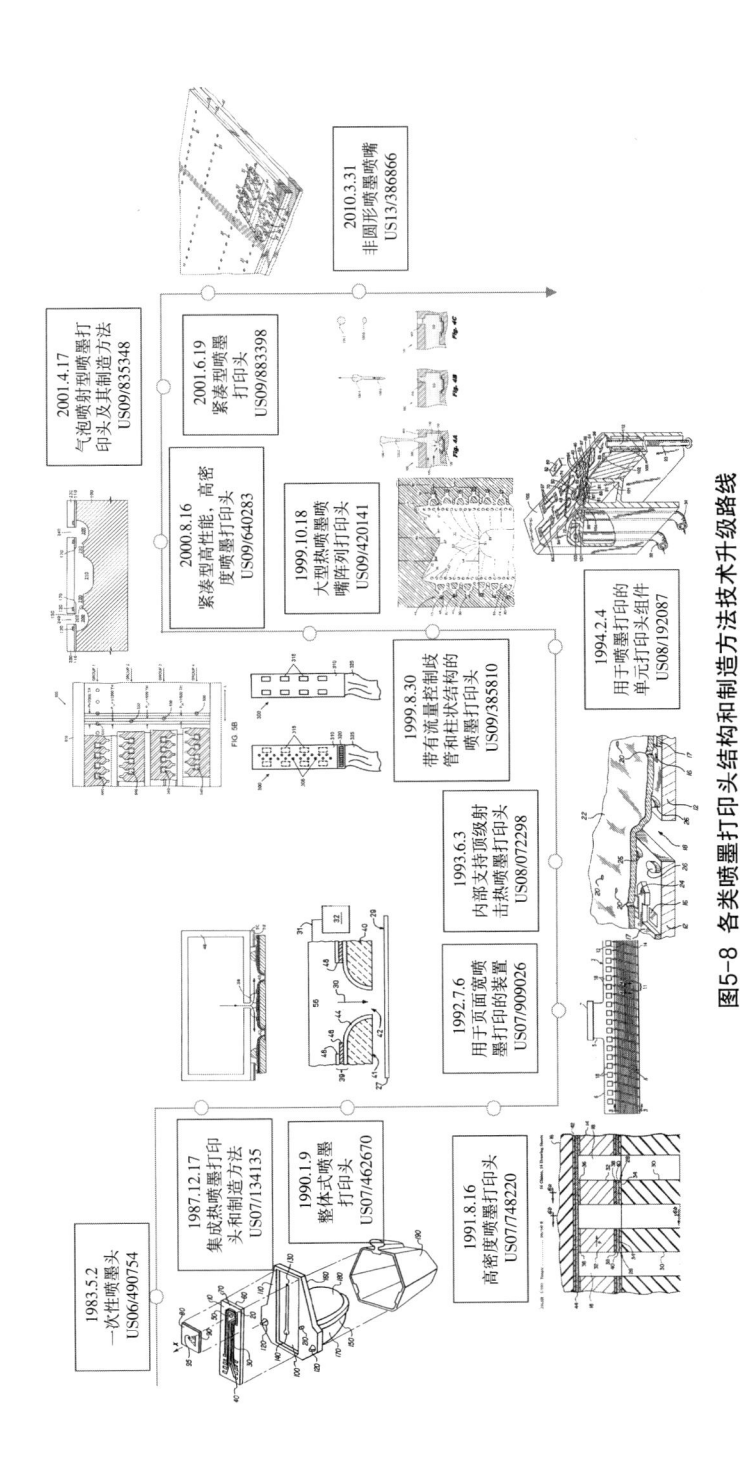

1990年1月9日，惠普公司提交了"整体式喷墨打印头"（US07/462670）专利，公开了一种具有改进设计的整体喷墨打印头，用电阻器加热墨水，通过电阻器从电流源脉冲输出电流。打印头底部的墨水储存器壁引导来自远程储存器的墨水流。通过流动限制器和墨水通道的毛细管作用将墨水吸入墨水加热区。油墨加热区是位于集成油墨加热结构下方的腔室，其已经使用包括光刻的工艺直接在孔板的下侧上制造。孔口位于油墨加热区的一侧。容纳油墨加热区的油墨加热结构是直接沉积在孔板上的薄层的组合。该多层结构包括二氧化硅绝缘层、钽铝合金电阻层和由金形成的顶部导电层。其制造简单且便宜，没有移动部件，并且提供了生产具有大量孔口的打印头的能力，从而产生高分辨率的打印字符和图像。

1991年8月16日，惠普公司提交了"高密度喷墨打印头"（US07/748220）专利，提供了一种用于按需喷墨式喷墨打印系统的喷墨打印头。该打印头包括一个基部，该基部具有沿其纵向延伸的一系列大致平行间隔的凸起，一系列中间部分导电地安装在该系列基部凸起系列中的相应一个的顶侧上，并且顶部部分导电地安装在顶侧上。配置用于串扰减少操作的多通道侧壁致动高密度喷墨打印头。

1992年7月6日，惠普公司提交了"用于页面宽喷墨打印的装置"（US07/909026）专利，提供了一种用于在打印介质上打印字符的打印机页宽喷墨打印头。页宽喷墨打印头在打印介质的宽度上选择性地对齐的打印喷嘴，允许打印头保持静止；用于通过特定喷嘴选择性地喷射墨水的装置，该装置由其中具有微槽的电压材料形成；墨水存在于微槽中以便从其中排出；微槽的侧壁作为制动器，响应于向其提供的电脉冲而使墨水从微槽中喷出；适当地引导电脉冲以在特定微槽上产生电场以获得由从微槽喷射的墨滴形成的所需印刷字符的电路。解决了在窄宽度打印头的设计中存在打印速度和打印质量之间的折中的问题。

1993年6月3日，惠普公司提交了"内部支持顶级射击热喷墨打印头"（US08/072298）专利，提供了包括多个凸起或支柱的"屏障礁"构造，每个支柱与热喷墨打印头中的发射室的入口相关联。每个发射室形成在光聚合物层中，与相关的屏障入口通道一起形成，该通道与公共墨水再填充通道流体连通,该公共墨水再填充通道用作每个发射室的公共储存器,其中存在电阻器元件。当通电时,电阻器元件朝向打印介质喷射墨滴。在每个电阻器元件上方是形成在孔板中的喷嘴,用于点燃与电阻器元件正交的墨滴。位于墨水再填充通道附近的支柱用于支撑孔板并用作基板和孔板之间的支柱,从而避免了对于无支撑区域否则会发生的任何挤压效应。支柱间隔开等效系统的最小尺寸的量,并且尽可能靠近共同的供墨通道放置,以便将污染物颗粒保持在发射室外部和公共供墨通道区域中。本发明涉及喷墨打印机中使用的打印头,更具体地说,涉及内部颗粒污染的控制。

1994年2月4日,佳能公司提交了"用于喷墨打印的单元打印头组件"(US08/192087)专利,涉及喷墨打印,尤其涉及喷墨打印笔的模块化制造,其中打印头组件构造成一个单元,然后可拆卸地安装在笔身上。喷墨打印笔具有模块化或单元打印头组件,在组件需要维修或更换的情况下,该组件可以容易地安装到笔体上和从笔体上拆下。而且,在制造笔将该组件与若干其他部件连接之前,可以完全测试单个单元打印头组件的打印头。

1999年8月30日,佳能公司提交了"带有流量控制歧管和柱状结构的喷墨打印头"(US09/385810)专利,提供了一种具有限定墨孔的基板的喷墨打印头。它是一种带有限定墨孔的基板的喷墨打印头。在承印物的主表面上有许多充墨元件。阻挡层连接到上表面,并外围包围油墨歧管。屏障围住了墨孔。孔板连接到阻挡层,与承印物的主要表面隔开,封闭油墨歧管。印版定义了许多孔,每一个孔都与各自的油墨激励元素相关联。所述油墨歧管是具有由所述阻挡层的端壁部分所限定的相对两端的细长腔室。所述屏障端壁部分各具有突出到所述歧管中的中间端壁部分。放置在预定位置的柱状结构,包括在油墨孔径的末端,并从主要表面延伸到孔板,控制聚集气泡的迁移。

1999年10月18日,佳能公司提交了"大型热喷墨喷嘴阵列打印头"(US09/420141)专利,涉及一种大阵列打印头,该打印头具有形成在单个单片基板上的薄膜墨滴发生器的大阵列。所述大阵列打印头包括用于减少寄生电阻和传入引线数量的多路复用装置。在优选实施例中,首先对基板进行图形化和蚀刻,并且在稍后的时间将多路复用设备附加到基板上。该申请还包括使用由合适材料制成的单一单片基板制造多个大阵列打印头实施例的方法,优选地具有低热膨胀系数。

2000年8月16日,佳能公司提交了"紧凑型高性能,高密度喷墨打印头"(US09/640283)专利,提供了一种具有交错的高密度排列的墨滴发生器、用于高性能打印的紧凑的单色喷墨打印头,其能够实现高分辨率和高速打印,同时由于有效使用打印头空间而降低了成本。具体包括几个热效率方面,其允许将大量墨滴发生器放置在紧凑的打印头上,同时最小化诸如热偏移的问题。紧凑型打印头上的墨滴发生器密度超过每平方毫米10个墨滴发生器,并且紧凑打印头包含至少350个喷嘴。墨滴发生器布置成至少四个平行的行。每行相对于相邻行交错(或偏移)以提供非交错排列的更大有效间距。本发明的墨滴发生器包括高电阻电阻器和薄钝化以提高热效率。通过以高于12kHz的高喷射频率从热效墨滴发生器喷射低重量墨滴来实现进一步的热控制。

2001年4月17日,佳能公司提交了"气泡喷射型喷墨打印头及其制造方法"(US09/835348)专利,提供一种气泡喷射型喷墨打印头及其制造方法。在打印头中,用于供应墨水的歧管和凹形墨水室通过从基板的同一表面凹进而与基板集成在一起,并且在基板上形成喷嘴的喷嘴上颚和圆形加热器周围喷嘴是集成的,没有复杂的过程,如粘接。因此,这简化了制造过程并促进了大批量生产。此外,圆形加热器形成环形气泡以喷射墨水,从而防止墨水的回流以及卫星液滴的形成。

2001年6月19日,佳能公司提交了"紧凑型喷墨打印头"(US09/883398)专利,涉及具有高喷嘴填充密度的薄膜喷墨印刷头。包括打印头基板,在打印头基板中形成的多个墨滴发生器的并排柱状阵列,以及形成在打印头基板中的驱动电路,用于激励每个墨滴发生器。打印头基板具有每平方毫米至少10.43个墨滴发生器的墨滴发生器填充密度。

2010年3月31日,佳能公司提交了"非圆形喷墨喷嘴"(US13/386866)专利,提供了一种包括孔口的墨液喷嘴,所述孔口具有基本由多项式方程限定的非圆形开口,以解决卫星液滴的问题。还描述了一种微滴发生器,其包括流体耦联到流体储存器的喷发室、加热电阻器和喷嘴。所述孔口形成从所述喷发室通过顶盖层到所述微滴发生器的外部通道。所述喷嘴由封闭式多项式限定，并在孔口的周界壁周围具有数学平滑和数学连续的形状，所述喷嘴具有两个突起，所述两个突起延伸进所述孔口的中心。

## 五、打印头阀组件的改进

惠普公司打印头阀组件的改进技术升级路线如图 5-9 所示。

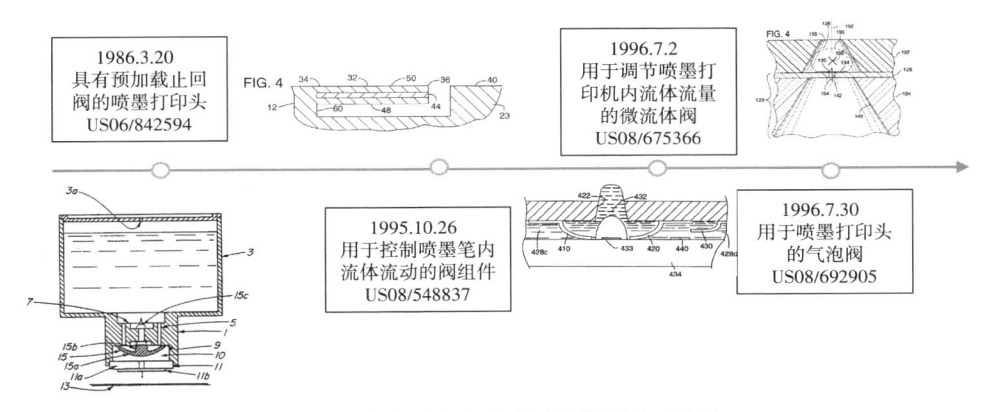

图 5-9　打印头阀组件的改进技术升级路线

1986 年 3 月 20 日，佳能公司提交的"具有预加载止回阀的喷墨打印头"（US06/842594）专利中，设置在墨库和打印头之间的阀体内的预加载止回阀具有至少足以克服由于墨库中油墨的重力造成的流体静压的阀门开启压力或"破裂"压力。这可防止油墨在形成该喷墨机构的一部分的孔板上的漏墨。打印期间的油墨喷射在阀上产生足够的压差，使其打开并补充喷墨机构处的油墨供应。

1995 年 10 月 26 日，佳能公司提交的"用于控制喷墨笔内流体流动的阀组件"（US08/548837）专利中，在流经墨水流向喷墨打印头的点火室的通道上设置有选择性控制阀门，用于在指定时间限制流量，以减少来自点火室的反吹，同时减少打印头的开启能量。在喷射期间，腔室中的墨水被偏转的挡板阻挡并且不能回吹到通道中，但必须通过喷嘴离开。这种反吹电阻提高了系统的热效率，降低了打印头的加热速度。减缓打印头加热速度有助于保持稳定的操作温度，从而提供均匀的打印质量。由于襟翼以腔室再填充之后立即隔离墨室的方式偏转，该申请的阀组件也减小了墨水阻尼间隔。在腔室被隔离的情况下，墨水可以从喷嘴返回的距离受到限制，这又减少了墨水的往复运动，从而在更快的打印速度下实现更高的打印质量。

1996 年 7 月 2 日，惠普公司提交的"用于调节喷墨打印机内流体流量的微流体阀"（US08/675366）专利中，喷墨笔的打印头内装有用于调节打印头内的墨水流量和压力的阀装置。所述阀装置包括阀构件，该阀构件包括位于毗邻点火室的墨道中的弹性可变形瓣。该襟翼可偏转进入和离开某一位置，以调节流向和来自油墨烧制室的油墨流和压力。阀构件可变形到在墨滴烧制期间基本上将墨室与通道隔离的位置。墨室的这种隔离减少了墨回吹。在喷射期间，腔室中的墨水被变形的阀门构件阻挡，并且不能回吹到墨水通道中，但必须通过喷嘴离开。减少墨水反吹可进一步调节笔内的流体压力并降低 TOE。此外，在阀构件以这种方式变形的情况下，墨室在重新填充墨室之后立即被隔离，从而减小了墨的阻尼间隔。也就是说，利用隔离的墨室，距离凸出的墨水可能从喷嘴反弹回来受到限制，从而减少了墨水的往复运动。

1996 年 7 月 30 日，惠普公司提交的"用于喷墨打印头的气泡阀"（US08/692905）专利中，墨水入口的构造使得墨水流入腔室以通过热处理从腔室排出，使得通过热处理产生的蒸气泡从腔室喷射墨水膨胀以同时堵塞入口，从而分离出墨水。腔室内的墨水由与入口流体连通的通道内的墨水组成。该分离消除了腔室和通道之间的液体通道，使得当气泡膨胀时基本上没有油墨被吹回到通道中，从而提高了该过程的热效率。

## 六、打印头供墨系统

惠普公司打印头供墨系统技术升级路线如图 5-10 所示。

第五章 专利视角下的喷墨打印技术发展路线

图5-10 打印头供墨系统技术升级路线

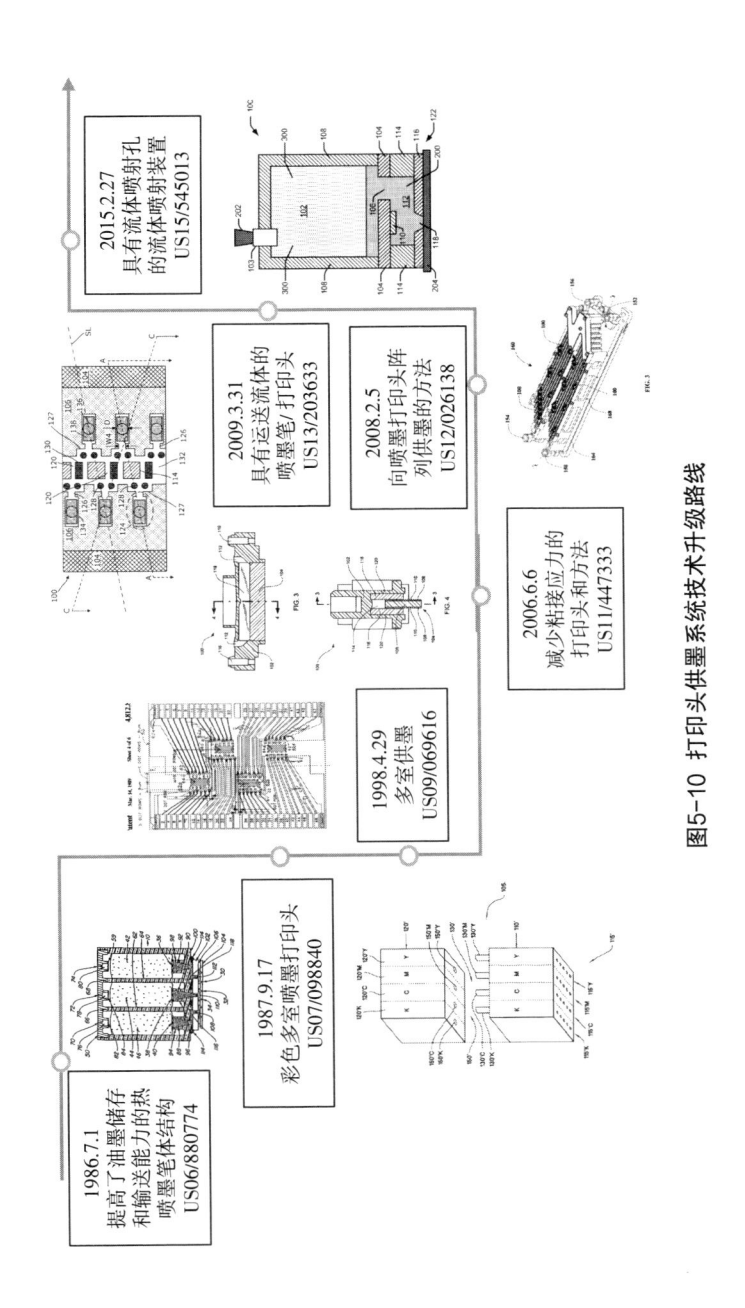

1986年7月1日，佳能公司提交了"提高了油墨储存和输送能力的热喷墨笔体结构"（US06/880774）专利，所述的新笔体结构包括与多孔打印头通信的多个储墨室，且这些储墨室适于接收储墨泡沫的部分。这种泡沫是一种孔隙率和电容性可控的网状聚氨酯泡沫，特别适合于存储不同的墨水颜色，如青色、品红和黄色。单隔间黑墨存储也在本发明的范围内。

1987年9月17日，佳能公司提交了"彩色多室喷墨打印头"（US07/098840）专利，公开的打印头包括多个喷嘴组，喷嘴组的数量与腔室的数量相对应。喷嘴组分别与各个腔室连通以接收墨水。多色喷墨笔可在单色打印机中进行改装，以提供多色打印功能。喷嘴组中的喷嘴被格式化为对应于单色喷墨笔的打印头中的喷嘴格式，包括相同的喷嘴间距，以利用针对该喷嘴格式的单色打印机控制。喷嘴组每个复制单色喷嘴列图案的不同纵向段。喷嘴组在扫描方向上交错，并且各组中的端部喷嘴在其间具有与喷嘴列中的喷嘴相同的纵向间隔，以复制单色喷嘴列图案在喷嘴组内和喷嘴组之间的喷嘴间距。

1998年4月29日，佳能公司提交了"多室供墨"（US09/069616）专利，公开了一种喷墨打印系统和墨水供应配置，其可以利用反应性墨水的优点，同时允许喷墨打印系统的设计和结构的最大灵活性。喷墨打印设备包括具有至少三个喷射器部分的打印头部分；储存器部分包括至少三个墨室，每个墨室用于向至少三个喷射器部分之一提供墨水，两个墨室每个墨室包括第一或第二相互反应墨水中的一个，另一个墨室包括与第一和第二相互反应的油墨不反应的油墨。

2006年6月6日，佳能公司提交了"减少粘接应力的打印头和方法"（US11/447333）专利，提供了一种喷墨打印头，包括：硅喷墨芯片；打印头保持件，其构造成承载和支承所述硅芯片；以及玻璃板，其黏着在硅芯片和打印头保持件之间。该喷墨芯片具有热膨胀系数$\alpha_s$。打印头保持件具有保持件壁厚，且具有基本上不同于$\alpha_s$的热膨胀系数$\alpha_h$。玻璃板具有基本上类似于$\alpha_s$的热膨胀系数$\alpha_g$，且厚度至少等于保持件壁厚，由此由硅芯片和保持件之间不同热膨胀所产生的应力被玻璃板削弱。

2008年2月5日，佳能公司提交了"向喷墨打印头阵列供墨的方法"（US12/026138）专利，公开了一种具有改进的供墨系统的喷墨打印头阵列。

该系统包括具有至少两个供墨通道的墨水歧管，沿墨水供应通道设置并形成阵列的多个打印头模块，每个打印头模块具有至少两个墨水入口。端口与供墨通道流体连通。尽管每个打印头模块的所得墨水供应流量相等，每个墨水供应通道以不同的流速向每个端口供应墨水。

2009年3月31日，佳能公司提交了"具有运送流体的喷墨笔/打印头"（US13/203633）专利，提供了一种包括打印头启动室、具有与启动室流体连通的至少一个喷嘴的喷嘴板以及在启动室内并覆盖喷嘴板和所述至少一个喷嘴的一层运送流体的喷墨笔。运送流体具有与将从启动室排出以在介质上形成图像的墨的密度不同的密度。解决了在喷墨笔的长期存储中，大的颜料颗粒上的重力效应和/或分散剂的退化可能引起颜料沉淀或崩溃，妨碍或完全阻止墨流到打印头中的启动室和喷嘴，导致打印头的箱外性能不良和图像质量降低的问题。

2015年2月27日，佳能公司提交了"具有流体喷射孔的流体喷射装置"（US15/545013）专利，提供了一种具有基底的流体喷射芯片，流体供给孔阵列形成通过所述基底，所述流体供给孔由肋部隔开，每个流体供给孔用于将流体引导至液滴发生器阵列的流体喷射装置。本发明可以通过塑料歧管与节距减小的芯片槽的集成来限制芯片收缩量。

## 七、打印头电路制造

惠普公司打印头电路制造技术升级路线如图5-11所示。

1986年1月17日，惠普公司提交了"集成热喷墨打印头及其制造方法"（US06/820754）专利，公开了一种用于热喷墨打印机的新型热喷墨打印头及相关集成脉冲驱动电路。该组合打印头和脉冲驱动集成电路包括第一层金属化，该金属化包括一种耐火金属，该耐火金属的图案定义了打印头电阻的横向尺寸。钝化层或多层沉积在该第一层金属化层的顶部，并在其中设计有一个或多个开口，用于接收第二层金属化。第二层次的金属化（如铝）可用于将打印头电阻电互联到MOSFET驱动器和类似的器件，这些器件是在为打印

图5-11 打印头电路制造技术升级路线

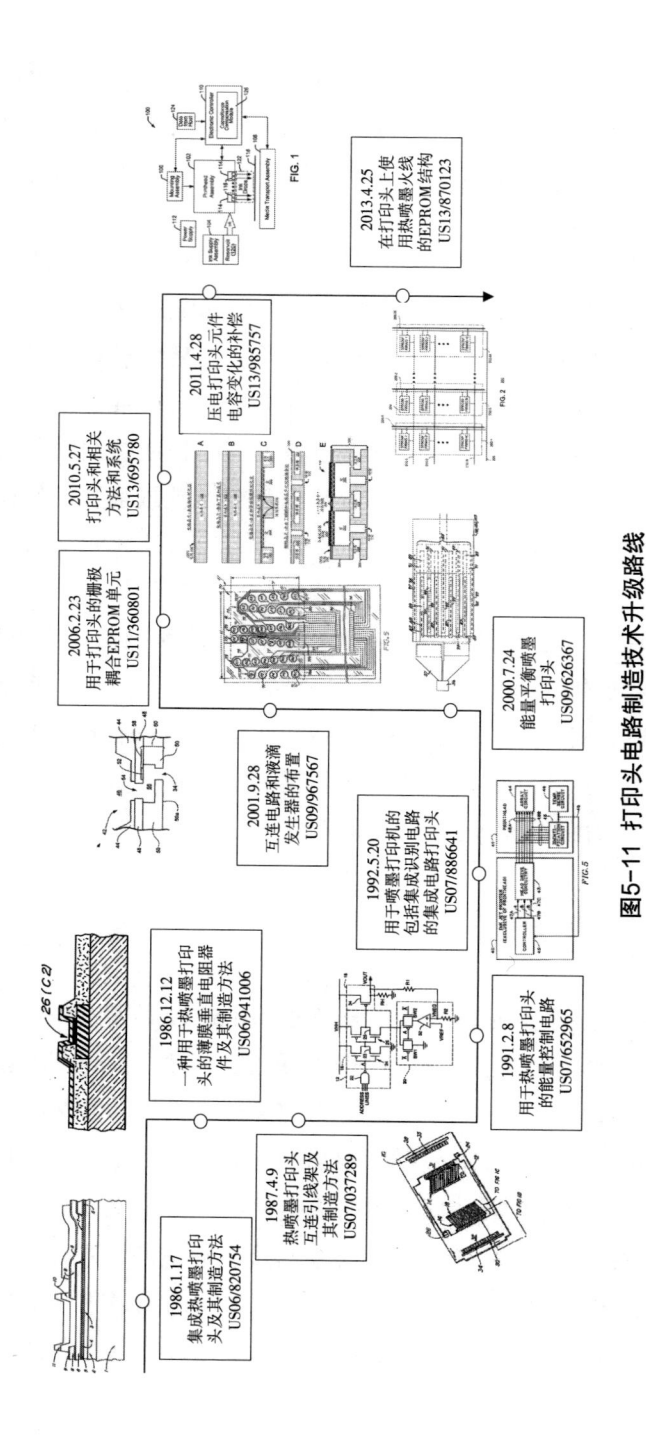

头电阻提供支撑的相同硅衬底中制造的。因此，这种"片上"驱动结构使这些脉冲驱动晶体管能够从外部电子电路移动到打印头衬底上。

1986年12月12日，惠普公司提交了"一种用于热喷墨打印头的薄膜垂直电阻器件及其制造方法"（US06/941006）专利，描述了热喷墨（TIJ）工艺和由此产生的器件结构，其中加热器电阻器或加热器电阻器-二极管组合从公共支撑衬底垂直向上构造。下部或第一金属层导体图案提供与电阻器/二极管部件的X-Y矩阵多路复用连接的一部分，第二上部金属层导体图案形成X-Y矩阵多路复用连接的第二部分。以这种方式，用于TIJ打印头电阻器/二极管的多路复用驱动电路可以直接制造（集成）在薄膜电阻器（TFR）打印头基板上。另外，覆盖电阻加热器和二极管元件的第二层金属导体也用作油墨腐蚀和气穴磨损的屏障屏蔽。

1987年4月9日，惠普公司提交了"热喷墨打印头互连引线架及其制造方法"（US07/037289）专利，公开了一种用于将柔性（弯曲）电路、打印电路或类似电路与喷墨打印头或其他类似电子设备互连的方法和装置。该方法包括在柔性电路和打印头之间提供柔性引线框架构件，该引线框架构件具有相对于互连的最终平面以预定角度延伸的多个导电引线或指。在互连过程中，这些引线或指通过这个预定的角度弹簧偏向，以提供良好的压缩电接触之间的两个成员之间通过引线框架互连在一个互连的单一平面。

1991年2月8日，惠普公司提交了"用于热喷墨打印头的能量控制电路"（US07/652965）专利，提供了一种用于控制传送到热喷墨打印头的加热电阻的能量的电路。该电路包括用于在多路复用环境中接收加热器电阻地址的解码器。当对加热电阻进行寻址时，解码器的输出通过一对逆变器进行电平转移，并传送到PMOS驱动器的栅极，该驱动器将能量传递给加热电阻。PMOS驱动器在设置应用于电阻的驱动器输出电压电平时响应相邻逆变器输出的电压电平。反馈电路以模拟或数字比较器的形式将驱动器输出电压与参考电压进行比较。比较器的输出信号通过电平转移器作为逆变器输出反馈到PMOS驱动器的门上。逆变器输出调整驱动器输出电压，以便使通过加热电阻的电压保持在向加热电阻提供所需能量的水平上。

1992年5月20日，惠普公司提交了"用于喷墨打印机的包括集成识别电路的集成电路打印头"(US07/886641)专利,提供了一种用于喷墨打印机打印头的集成电路,包括用于加热墨槽以产生喷墨图案的阵列电路,该阵列电路包括排列成行和列的多个电阻单元。相应数目的行和列线耦合到集成电路阵列,以根据所需的打印模式选择电阻单元并为其充电。集成到与阵列电路相同的基板中的识别电路包括一个或多个可编程路径,所述可编程路径对应并耦合到每个行。所述可编程路径包括可编程保险丝和有源器件的串行组合。可编程路径的另一端耦合在一个公共节点上,该节点又耦合到输出电路,以响应行轮询提供单个输出信号。识别电路可以在不对阵列电路产生不利影响或激励的情况下进行编程和轮询。

2000年7月24日,惠普公司提交了"能量平衡喷墨打印头"(US09/626367)专利,提供了一种具有场效应晶体管驱动电路的喷墨打印头,其配置为补偿功率跟踪寄生电阻。

2001年9月28日,惠普公司提交了"互连电路和液滴发生器的布置"(US09/967567)专利,提供了一种具有紧凑的电互连结构的喷墨打印盒,该结构包括设置在打印墨盒的后墙上的电气接触区域的多个对柱状阵列,并电连接到按原始组排列的墨滴发生器。

2006年2月23日,惠普公司提交了"用于打印头的栅极耦合EPROM单元"(US11/360801)专利,提供一种用于喷墨打印机的打印头控制电路中的EPROM单元,具有恰好设置在该多晶硅层上方的多晶硅层和导电层,包括控制晶体管和EPROM晶体管。所述控制晶体管和EPROM晶体管各具有包含部分多晶硅层的浮动门,以及包含部分导电层的电互联单元,该电互联单元与所述控制晶体管的浮动门和所述EPROM晶体管的浮动门互连。

2010年5月27日,惠普公司提交了"打印头和相关方法和系统"(US13/695780)专利,提供了一种打印头包括活动隔膜、用以使隔膜移动的压电制动器以及设置在活动隔膜上的电子电路。一种制造打印头的方法包括在电路晶片的第一侧上制造CMOS电路以及在电路晶片的第二侧中形成室,使得室的底部形成活动隔膜,并且CMOS电路被设置在与室的底部相对的活动隔膜上。一种打印系统包括具有在活动隔膜的第一侧上形成的CMOS电路的打印头、具有包括活动隔膜的第二侧的底部的室,以及在CMOS电路上形成、被配置成引起活动隔膜到室中的位移的压电制动器。存在在每个喷嘴的基础上要求电子电路控制的压电打印头的某些特征。例如，修整单独喷嘴并减少相邻喷嘴之间的串扰要求对每个喷嘴使用单独的电子电路。

2011年4月28日，惠普公司提交了"压电打印头元件电容变化的补偿"（US13/985757）专利，提供了一种补偿流体喷射装置的压电元件中的电容变化的方法，包括：感测驱动压电元件的电流；根据电流确定压电元件的电容已经变化；以及改变驱动压电元件的电流的上升时间以补偿变化的电容。解决了压电流体喷射组件（例如，打印头）内和之间的压电元件长期减少压电元件的电容，导致压电元件性能变化，打印输出图案不一致的问题和压电打印头对温度的短期变化敏感影响压电元件电容的问题。

2013年4月25日，惠普公司提交了"在打印头上使用热喷墨火线的EPROM结构"（US13/870123）专利，用于热喷墨打印头的集成电路（IC）可擦除可编程只读存储器（EPROM）结构，包括：用于提供火线数据的火线；选择行以提供选择数据；与火线相连的发射单元；与火线相连的EPROM电池；选择器单元耦合到选择线，激发单元和EPROM单元；数据切换电路，用于向点火单元或EPROM单元提供地址数据。数据切换电路和选择器单元选择性地根据选择线上的选择数据的状态和来自数据切换电路的地址数据，将点火线数据从点火线传输到点火单元或EPROM单元。

## 八、打印头清洁方法

惠普公司打印头清洁方法技术升级路线如图5-12所示。

1990年1月12日，惠普公司提交了"用于喷墨打印头的刮水器"（US07/463755）专利，提供了一种用于清洁热喷墨打印机的打印头孔板旋转擦拭器。擦拭器包括多个刀片，其在擦拭器的旋转期间连续地擦除来自打印头的孔板的污染物。提供装置用于自动清洁旋转擦拭器的叶片上的污染物。刮水片径向或非径向定向。清洁装置包括多个刮刀或液体吸收材料的辊。擦拭器通过马达或齿条和小齿轮装置旋转，其中齿条设置在打印头托架上并且作为打印头制动擦拭器。

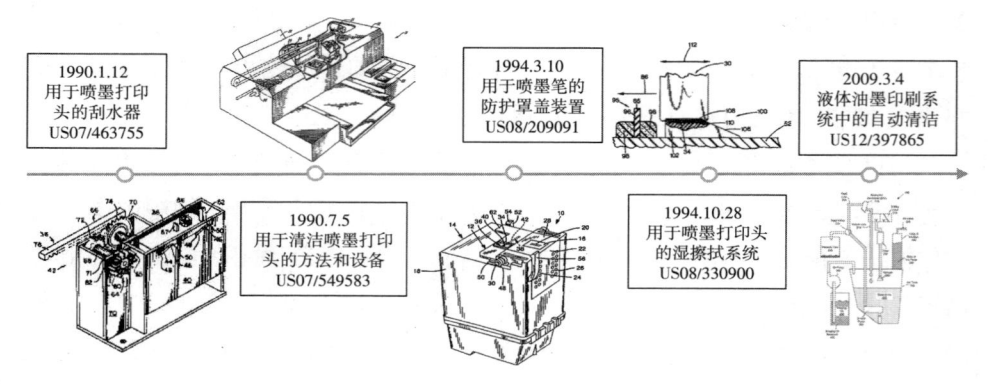

图 5-12 打印头清洁方法技术升级路线

1990年7月5日，惠普公司提交了"用于清洁喷墨打印头的方法和设备"（US07/549583）专利，提供了一种清洁喷墨打印机的多个打印头的孔板的方法和设备。该装置包括一个多刀片擦拭器，该刀片自动转位以允许每个打印头由选定的刀片依次擦拭。通过将打印头拖过选定的擦拭器刮片进行清洁。擦拭器机构还可包括多个弹性叶片，每个弹性叶片具有八边形形状并可绕轴线旋转。连接到打印头托架的凸轮导致擦拭器刮片同时旋转成与打印头接触，以及叶片的旋转以便于清洁。在本发明的方法中，墨水从打印头排出，以在其上再水化干燥的墨水，以便于将其除去。

1994年3月10日，惠普公司提交了"用于喷墨笔的防护罩盖装置"（US08/209091）专利，为墨水笔设置有保护性加盖装置，以防止由于灰尘和碎屑的进入，墨水的积聚或凝固，静电的释放等引起的损坏。保护性封盖装置具有可在打开位置和关闭位置之间移动的保护帽。在关闭位置，保护盖屏蔽墨水笔的一部分，例如喷墨或电触点。

1994年10月28日，惠普公司提交了"用于喷墨打印头的湿擦拭系统"（US08/330900）专利，提供了一种湿擦拭系统，其特别适用于擦拭使用颜料基墨水的喷墨打印头。湿擦拭方法包括允许步骤，其中墨水通过打印头喷嘴进入，或者通过以低热转动能量点燃喷墨墨盒，或者通过将打印头放置成与芯吸垫接触产生作用。在溶解步骤中，与喷嘴相邻的任何累积的油墨残留物与所允许的油墨一起溶解。在擦拭步骤中，从打印头擦除所允许的墨水和任何溶解的墨水残留物。一个湿擦拭器具有醋酸纤维素聚酯刀片，其至少一侧由泡沫块支撑。芯吸垫可以具有用于逐渐接触打印头的倾斜部分，或者在与打印头接触时被压缩以便于毛细作用的圆形芯吸表面。

2009年3月4日，惠普公司提交了"液体油墨印刷系统中的自动清洁"（US12/397865）专利，提供了一种用于液体墨水打印系统中的自动清洁的系统，包括墨水罐、泵，其构造为从墨水罐泵送载液作为加压载体液体流。过滤器配置成从加压的载体液体流中去除颗粒以产生过滤的载体液体流。喷雾器构造成接收过滤的载体液体流并将过滤的载体液体流喷射到墨水罐的内部。泵使经过滤的载液流体再循环通过过滤器和喷雾器。还包括一种用于在打印系统中自动清洁的方法。

## 九、打印机温度控制及纸张干燥

惠普公司打印机温度控制及纸张干燥技术升级路线如图5-13所示。

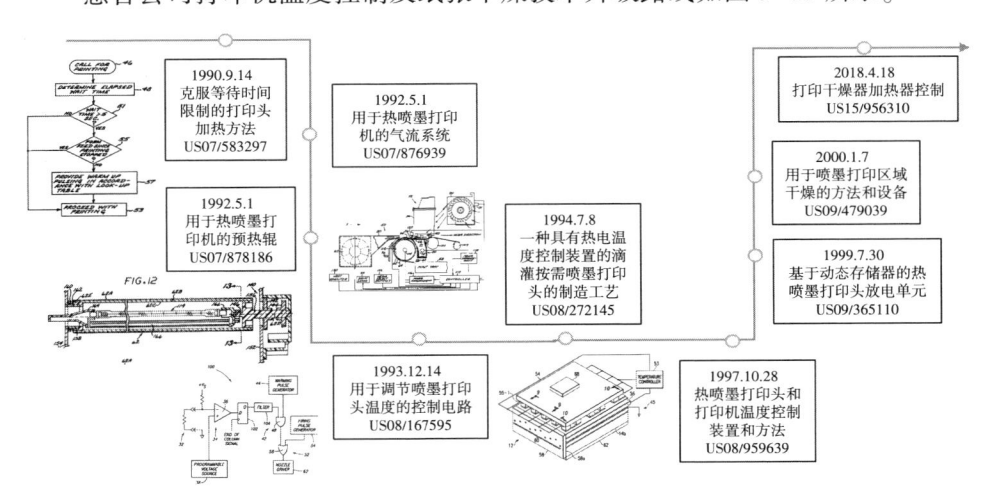

**图5-13 打印机温度控制及纸张干燥技术升级路线**

1990年9月14日，惠普公司提交了"克服等待时间限制的打印头加热方法"（US07/583297）专利，提供了解决由于热喷墨打印机中的打印等待时间用于降低打印密度的热技术发生了变化这一问题的方法。打印头的喷墨发射电阻器由加热脉冲驱动,该加热脉冲的脉冲宽度不足以在加热脉冲频率下引起墨滴烧制。在打印头加热技术的一个特定实施例中,加温脉冲具有与墨滴发射脉冲相同的幅度和更高的频率。

1992年5月1日,惠普公司提交了"用于热喷墨打印机的气流系统"(US07/876939)和"用于热喷墨打印机的预热辊"(US07/878186)专利,都提供了一种具有加热鼓风机系统的彩色喷墨打印机,用于在喷墨打印后从打印介质中蒸发墨载体。预热驱动辊接合介质并将其拉到打印区域。驱动辊被加热并在介质到达打印区域之前预热介质。在打印区域,打印加热器通过在打印区域加热器屏幕中形成的开口图案经由辐射和对流热传递来加热介质的下侧。根据打印介质的类型,热能的量是可变的。在打印区域的出口侧的横流风扇引导打印区域处的气流,以便在打印的介质表面上引起湍流,并进一步加速墨水载体从介质的蒸发。排气扇和管道系统将空气和墨水载体蒸气从打印区域排出并从打印机壳体中排出。

1993年12月14日,惠普公司提交了"用于调节喷墨打印头温度的控制电路"(US08/167595)专利,使用温度控制电路调节喷墨打印头中的温度。控制电路包括安装在打印头上以测量其温度的热传感器和温度水平检测器,以确定测量的打印头温度是否超过阈值温度。当测量的打印头温度超过阈值温度时,温度水平检测器输出第一信号,当测量的打印头温度不超过阈值温度时,温度水平检测器输出第二信号。控制电路还具有第一逻辑电路,用于在接收到第二信号时输出加热脉冲。加热脉冲的能量不足以从打印头沉积墨滴。第二逻辑电路被配置为向打印头未选择的喷嘴输出加热脉冲并向所选择的喷嘴发射脉冲。以这种方式,只要打印头温度低于规定水平,打印头就会通过加热脉冲自动加热。

1994年7月8日,惠普公司提交了"一种具有热电温度控制装置的滴灌按需喷墨打印头的制造工艺"(US08/272145)专利,提供了一种制造按需滴墨喷墨打印头的方法及其制造方法,该喷墨打印头具有与其结合的用于选择性加热或冷却的热电温度控制装置。喷墨打印头包括由导热材料构成的通道阵列,从前侧表面向后延伸的间隔开的一系列内部墨水承载通道和与每个墨水承载通道声学耦合的压电制动器,用于选择性地给它施加压力脉冲。N型和P型热电载流子安装在通道阵列的顶侧表面上，然后串联连接到温度控制器。通过向N型和P型热电载体施加电能，热量将在通道阵列和安装到N型和P型热电载体的顶侧表面的盖板之间传递。以这种方式，可以选择性地加热或冷却通道阵列。

1997年10月28日，惠普公司提交了"热喷墨打印头和打印机温度控制装置和方法"（US08/959639）专利，提供了一种在模具上具有多个点火元件的热喷墨打印头，在管芯上具有温度传感器，其传感器电压输出与感测的温度成比例。数模转换器具有数字输入和与数字输入接收的数字的值成比例的输出电压，比较器具有连接到传感器电压输出的第一输入和连接到转换器电压输出的第二输入。当转换器输出电压超过传感器输出电压时，比较器产生等效信号。打印头可以具有温度控制器，该温度控制器将数字与预选的温度阈值进行比较，以确定温度是否在选定范围内，并且响应于确定温度在温度之外而改变模具的温度。

1999年7月30日，惠普公司提交了"基于动态存储器的热喷墨打印头放电单元"（US09/365110）专利，涉及在每个发射单元内具有集成动态存储电路的薄膜喷墨打印头。开发了一种集成电路发射阵列，其包括多个基于动态存储器的发射单元，所述发射单元被分成多个发射单元的发射组，每个发射组具有多个子组；数据线，用于向点火单元提供激励数据；控制线，用于向发射单元提供控制信息，其中子组内的所有发射单元连接到控制线的公共子集，以便被控制以同时存储激励数据；以及多个用于向发射单元提供激励能量的火线，其中火组的所有发射单元仅从一条火线接收激励能量。

2000年1月7日，惠普公司提交了"用于喷墨打印区域干燥的方法和设备"（US09/479039）专利，提供了一种在印刷操作期间提供气流穿过印刷介质印刷表面的喷墨硬拷贝装置。气流摩擦印刷表面的边界层，从而减少纸张皱褶，从而改善干燥时间。书写工具偏转器用于防止由于正气流通过打印区而对墨滴飞行轨迹产生实质性干扰。

2018年4月18日，惠普公司提交了"打印干燥器加热器控制"（US15/956310）专利，提供了一种用于控制打印干燥器的温度的方法。高功率被施加到打印干燥器的加热器。定期测量并存储打印干燥器的一系列温度，直到超过打印干燥器的目标温度。在超过目标温度后，向加热器施加低功率。根据存储的温度计算超过目标温度时的温度变化率。使用该速率，确定初始加热器功率。从初始加热器工作循环开始，执行加热器功率的 PID 控制，以将打印干燥器温度保持在预定精度内的目标温度。

## 十、打印头墨槽制造

惠普公司打印头墨槽制造技术升级路线如图 5-14 所示。

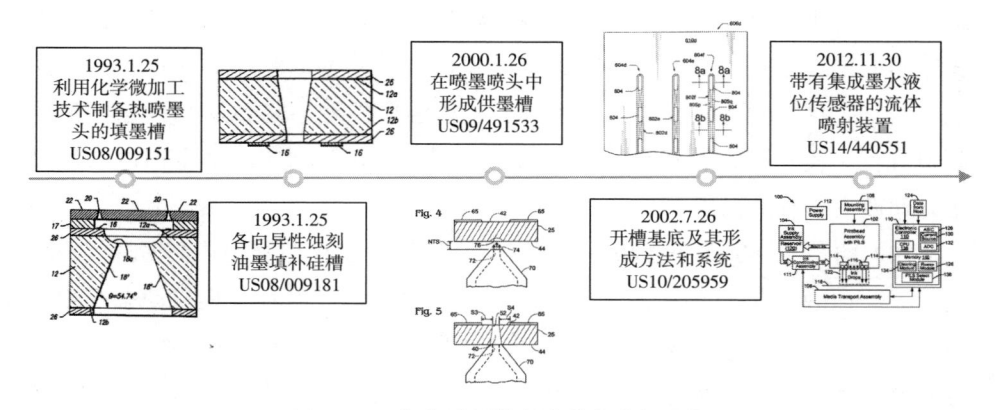

**图 5-14　打印头墨槽制造技术升级路线**

1993 年 1 月 25 日，惠普公司提交了"利用化学微加工技术制备热喷墨头的填墨槽"（US08/009151）专利，利用化学蚀刻、等离子蚀刻或其组合的光刻技术在基板上精确地制造填墨槽。这些方法可与激光烧蚀、机械磨损或机电加工结合使用，以去除所需区域的附加基板材料。填墨槽被适当地配置为在打印头的操作频率越来越高的情况下通过延长部分提供所需的墨水体积，该部分导致架子长度减少，从而降低了赋予墨水的流体阻抗。扩展部分被精确蚀刻，以控制其与打印头的其他元素对齐。

同日，惠普公司提交了"各向异性蚀刻油墨填补硅槽"（US08/009181）专利，利用光刻技术和化学蚀刻，可以在基板中精确地制造墨水填充槽。N 型硅晶片双面涂覆有包括二氧化硅层和/或氮化硅层的介电层。在各向异性蚀刻工艺之前进行光致抗蚀剂步骤，掩模对准和等离子体蚀刻处理，其采用硅的各向异性蚀刻剂,例如 KOH 或乙二胺对-儿茶酚。各向异性蚀刻从晶片的背面 12b 到前侧 12a 完成,并终止在前侧的介电层上。前侧上的介电层产生平坦表面,用于薄膜电阻器的进一步光刻胶处理。

2000 年 1 月 26 日,惠普公司提交了"在喷墨喷头中形成供墨槽"(US09/491533)专利,提供了一种用于控制磨料射流加工过程的技术,该加工过程通过喷墨打印头基材钻出一个供墨槽。该方法产生了一个相对均匀的狭缝边缘,它与提供打印头墨滴发射室的通道相邻。边缘的均匀性减少了设计通道和其他打印头组件所需的公差,从而允许增加液滴喷射频率的打印头的结构。打印头的尺寸相应减小。

2002 年 7 月 26 日,惠普公司提交了"开槽基底及其形成方法和系统"(US10/205959)专利,提供了用于在打印头基板中形成槽的方法和系统,其具有由相对的第一和第二表面限定的厚度。在一个示例性实施例中,沟槽被接收在第一表面中并且延伸通过小于衬底的整个厚度。多个槽从第二表面延伸到衬底中并与沟槽连接以形成穿过衬底的复合槽。在该实施例中,沟槽在靠近所述槽的部分处比在远离所述槽的部分处宽。

2012 年 11 月 30 日,惠普公司提交了"带有集成墨水液位传感器的流体喷射装置"(US14/440551)专利,提供了一种包括在打印头模具中形成的墨槽的流体喷射装置。该流体喷射装置还包括打印头集成的墨水液位传感器(PILS),该传感器用于感应与该槽流体通信中的腔室的墨水液位,以及设置在该腔室内以清除该墨水腔的清除电阻电路。

## 第四节　精工爱普生喷墨打印技术路线分析

1964 年东京举办奥运会,精工爱普生被选为官方计时工具提供商。而为了能够记录时间,就需要一个设备能把这些记录打印出来。于是,精工研发了第一款"电子打印机",并取名为"EP-101"。这是一款原理为按压打印的"鼓式打印机"(Drum Printer)(见图 5-15)。

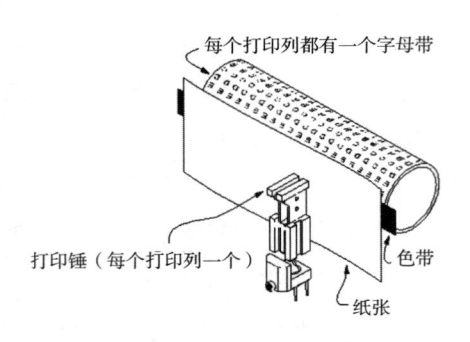

图 5-15　精工爱普生按压打印的"鼓式打印机"

1975 年，精工集团决定将打印机的产品线独立出来，并起名"EPSON"。1978 年，精工爱普生发布了第一款针式打印机 TX-80（TP-80）。但真正大卖的是 2 年后推出的 MX-80（MP-80），很快，这款针式打印机就成为美国市场最畅销的打印机。EPSON 在针式打印机上大获成功，乃至于自己制定了针式打印机的控制语言标准——ESC/P，即"Epson Standard Code for Printers"。

惠普和佳能相继研发出了便宜、低噪声、低耗电、高分辨率、高速的喷墨打印机。1995 年，喷墨打印机在销量上已经与传统的针式打印机相当。爱普生需要突破热气泡式喷墨打印的壁垒。

压电技术的"压电"的核心在于压电陶瓷（Piezoelectricity），这是一种能够将机械能和电能互相转换的信息功能陶瓷材料，电压使陶瓷产生形变从而挤压墨仓，使得墨水喷出。

为避开热气泡式喷墨的专利壁垒，精工爱普生选择了更仰赖精密制造的压电技术，并于 1984 年推出了 SQ-2000。然而，相对于惠普的大卖，精工爱普生的 SQ-2000 并不成功。经过不断研发，将压电技术小型化、精密化，精工爱普生开发了微压电技术（Micro Piezo Inkjet Technology）。于 1993 年发布了 EPSON Stylus 800；次年，发布了第一台彩色微压电打印机 EPSON Stylus Color（见图 5-16）。

图 5-16　精工爱普生第一台彩色微压电打印机 EPSON Stylus Color

这一打印机的成功奠定了精工爱普生作为微压电技术代表的地位，以精工爱普生为代表的微压电技术，也成为除热发泡技术之外的另一条主流技术路线。相对于热气泡式，压电式打印机喷头喷出的墨滴大小能够通过电流的输出曲线精确控制。同时，因为不加热墨水，可以使用的墨水类型更多，但结构更为复杂。导致其制造成本更高，喷头的体积更大，在同样面积下能放下的喷头数量更少，因此输出同样精度需要的时间更长。[①]

以下将以精工爱普生各个年代具有技术发展代表性的专利为例证，按照时间顺序分析精工爱普生喷墨打印机技术路线（见图5-17）。

## 一、20世纪60年代至80年代喷墨打印技术路线分析

早在1961年初，精工爱普生就已经将压电陶瓷运用于电子钟表领域。在优先权号为JP1961007163的德国专利"电动钟表或与之有关的改进"（GB1962006120）中将压电元件与振动器连接从而使振动器变形，以此进行计时。1975年10月27日，精工爱普生提交的"热敏打印机的压电补偿控制系统"（JP1975129018）专利，通过脉冲发生器电路确定热敏打印机热辐射元件的导热时间，从而保证热敏打印机电源电压的波动不影响打印质量的稳定。1978年1月6日，精工爱普生提交的"喷墨记录仪"（JP1978000428）专利，提出了驱动信号通过压电元件使腔室中的墨水加压从而使喷嘴的墨汁流以墨滴的形式从喷嘴通过入口通道喷射出来的方法。后两件专利法律状态均为申请终止，这可能是精工爱普生对技术的保护措施。

---

① Xin Sui. 喷墨打印机3：详解微压电技术：EPSON的反击与野心［EB/OL］.（2020-05-27）［2023-05-27］. https://zhuanlan.zhihu.com/p/138282340.

图5-17 精工爱普生喷墨打印技术路线

1978年5月15日,精工爱普生提交了"喷墨打印仪"(JP1978057287)和"喷墨打印仪的喷头"(JP1978057285)这两件维持到期限届满的压电式打印机专利。前者通过超声波振荡器捕获在过滤器表面上的气泡并迅速排放到大气中,解决了气泡堵塞过滤器妨碍向喷头供墨的问题。后者则为了使注射头的尺寸更小,成本更低,通过Au和Sn电镀加热组装和Au-Sn共晶焊接,形成了多块由腔体、通道、喷嘴等组成的板。同月22日,精工爱普生又提交了"喷墨打印仪"(JP1978061411)专利,通过改变喷头结构的方式解决压电式喷墨打印机喷头中的气泡。

此时精工爱普生在热气泡式喷墨打印机专利申请上也在推进,1978年6月12日提交了"喷墨打印机"(JP1978070573)专利申请,该专利通过热喷墨式喷墨打印来减小喷墨打印设备的尺寸并降低功耗。

1978年7月10日,精工爱普生提交了"液体喷射装置"(JP1978083770)专利,在电极上形成厚度为50μm的PZT(锆钛酸铅)薄膜,在薄膜上形成对电极后通过有选择地对这一结构的两个电极施加电压,从而迅速减少压力室的体积,使得墨水快速喷溅。该装置压力室小,效率高,运行稳定,PZT薄膜也可以通过溅射、印刷一次批量生产。同月27日,精工爱普生又提交了"喷墨打印装置的喷墨驱动方法"(JP1978091805)专利申请,通过采用施加电脉冲而增加体积的墨室来加快打印速度、调整墨滴大小。

1979年5月30日,精工爱普生提交的"喷墨头"(JP1979067234)专利中,在多个玻璃基板的连接部分进行表面处理,通过光刻方法在玻璃基板上形成墨水流路,使用诸如铅等金属在感应表面上形成金属膜,并通过沉积将其黏接在一起的方法提高该主体头的耐用性、准确性。

1980年8月12日,精工爱普生提交的"喷墨头的驱动方法"(JP1980110652)专利中,通过在与定时信号同步的条件下将具有不同电压波形的多种驱动脉冲施加到电压元件的方法在不降低打印质量的情况下提高驱动频率。

1981年1月9日,精工爱普生提交了"喷墨打印机的头装置"(US06/223592)专利申请,其申请了JP1978163629的优先权,提供了一种按需式喷墨打印机的喷头,通过打印间隔很小的点可以产生高密度的字符,具有多个喷嘴排,排之间的横向位移小于打印字符之间的横向位移,并通过简单的控制系统进行操作。

1981年5月8日，精工爱普生提交的"多孔喷头"（JP1981069138）专利中，通过让MIM元件被串行连接到压电元件，液体墨水通过多路驱动从喷嘴喷出，使喷墨打印机的多路驱动变得容易。MIM元件中M由振动板构成，该振动板通过熔化黏附到玻璃基板上，并且具有分开的电极整体压电元件黏附到MIM元件上，可以使用薄膜或厚膜技术高度集成多喷管头。

1981年8月11日，精工爱普生提交的"用于驱动喷墨打印机头的方法和设备"（US06/291904）专利中，通过向喷射系统中的压电传感器施加连续的中间脉冲流使墨水供应装置、喷嘴和喷墨打印机头的通道中的条件保持在动态平衡状态。中间脉冲与选择性应用的喷射脉冲相结合。只有喷射脉冲的出现，才会使液滴从打印机头喷嘴被推进到记录介质中。中间脉冲不同于喷射脉冲的周期、振幅或频率的变化的信号和变频器产生的偏转，并发生在一个频率，以防止在油墨系统的脉冲之间的静压平衡返回。印刷中的渐变是由中间脉冲和喷射脉冲之间的时间变化引起的。

1981年8月21日，精工爱普生提交的"操作按需型喷墨头的方法及其系统"（EP1981303836）专利中，旨在提供一种操作按需墨头的方法，该喷墨头包括一个压力室和一个压电元件，该压电元件设置为响应施加于该压力室的电信号而改变该压力室的体积。包括以下步骤：信号应用于压电-电气元件增加压力室的体积，从而使油墨从油墨源被吸入该压力室，并在由压电元件形成的机械系统的振动幅度发生变化时改变该信号，所述压力室和所述压力室中的油墨的壁接近最大，使得存储在所述机械系统中的弹性能量用于将墨推出喷嘴和压力室。驱动电路结构简单，制造成本低，所以较低的驱动电压可以用来推动墨滴的压力室所需的速度。

1981年9月4日，精工爱普生提交的"喷墨打印机头"（US06/299470）专利中，提供了一种用于按需在记录介质上打印点的喷墨打印机头，其具有形成在基板上的墨流路径。所述墨路包括压力室、供应路和用于排出墨滴的喷嘴，所述喷嘴终止于所述打印机头的外部正面。压电元件作用于所述压力室以减小所述压力室的体积，使墨滴喷射出来。油墨在路径中的流动垂直于压电元件的位移。打印头的正面适合于对快速打印速度下在正面形成的墨层进行轮廓化，以保证液滴沿纵向喷嘴轴线的直线平行延伸而喷射。

1983年10月25日，精工爱普生提交的"按需型喷墨头"（JP1983199645）专利中，通过提供多个压电元件使压电元件小型化，每个压电元件通过层压压电材料和多个电极形成，以便在与电场方向相同的方向上极化，以具有预定的压电应变常数并支持一端通过头部主体将压电元件的另一端与振动板接触。

1985年7月31日，精工爱普生提交的"喷墨头"（JP1985169439）专利中，为了制造塑料头，使用具有材料质量的金属板，通过其热膨胀系数的差异在第一基板和第二基板中不产生裂缝并且可以稳定地制造裂缝，尽可能减少基板的使用量。该喷墨头在由聚砜组成的第一基材上形成如压力室、喷嘴等流道槽，并焊接与第一基材具有相同材料质量的第二基材，从而形成墨流道。在0.1mm厚的黄铜金属板表面形成与每个压力室相对应的形状的振动截面，用于压电元件的半刻蚀定位，并通过环氧基团黏合剂与第二基板黏结。衬底约1in大小，3mm厚，由于热收缩引起的偏转量被抑制到0.1mm，当金属板和基板的热膨胀系数之差超过$4\times10^{-5}/℃$时，即使给出100℃的温差，裂隙也可以更小。

1985年9月27日，精工爱普生提交的"喷墨打印机头"（JP1985213994）专利中，通过对按需式喷墨打印机的胶粘层使用具有特定硬度的材料，使压电振子的机械振动以良好的效率传递到油墨中。将金属板通过黏合剂层黏合到振动板的表面，并依次形成黏合剂层、压电振动器元件、薄膜电极和焊料凸块。通过具有导电性的黏合剂层，驱动电压通过凸起和金属板之间的开关从电源施加到振动器元件。在振动器元件和印版中产生的机械应变被传递到层、印版和油墨中，以便将油墨推出。墨滴从喷嘴喷射到喷射方向以进行打印。在这种情况下，黏合剂层的硬度（肖氏硬度）≥40（D标度）。

1986年7月17日，精工爱普生提交的"压电元件驱动电路"（JP1986168266）专利中，从充电三极管的输出端并联一个压电元件，通过一个单独的电阻器，将充电三极管的控制信号设置为同一信号，从而获得稳定水平上的油墨飞行速度，特别是稳定的印刷质量。

1987年5月27日，精工爱普生提交的"喷墨记录装置"（JP1987130411）专利中，提供以相同的飞行速度喷射同颜色墨水具有不同重量的墨滴的多个喷嘴口从而实现能够表示渐变的彩色墨喷头。例如，喷嘴孔阵列通过向 100mec 的压电元件施加 100V 的电压而以 7m/s 的速度喷射重量为 0.4μg 的墨滴和通过施加 100V 的电压到 100mec 的压电元件以 7m/s 的速度喷射重量为 0.2μg 的墨滴。可以喷射具有不同颜色的两种墨滴，并且可以为每种颜色表示三个灰度，从而可以表示总共 16 种灰度。

1988 年 2 月 16 日，精工爱普生提交的"喷墨记录头"（JP1988033470）专利中，为了使头部易于形成扩大和加长的多口结构，通过在平面上形成油墨加压室，形成与所述油墨加压室垂直连通的大量油墨喷嘴，并将机电换能器粘接到与所述油墨加压室相对应的膜片上，从而解决现有技术中打印速度存在限制并且分辨率最多为 8 点/mm 无法满足高质量打印需求的问题。

1988 年 4 月 14 日，精工爱普生提交的"喷墨记录头中的压力发生器"（JP1988092121）专利中，通过将形成在与梳状电极成形的梳状电极的齿上的表面相对的表面上的公共电极与形成在最外侧的梳状电极的齿上的分裂电极电连接，以低成本制造具有高可靠性的喷墨头。这种压力发生器由至少一侧耦合、梳齿的顶面上的分裂电极平行分裂的梳状压电陶瓷在梳齿后和侧面上整体成型的公共电极、位于梳齿的最外侧的梳齿上的分裂电极的一部分组成。压力发生器与形成有多个喷嘴开口部分的喷嘴形成构件相对同时浸入墨水，并通过施加电压进行位移，提高喷嘴开口附近的墨水压力，使墨水滴从喷嘴开口流出。

1988 年 6 月 3 日，精工爱普生提交的"喷墨头的制造方法"（JP1988137882）专利中，通过将压电元件应用于机械振动结构来促进加工和处理，通过机械加工进一步减小元件的厚度，从而降低打印头的驱动电压。在其一侧具有电极薄膜的压电陶瓷应用于振动板，振动板是机械振动系统的一部分。在涂覆之后，陶瓷被均匀抛光以进一步减小厚度。在抛光之后，通过沉积、溅射到陶瓷的抛光面上来施加薄金属膜的电极，然后通过将墨入口、布线连接到陶瓷并附接护套来完成喷墨头。

1988 年 12 月 19 日，精工爱普生提交的"喷墨头驱动电路"（JP1988320226）专利中，通过在电源的供电侧使所述压电元件的电路共用并通过接地开关选择性地驱动所述压电元件，减少充电所需的一半能量，以便从电源侧驱动压电元件。参考电压波形生成以及一个电流放大装置，用于接收基准电压波形作为输入并输出与基准电压波形相同的电压波形，其中电流放大装置的输出提供给多个电压元件，从而修正每个喷嘴的墨喷射特性的偏差以提高打印质量。

1989年4月12日，精工爱普生提交的"喷墨打印机头"（US07/336964）专利中，通过控制喷嘴形成基板和换能器振动器之间的间隙来克服现有技术中的诸如墨滴的喷射速率、喷射量和喷射可恢复性等不够稳定的缺点。其具有形成基板的喷嘴，基板上形成多个喷嘴。振动器形成在压电换能器上，压电换能器布置在喷嘴对面的喷墨打印头内。在所述喷嘴形成基板和在所述喷嘴邻近区域内的振动器之间形成第一间隙。第二间隙形成于喷嘴形成基板与振动器之间，该振动器位于远离喷嘴且该喷嘴具有与第一间隙不同的尺寸的区域。这一专利有10件简单同族，被引用77次。

## 二、20世纪90年代喷墨打印技术路线分析

1990年4月17日，精工爱普生提交的"喷墨头"（JP1990101137）专利中，提出了一种喷墨头由形成薄膜部分的硅基板构成的方法，以低成本获得具有高密度、高喷嘴数和均匀性等特征的喷墨头，该喷墨头具有在硅衬底的薄膜部分上的压电材料和面向硅衬底的薄膜部分形成的喷嘴的硅衬底。由于硅衬底的薄膜部分精度高，所以可以使压电材料变薄，能够实现腔的小型化，并且可以实现高密度和高喷嘴数。

1990年10月24日，精工爱普生提交的"喷墨头"（JP1990286240）专利中，用于应对高密度和大量喷嘴，使其能够以高精度进行简单组装，并且进一步提高操作效率和耐久性。为防止电极间产生压力元件的击穿，并抑制振动和残余振动时产生的噪声，该压力产生元件被施加的电压移位并且产生用于排放墨水的压力，覆盖有绝缘弹性材料。为了向压力产生元件的十字指状电极施加电压，在侧面和底面上设置负电极和正电极；压电材料的薄层以交叉指状的形式构成具有电极的多个层，可以实现低压驱动和高发电功率。

1990年11月5日，精工爱普生提交的"喷墨头"（JP1990299177）专利

中，使墨腔内的压力因侧壁表面垂直方向的剪切变形而改变，从而使墨滴从喷嘴喷射出来，以保证墨腔的高密度和高性能。本发明的喷墨头包括用于喷射墨的喷嘴、与喷嘴连通的腔、喷墨头，通过变形在侧壁上的空腔中排出油墨，解决了现有技术中用于加压墨水的可变形构件和用于喷射墨水的喷嘴构件是分离体，并且存在难以进行相互高精度对准的问题。

1990年11月30日，精工爱普生提交的"喷墨式记录头，压电振动体及其制造方法"（JP1990337278）专利中，为了简化驱动电路的结构，采用一种方法使形成墨滴的驱动电压降至最低，压电板是通过交替层叠糊状压电材料和导电材料，然后煅烧形成的，压电元件是用压电片排成一排，压电片被切成小片，每个压电板制成特定的宽度。

1991年6月13日，精工爱普生提交的"用于喷墨式打印头的压电振动器单元，其制造方法和喷墨式打印头"（JP1998154548）专利，提供一种用于喷墨打印头的压电振动器单元用于解决绝缘结构复杂、固定在基座上的区域容易位移并且黏合剂易于疲劳并且缺乏可靠性、高密度布置大量喷嘴时对准工作困难等问题。

1991年10月4日，精工爱普生提交的"喷墨记录头"（US07/770814）专利，提供一种可缩小尺寸的新型无喷嘴喷墨记录头。这种无喷嘴喷墨记录头在压电体基板的边缘部分的两个表面上包括一对相对电极，以及用于形成适于在压电体基板的一个表面上产生墨雾的间隙的部件。使压电体基板以边缘模式振动，墨水保留在间隙中，从而产生墨雾并使产生的雾飞溅到外面。由于墨雾量与施加驱动电压的时间成比例，因此调节驱动电压施加时间允许调节点的密度。另外，记录头可以以相对低的驱动频率操作。

1991年11月5日，精工爱普生提交的"喷墨头及其制造方法"（JP1991288759）专利，通过在层压型压电转换器的表面和孔上形成电绝缘氧化层得到足够耐用的喷墨头，可以长时间喷出墨水，而不会降低压电转换器的电绝缘电阻，并且能够稳定地喷射各种墨水。

1992年1月21日，精工爱普生提交的"叠层压电位移元件和喷墨式打印头"（JP1992008517）专利，提供动作效率高、可靠性高的叠层压电位移元件以及提供能够容易地使压电元件小型化的喷墨式打印头，解决了叠层压电位移元件难以成形为小型压电变位元件的问题。

1992年6月12日，精工爱普生提交的"喷墨头的驱动装置和驱动方法"（JP1992153813）专利中，通过加快喷出后的墨水液面回复至基准状态的频率来增加喷墨头的响应频率，进而实现高速印刷。其中，墨水被流动路径排出，流动路径的侧壁的一部分或全部由压电材料制成，在施加用于排出墨滴的电脉冲之后施加电脉冲反向电压的附加脉冲。

1992年8月6日，精工爱普生提交的"喷墨头及其制造方法"（JP1992210423）专利中，提供了一种喷墨头，其包括硅基板、储墨器以及通过孔与所述储墨器连通的多个墨加压室。在硅晶片的两侧形成作为贯通槽的墨水加压室的掩模图案，进行湿式晶体各向异性蚀刻，使其垂直于晶片表面出现由此形成由晶面围绕的穿透槽的墨水加压室。本发明可以容易且精确地形成由垂直于晶片表面出现的晶面围绕的穿透槽的墨水加压室，并且使用该穿透槽的墨水加压室，可以容易地制造具有非常窄的墨水喷嘴间距的高密度多喷嘴喷墨头。

1992年10月12日，精工爱普生提交的"喷墨记录头及其防水处理方法"（JP1992273146）专利，提供了一种喷墨记录头的防水处理方法，在喷墨记录头的喷嘴开口表面设置平均高低差大于 $0.01\mu m$ 且小于 $0.5\mu m$，螺距小于 $15\mu m$ 的凹凸不平为第一道工序，在所述凹凸面上以 $50\sim1500$ 埃[①]聚合物的层厚涂覆含无定形体的氟聚合物为第二道工序。

1992年11月6日，精工爱普生提交的"用于驱动喷墨记录头的方法和设备"（US07/972558）专利，公开了一种驱动喷墨记录头的方法。该方法包括以下步骤：将振动板从喷嘴口退回到预定位置，其速度使得在向压电振动元件施加驱动电压的同时将喷嘴口处的弯月面从喷嘴口处喷出；将振动板保持在该位置；以及在弯月面退回到其最远位置的1/3或更多位置时将振动板推向喷嘴口。因此，当墨水的惯性流变得稳定并向喷嘴的开口方向流动时，压力室收缩，从而对墨水施加压力，产生墨滴以预定的速度喷射，而不管弯月面的位置如何。

---

① 埃（Å）为长度单位，$1\text{Å} = 10^{-10}\text{m} = 0.1\text{nm}$。

1992年12月16日，精工爱普生提交的"喷墨记录装置"（JP1992336385）专利，提供的喷墨打印装置具有温度检测部件、施加到喷墨头的压电元件的脉冲电压的上升时间常数调节部件、上升时间调节部件和下降时间常数调节部件；还提供了一种喷墨头驱动方法，其特征在于，基于所述温度检测单元检测到的温度信息，通过任意变化上升时间，任意设定脉冲电压的电压幅度。通过检测环境温度的变化来校正脉冲电压的电压幅度，使得印刷液的排出量对环境温度的变化保持稳定，提高了印刷质量。

1993年1月6日，精工爱普生提交的"喷墨式打印头及其制造方法"（JP1993000663）专利，为解决多个头部单元之间的喷嘴位置精度难以保证进而在印刷物上产生诸如竖条之类不均匀图案的问题，在具有多个喷嘴开口的喷墨式打印头中使用交替叠加压电效应和内部电极材料。所述压电元件包括：处理使得相邻的体状压电效应的边界成为加工区域，并且形成对应于所述多个喷嘴开口，其特征在于，所述压电元件的压电效应材料层的基板侧或喷嘴开口侧的厚度比各内部压电效应材料层厚。

1993年2月22日，精工爱普生提交的"喷墨记录头、喷墨记录头用隔膜及其制造方法"（JP1993056553）专利，将振动片固定在喷嘴开口构件上，形成一个基本上为矩形的压力室，长边比压电振子的前端部的长边长，短边由比压电振子的前端的短边短岛部形成，在压电振动形成岛部中的子项的固定尖端，并且由相同的材料的岛部的厚度相同的厚的部分，以限定所述薄部的外周。这解决了由于耦合部件和腿部分被作为单独的部件形成因此难以制造，压电元件的位移也不能被稳定传递的问题。

1993年3月15日，精工爱普生提交的"层压喷墨记录头及其制造方法"（JP1993080070）专利，提供一种薄型喷墨式记录头，该记录头在与振动筛的振动方向平行的方向上设有喷嘴开口，能够提高装配精度并尽可能减少各构件之间的黏接工作。其中，第一板材由陶瓷构成，其表面具有压电效应振动，形成振动构件所述压力室形成部件包括具有形成压力室的多个通孔的陶瓷，并且所述压力室形成部件的另一侧被密封；压力产生单元包括一体连接所述盖构件，所述盖构件具有形成储存器与所述压力室之间的流道的通孔以及连接所述压力室与喷嘴开口的通孔；通孔形成于各构件上，压力室与喷嘴开口连接；其内径设定为与喷嘴开口侧的构件一样小，盖构件与供墨构件通过黏合层一体接合。

1993年4月23日，精工爱普生提交的"液体喷射头和液体喷射记录装置"（JP1993516880）专利，提供一种液体喷射头，其使用压电元件获得液体喷头喷射液体，其中使用PZT薄膜压电元件实现尺寸减小、高密度和增强液体喷射特性。液体喷头的布置满足关系 $L_u \leq L_p < L_1$，其中 $L_u$ 是液体室布置方向上电极的长度，$L_p$ 是液体室布置方向上PZT的长度，$L_1$ 是液体室排列方向上的下部电极的长度。

1993年6月4日，精工爱普生提交的"喷墨记录头"（US08/070903）专利，提供的打印头具有间隔件，该间隔件包括压力发生室、储存器和连接它们的供墨口、喷嘴板，密封并固定在间隔件的第一侧上，用于在从接收器施加墨水压力时产生墨滴。压力发生室、振动板固定在间隔件的第二侧，用于按压压力发生室，以及压电振动器，用于按压振动板。其中，振动板具有薄的部分，每个部分占据大的面积，使得顺应性更靠近喷嘴开口区域的尺寸大于靠近墨水供应端口的区域。

1993年11月1日，精工爱普生提交的"喷墨打印头"（JP1993273824）专利，为了提高耐久性并在喷墨打印头中以稳定的方式获得优异的操作特性，将喷墨记录头黏附到喷墨头上，提供一种由陶瓷制成的墨水泵构件，通过使用具有耐油墨性的主黏合剂和具有高硬度的辅助黏合剂黏合墨水泵构件和墨水喷嘴构件的方法来提高打印头的耐久性。

1993年12月1日，精工爱普生提交的"具有带切口的陶瓷基板和使用该致动器的喷墨打印头的致动器"（US08/159922）专利，公开了一种制动器，其包括陶瓷基板和形成在基板上的至少一个压电/电致伸缩元件。陶瓷基板包括具有至少一个窗口的隔板，该窗口提供至少一个压力室，每个窗口基本上由封闭板和连接板封闭。隔板、封闭板和连接板由相应的陶瓷生片形成，所述陶瓷生片彼此层叠并烧制成作为陶瓷基板的整体陶瓷结构。连接板具有至少一个与每个压力室相对应的狭缝。每个压电/电致伸缩元件设置在封闭板的限定相应压力室的部分上，以便改变相应压力室的压力。这一发明确保了打印头高度的密封可靠性、流体密封性以及所需的喷墨能力和高稳定性。

1994年2月21日，精工爱普生提交的"用于驱动喷墨记录头的方法，喷墨记录装置和用于喷墨记录头的控制装置"（JP1994046363）专利，提供了一种可以解决油墨滴的延伸速度超过一定值则在自共振频率下压电振动元件受到残余振动，产生带有小墨滴的"卫星"损害印刷质量的问题的喷墨记录装置，包括喷墨记录头，用于通过压电振动元件使压力室膨胀和收缩，从而将墨水吸入压力室并从喷嘴开口喷射墨滴。压力室由喷嘴板和振动板形成；信号发生装置，用于产生信号。该信号包括用于以预定速度收缩压电振动元件以将墨水吸入压力室的第一信号，用于启动压电振动元件的延伸过程以使其飞溅的第二信号。通过压缩腔室收缩来自喷嘴开口的墨滴，用于在仍在执行延伸过程时至少一次中断压电振动元件的延伸过程的第三信号和用于压缩振动元件的第四信号在预定时间段过去之后再次恢复压电振动元件的延伸过程。

1994年7月18日，精工爱普生提交的"喷墨记录头"（JP1994187738）专利中，喷嘴板具有形成在其中的喷嘴开口，用于分隔压力发生室的通孔，供墨口和储液器，至少在喷嘴开口侧和油墨供应口侧形成用于确保合规的薄壁部；另外，在中央部分与形成有岛部的振动板叠加的同时，在喷墨式记录头中包含经由所述岛部通过压电效应振动压缩所述压力发生室，以从喷嘴开口喷射墨滴，其中整个膜片的顺应性在喷嘴开口侧和供墨口侧之间基本相等将该比例分开，使得相同的与喷嘴开口侧的柔量小约20%。

1994年10月7日，精工爱普生提交的"一种用于喷墨记录头的压电驱动器，包括前端面和与驱动器非活动区域的前端面对齐的前端板"（US08/319584）专利，提供一种具有位移受限的压电振动器的新型压电驱动器，该驱动器可以高效地对压力室中的墨加压，以及一种制造高精度的压电驱动器的方法。在喷墨记录头的压电驱动器中将导电层层叠成压电板中除前后端部分之外的有效区域，以提供前后端部分的无效部分，分别固定安装在前后端部分的便于施加压力的前端板和振动器耦合的后端板上，并按预定间隔将压电板的前端部分与前端板一起切成片，即压电单元，该压电单元压制喷墨记录头的板宽，以引起振动板的平行位移，从而有效地压制压力腔中的油墨。

1994年11月24日，精工爱普生提交的"喷墨记录头"（JP1994314109）专利，提供了一种将基板单元固定到基座而形成的喷墨记录头，具有通孔的流路形成板,用于限定压力产生室,供墨口和共用墨室,喷嘴板具有与压力产生室连通的喷嘴开口,以及具有膜片部分的振动板,膜片部分响应于压电振动元件的位移而弹性变形用黏合剂使其不透水。振动板具有框架状的厚壁部分,其延伸到压力产生室的供墨入口侧以及内侧。喷嘴开口与压力产生室的两端相比更靠近压电振动元件的部分由基座支撑。由于这种结构,可以缩短压力产生室的非支撑区域,这又提高了基板单元整体的刚性。

1995年6月6日,精工爱普生提交的"制造喷墨记录头的方法"(US08/471230)专利,提供了一种能够以高精度相互定位和连接多个压电振动器以及形成记录头的各种部件的喷墨记录头。此发明在预先将板状压电元件定位并固定在固定板上之后,将压电元件分成多个压电振子,并将压电振动器保持装置的方向并定位在表面上。最外面的压电振动器用作振动器定位构件,从而提高用于喷墨的其余振动器的加工精度。而且,振动器定位构件振动器用于相对于夹持装置或墨流动通道基板定位振动器。

1995年6月23日,精工爱普生提交的"喷墨记录头及其制造方法"(JP1995180945)专利,公开了一种独立于环境温度变化的具有高印刷质量的喷墨记录头。悬置部分形成在框架的表面上,以使悬置部分靠近弹性板的岛状部分延伸。固定板的前端固定在悬垂部分上,以便在固定板的侧面与框架之间设置间隙。压电振动元件固定在固定板的相对端上,并紧靠每个岛部。外伸部分的厚度影响由框架和压电振动元件的材料的差异导致的热膨胀差。由于厚度最小,框架和压电振动元件之间的热膨胀差相应最小。

1995年8月24日,精工爱普生提交的"液体喷头"(US08/518653)专利,提供了一种具有优异性能的高可靠性液体喷射头,包括硅衬底、在衬底上形成的厚度为1100埃或更多的钽层以及设置在钽层上的压电装置,其中在钽层与电极之间或电极与压电膜之间包含一层钛氧化物或钛合金氧化物,而不会在二氧化硅层中形成空腔或者在电极和与其相邻的层之间剥离。

1995年9月22日,精工爱普生提交的"层压喷墨记录头及其制造方法"(JP1995269186)专利,为防止由于压电隔膜的烧制引起的流路形成构件的翘曲,提出了一种在与喷嘴开口连通的压力室的一部分区域中贴设压电效应的薄板通过压电效应压缩压力室以产生墨滴的记录头。更具体地说,涉及一种将压力室压电效应、压力室形成部件以及弹性板一体积层构成的喷墨式记录头。

1995年12月26日,精工爱普生提交的"用于喷墨记录头的压电振动器单元,其制造方法和用于连接的柔性电缆"(JP1995351653)专利中,为了简化高密度配置的压电振动器和柔性电缆之间的连接状态的检查。一直线状的分段电容连接区域与每个分段电极线性连接,阴影区域与多个相邻的压电振动器交叉并连接到公共电极的连接部分,连接导电图案的公共电极经由阴影区域连接。分段电容连接区域和斜线区域之间通过由窗户分离的柔性电缆连接到外部驱动电路。通过连接斜线区域前端自由端的探针连接区域,在此连接探针以检查由于焊接引起的分段电极之间是否存在短路。

1996年1月29日,精工爱普生提交的"喷墨记录设备"(JP1996034337)专利,为防止喷嘴的孔在非打印条件下堵塞,同时减少压电振荡器的疲劳和噪声,提出了一种喷墨记录设备,包括喷墨记录头和喷墨记录装置,喷墨记录头具有由喷嘴板形成的压力发生室。其中,喷嘴开口由压电振动器的位移形成,并且喷嘴打开驱动信号产生装置,用于产生第二个驱动信号,其振动墨滴未从喷嘴开口排出到喷嘴开口的墨滴的程度,并且不打印记录头。该方式降低压电振动器的振动数,延缓记录头的使用寿命。

# 第六章 我国打印设备产业的发展建议

在国家以及各界人士的不断努力下，我国打印产业已经取得了斐然的成绩。从产业的角度看，传统打印行业可以粗略划分为基础化学原料、打印耗材以及打印机三个部分。从整体出发，我国传统打印产业在不同部分的专利布局上呈现不同的特点，而不同地区擅长的领域又各有不同。2020—2022年，受新冠疫情影响，传统打印产业全产业链上的节点都面临着不同程度的压力与挑战。居家办公等情况使得工作场所打印需求量持续走低，进而影响打印机、打印耗材等产品的生产与销售。此外，在传统打印产业中，诸如激光打印机等产品的技术方向仍然由国外厂商把持，我国打印企业仍然面临着行业壁垒和专利封锁的挑战。随着全球经济发展正重回正轨，社会对传统打印产业的需求也将上升，对我国传统打印产业来说既是机遇也是挑战。因此，有必要从专利角度探索产业优化的潜在可能以及未来路径。

## 第一节 从专利看国内传统打印产业结构调整路径

我国传统打印产业虽然起步较晚，但历经数年发展也已取得傲人的成绩。

### 一、国内传统打印重点城市专利情况

从打印领域专利申请量看，在传统打印产业中，珠海、苏州、深圳、北

京、广州以及上海处在领先地位。六地各自的优势产业、专利布局等均具有一定差异。同时，作为我国传统打印产业重点城市，其打印专利布局又具备一定代表性，体现了我国传统打印产业的发展现状与发展水平。因此，本部分选取了打印领域专利申请量排名前六的珠海、苏州、深圳、北京、广州以及上海，以完成头部城市之间在打印设备领域的技术对标，找准城市之间的差异，力求为后续传统打印产业的优化提供方向上的指引。并希望在关键核心技术攻关和提高关键重点环节创新等方面有所突破，推动产品升级及行业发展。

六市传统打印技术专利布局定位如表6-1所示。

表6-1 六市传统打印技术专利布局定位（区位熵）

| 二级 | 三级 | 四级 | 珠海 | 深圳 | 苏州 | 上海 | 广州 | 北京 |
|---|---|---|---|---|---|---|---|---|
| 基础化学原料 | 树脂原料 | | 0.07 | 0.68 | 1.06 | 0.82 | 0.66 | 0.81 |
| | 电荷调节剂 | | 0.25 | 0.48 | 0.11 | 0.04 | 0.32 | 0.52 |
| | 颜料 | | 0.17 | 0.61 | 0.97 | 1.08 | 0.39 | 1.05 |
| | 石蜡 | | 0.08 | 0.41 | 0.45 | 0.74 | 0.24 | 0.52 |
| | 添加剂 | | 0.18 | 1.08 | 1.10 | 1.02 | 0.73 | 1.18 |
| 打印耗材 | 耗材芯片 | 硒鼓芯片 | 5.85 | 0.15 | 0.12 | 0.00 | 6.55 | 0.07 |
| | | 墨盒芯片 | 5.56 | 0.80 | 0.41 | 0.62 | 3.23 | 0.05 |
| | 激光打印耗材 | 硒鼓 | 3.02 | 0.33 | 0.13 | 0.23 | 0.86 | 0.68 |
| | | 碳粉 | 0.84 | 0.29 | 0.08 | 0.08 | 0.28 | 0.32 |
| | | 成像辊 | 1.62 | 0.52 | 0.24 | 0.30 | 0.88 | 0.72 |
| | | 定影辊 | 0.14 | 0.25 | 0.99 | 0.83 | 0.26 | 0.53 |
| | | 刮板 | 2.49 | 0.28 | 0.17 | 0.23 | 0.31 | 0.34 |
| | 喷墨打印耗材 | 墨盒 | 1.24 | 1.03 | 0.50 | 0.71 | 1.14 | 1.04 |
| | 针式打印耗材 | 色带 | 1.57 | 0.31 | 0.34 | 1.60 | 0.88 | 0.79 |
| | 特种打印耗材 | 热敏纸 | 0.87 | 1.08 | 3.10 | 1.86 | 1.42 | 0.62 |
| | | 涂布纸 | 0.10 | 0.53 | 2.14 | 0.80 | 0.58 | 0.52 |
| | | UV墨水 | 0.36 | 2.15 | 1.96 | 0.87 | 1.17 | 0.61 |
| | 其他通用耗材 | 外壳 | 3.90 | 0.23 | 0.04 | 0.35 | 0.45 | 0.29 |
| | | 打印介质 | 0.22 | 0.59 | 0.61 | 1.20 | 0.67 | 0.56 |
| 打印机 | 激光打印机 | 激光扫描系统 | 0.65 | 0.98 | 1.81 | 0.75 | 1.20 | 0.86 |
| | | 激光输纸 | 0.39 | 0.65 | 0.66 | 0.55 | 0.27 | 0.17 |
| | 喷墨打印机 | 喷墨传感器 | 0.62 | 0.21 | 0.09 | 0.13 | 0.14 | 0.30 |
| | | 喷墨输纸 | 0.40 | 0.93 | 0.62 | 0.97 | 0.89 | 1.30 |

续表

| 二级 | 三级 | 四级 | 珠海 | 深圳 | 苏州 | 上海 | 广州 | 北京 |
|---|---|---|---|---|---|---|---|---|
| 打印机 | 针式打印机 | 针式打印头 | 0.93 | 2.13 | 0.16 | 1.16 | 0.53 | 0.19 |
| | | 针式输纸 | 0.61 | 0.41 | 0.17 | 0.25 | 0.36 | 0.68 |
| | 特种打印机 | 热敏打印 | 0.63 | 1.06 | 0.59 | 0.89 | 0.63 | 0.87 |
| | | 热升华打印 | 0.12 | 0.85 | 1.70 | 1.06 | 1.01 | 0.72 |
| | | 标签打印 | 0.38 | 2.01 | 2.03 | 2.24 | 1.50 | 1.78 |
| | | 手持打印机 | 1.20 | 1.49 | 0.99 | 1.45 | 1.06 | 1.14 |
| | | 喷码打印机 | 0.10 | 1.80 | 1.87 | 1.85 | 2.00 | 1.02 |
| | 软件算法 | | 1.05 | 1.08 | 0.61 | 1.66 | 1.17 | 3.08 |
| | 打印语言 | | 0.09 | 0.15 | 0.00 | 0.45 | 0.10 | 1.46 |
| 传统打印专利申请总量/件 | | | 10138 | 4169 | 3372 | 3365 | 3145 | 2915 |

本书采用区位熵的工具来找准城市之间的差异（见表6-1）。区位熵可被用来衡量一个地区该分支专利申请在整体产业专利申请中所占比例与全国该分支专利申请在整体产业专利申请中所占比例，可以有效地反映某地区一个分支在当地该产业中的强弱地位。区位熵常用于分析不同地区产业内部的具体结构，其值越高，则该行业在该地区的集聚水平越高、专业化生产能力越强。区位熵的计算公式可以表示为：

$$LQ_{ij} = \left(\frac{q_{ij}}{q_j}\right) / \left(\frac{q_i}{q}\right)$$

式中，$LQ_{ij}$ 为 $j$ 地区的 $i$ 产业在全国的区位熵，$q_{ij}$ 为 $j$ 地区的 $i$ 产业的相关指标，$q_j$ 为 $j$ 地区所有产业的相关指标，$q_i$ 为全国范围内 $i$ 产业的相关指标，$q$ 为全国所有产业的相关指标。在本部分中，相关指标主要是指该城市打印技术的专利布局。区位熵指数法对产业集聚程度的判断原则是：若 $LQ$ 的值小于1，则表明该行业在该地区内的集聚水平不显著；相反，若 $LQ$ 的值大于1，则表明该行业在该区域内的集聚程度较高；若该行业在该区域的 $LQ$ 值高于1.5，则体现该行业在该区域内的集聚程度很高。

在传统打印领域，珠海是国内打印产业当之无愧的领头羊，其专利申请量约为排名第二的深圳市的2.5倍。区位熵在0.2以下的树脂原料、颜料、石蜡、添加剂、定影辊、涂布纸、热升华打印、喷码打印机、打印语言等，是由于珠海在这些方面进行的专利申请较少，如基础化学原料主要从外地输入；区位熵高于0.2但低于0.5的是电荷调节剂、UV墨水、打印介质、激光输纸、喷墨输纸、标签打印机等。从专利申请量来看，这些分支专利申请量在打印产业前五城市中均排名第一，珠海整体实力较强。

从其余城市来看，区位熵在2.0以上的还有苏州的热敏纸、涂布纸和标签打印分支，深圳的UV墨水、针式打印头、标签打印分支，广州的硒鼓芯片、墨盒芯片分支和喷码打印机分支，以及上海的标签打印分支。

深圳传统打印专利布局的重心是打印机，其专利布局在针式打印机以及特种打印机两个方向表现出色。深圳区位熵在1.5以上的有UV墨水、针式打印头、标签打印、喷码打印机；区位熵在0.2以下、较为弱势的分支有硒鼓芯片与打印语言。可以看出，深圳在传统打印的各个领域均有初步探索，但研发重心集中在打印机。

苏州传统打印专利布局的重心是打印耗材和打印机。区位熵在1.5以上的有热敏纸、涂布纸、UV墨水、激光扫描系统、热升华打印、标签打印与喷码打印机；区位熵在0.2以下的分支有电荷调节剂、硒鼓芯片、硒鼓、碳粉、刮板、外壳、喷墨传感器、针式打印头、针式输纸与打印语言，其中打印语言处于零开发状态。

上海传统打印专利布局的重心是打印机。区位熵在1.5以上的有色带、热敏纸、标签打印、喷码打印机、软件算法；区位熵在0.2以下的分支有电荷调节剂、硒鼓芯片、碳粉、喷墨传感器。

耗材芯片是广州传统打印耗材专利布局的绝对重心，硒鼓芯片的专利申请量更是超过珠海位居全国第一。其重心是打印机中的特种打印机，标签打印、喷码打印机的区位熵都在1.5以上；区位熵在0.2以下的分支有喷墨传感器和打印语言。

北京传统打印专利布局的重心是打印机，但与深圳不同的是，北京在打印机软件算法上表现得尤为出色。区位熵在1.5以上的有标签打印、软件算法，其中软件算法的区位熵高达3.08，在头部城市中处于绝对优势地位。北京在打印语言领域的专利申请量目前也位列第一，尽管区位熵未达1.5，可以看出目前国内重点城市普遍在软件算法与打印语言领域的专利申请量较少；

区位熵在 0.2 以下的分支有硒鼓芯片、墨盒芯片、激光输纸、针式打印头。

## 二、重点城市传统打印产业结构分布

国内传统打印技术的主要来源地包括珠海、深圳、北京、广州和上海，五个城市的专利布局各有特色。珠海基础化学原料专利占比仅为 2.7%，其余四个城市在这一分支占比均在 20% 以上，上海和北京占比更在三成以上。珠海、北京和上海的打印机专利占比接近，都在 15% 左右，深圳则超过了两成，广州打印机专利占比最低，仅有 12.5%。毫无疑问，打印耗材领域是珠海的专利布局重点，占比超过八成，此分支在广州占比约为 2/3，在深圳、北京和上海占比都在 1/2 左右。

可以看出，目前国内重点城市的布局重点是打印耗材专利，且已形成一定优势，对此应当继续发展，精益求精。目前我国打印耗材行业的发展已经取得瞩目成就。诸如天威、纳斯达等打印企业的产品先后获得 ISO 90001、ISO 14001、RoHS、Reach 等国家权威安全认证标准，其打印耗材产品不仅在中国市场内立足，更是销往世界各国，获得了全世界消费者的认可。

打印机和打印耗材既是产业链上下游关系，在经济学上又是互补商品。与打印耗材产业的强势相比，我国主要城市传统打印产业在打印机上表现得较为弱势，打印耗材仍要以国外品牌打印机为依托，始终难以突破知识产权瓶颈。以欧美日为代表的发达国家/地区及其跨国打印公司为维护既得利益，开始借助各种知识产权贸易壁垒打压和围堵我国打印耗材企业。[①] 从这个角度看，要找一条可持续的、高质量发展之道，需要以研发生产具有自主知识产权的打印机为引领，通过打印设备创新发展促进打印耗材协同发展[②]，打破海外知识产权贸易壁垒。

如图 6-1 所示，在珠海、深圳、北京、广州与上海的传统打印产业结构

---

[①] 谢欢，魏雅丽. 打印耗材行业海外知识产权贸易壁垒研究与建议 [J]. 品牌与标准化，2021 (05)：86-88.

[②] 赵顺明，刘琳. 高质量发展视域下珠海传统产业转型升级的路径分析：以打印耗材产业为例 [J]. 中共珠海市委党校珠海市行政学院学报，2019 (05)：60-67.

中，打印机产业平均只占到15%，最突出的深圳也不过只有21.9%。从具体方向上看，国内打印机表现较为突出的首先是特种打印机，无论是标签打印机、手持打印机还是喷码打印机的区位熵表现得都比较出色，针式打印机也是国内传统打印产业的优势所在。

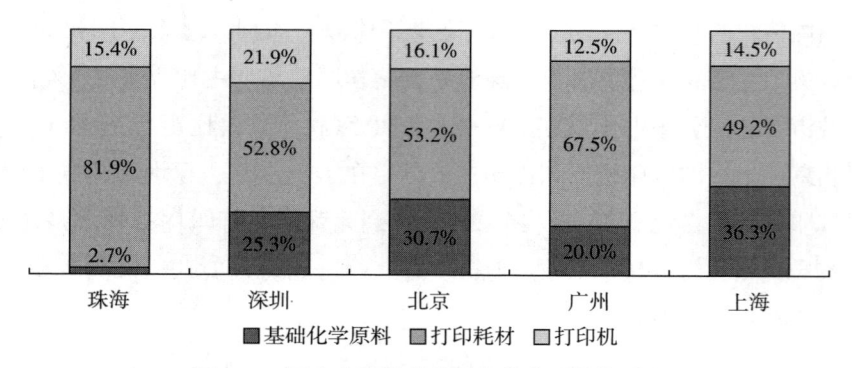

| 城市 | 基础化学原料 | 打印耗材 | 打印机 |
|---|---|---|---|
| 珠海 | 2.7% | 81.9% | 15.4% |
| 深圳 | 25.3% | 52.8% | 21.9% |
| 北京 | 30.7% | 53.2% | 16.1% |
| 广州 | 20.0% | 67.5% | 12.5% |
| 上海 | 36.3% | 49.2% | 14.5% |

图6-1 国内主要城市传统打印产业结构对比

我国传统打印产业在打印机方面还拥有较大的发展空间，如图6-2所示。2021—2022年，在常见的三种家用以及商用打印机中，无论是喷墨打印机还是激光打印机在中国市场出货量中均在150万台以上，2022年第四季度喷墨打印机的出货量更是达到350万台，增长率达到80%。针式打印机的出货量则在50万台以下，且市场份额不断萎缩。这意味着喷墨打印机与激光打印机在未来很长一段时间内仍将把持市场，是未来可以着力的方向，我国传统打印产业仍存在较大优化空间。以我国的喷墨打印机行业为例，目前该行业的核心痛点主要包括整体技术水平偏低、自主发展能力弱以及出口结构不均衡，核心技术的缺乏成为我国喷墨打印机产业的瓶颈。惠普、佳能、爱普生等跨国公司也早已抢占喷墨打印机的核心市场，完成其专利布局，如何实现核心技术、专利的突破，是我国传统打印产业未来需要考虑的问题。

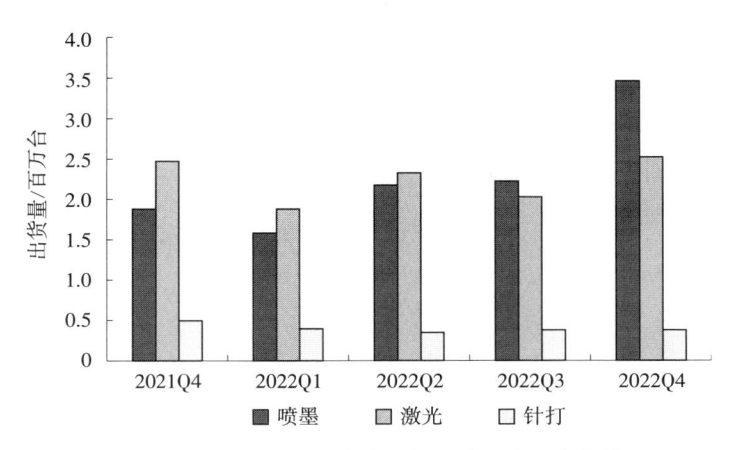

图 6-2　2021—2022 年中国打印外设市场出货量

## 第二节　从专利看国内 3D 打印产业结构调整路径

从国家战略的高度出发，3D 打印技术作为满足国家重大需求、支撑国民经济发展的"国之重器"，已成为世界先进制造领域发展最快、技术研究最活跃、关注度最高的学科方向之一。目前，3D 打印市场集中在 B 端，在航空航天领域的应用已处于产业化阶段，工业级应用范围也已经较广。而消费领域的需求还需要进一步挖掘，直面 C 端需要巨量投资，需要从成本端落地。国内 3D 打印技术近年来在国内日趋升温，但起步较晚，与美国、德国等发达国家相比仍处于初创阶段，暂未实现在工业及个人消费领域更大规模的推广。因此，也有必要从专利角度出发，观察我国 3D 打印产业的发展现状，并从中探索产业结构优化的潜在可能以及未来路径。

从产业链的视角出发，3D 打印产业链分为上、中、下游三个环节。上游的增材制造原材料生产与销售商、中游的增材制造设备与打印产品服务厂商明确了技术开发重点及市场方向，下游从用户需求出发解决了合适的技术来源。从具体内容上看，3D 打印产业链的上游供应的原材料主要包括由纸、金属箔、塑料膜、陶瓷膜等构成的 LOM 材料，由塑料粉、蜡粉、金属粉、表面附有黏结剂的覆膜陶瓷粉、覆膜金属粉及覆膜砂等构成的 SLS 材料，由 PLA、ABS、尼龙、PC、PEEK、尼龙加碳纤维等构成的 FDM 材料，由尼龙粉末、ABS 粉末、石膏粉末等构成的 3DP 材料，以及主要由光敏树脂构成的 SLA 材料。3D 打印产业链中游提供的主要有 FDM 设备、SLA 设备、3DP 设备、SLS 设备以及 CAD 等用于 3D 打印控制与设计的软件。

## 一、国内 3D 打印重点城市专利情况

目前国内已有多省市成立了地方 3D 打印产业联盟，并在相关政策中提及要重点发展 3D 产业。以广东省为例，早在"十二五"时期广东省就开始布局 3D 打印相关技术研发和产业化转化，进入"十三五"时期，3D 打印产业首次被纳入广东省战略性新兴产业和先进制造业重点产业，成为广东省重点发展的产业之一。随后十余年里，广东省就区域 3D 打印技术发展路径、3D 打印技术发展方向、3D 打印产业链建设、3D 打印应用推广、3D 打印领先企业培育等诸多方面陆续出台相关政策，为广东省 3D 打印产业发展提供有力支撑。[①] 我国东部、南部发达城市已普遍有企业应用进口 3D 打印设备开展了商业化的快速成型服务，其服务范围涉及模具制作、样品制作、辅助设计、文物复原等多个领域。国内一些企业更是已经实现了 3D 打印机的整机生产和销售。概括出国内头部城市 3D 打印专利的基本情况并进行分析，为后续 3D 打印产业的优化提供方向上的指引就显得尤为重要。

从 3D 打印技术专利布局的视角看，目前在中国范围内，3D 打印产业发展以及专利布局走在前头的主要有珠海、苏州、深圳、北京、广州、上海六市，各市在专利布局方面各有其特点。

如表 6-2 所示，珠海的 3D 打印专利布局区位熵在中游表现得尤其突出；苏州的专利布局较为平均，上、中、下游的区位熵均保持在 0.7~1.5 的区间内；深圳同样在中游的专利布局表现比较突出，但其突出的具体领域与珠海

---

① 李宛卿. 2022 年广东省 3D 打印产业链全景图谱 [EB/OL]. (2022-10-20) [2023-06-12]. https://www.qianzhan.com/analyst/detail/220/221020-939cfcdc.html.

存在明显区别；北京与广州两座城市在3D打印专利技术布局上较为相似，均在SLS材料等领域；上海则聚焦于3D打印的下游环节，其下游环节的区位熵在六大城市中遥遥领先。从专利申请量看，珠海在3D打印领域属于后进城市，与前五城市有着较大差距。从区位熵的数值上看，申请量前五城市加珠海，区位熵在1.5及以上的分支有北京的SLS材料、3DP材料；上海的医学和机械领域；广州的SLS材料、医学领域；深圳的SLA设备；苏州的3DP材料；珠海的设计软件、3DP设备、LOM设备。这些高区位熵领域反映了该城市3D打印产业的优势技术及其专业化程度，以及该城市相关3D打印技术产业集聚存在的可能性。

表6-2 六市3D打印技术专利布局定位（区位熵）

| 二级 | 三级 | 珠海 | 北京 | 上海 | 深圳 | 广州 | 苏州 |
|---|---|---|---|---|---|---|---|
| 上游 | LOM材料 | 1.08 | 0.98 | 0.59 | 0.80 | 0.67 | 1.30 |
| | SLS材料 | 0.11 | 1.57 | 0.80 | 0.33 | 1.66 | 0.73 |
| | FDM材料 | 1.39 | 1.42 | 1.04 | 0.51 | 0.80 | 0.80 |
| | 3DP材料 | 0.57 | 1.71 | 0.76 | 0.73 | 0.62 | 1.58 |
| | SLA材料 | 0.36 | 0.63 | 0.72 | 0.83 | 0.93 | 0.99 |
| 中游 | SLA设备 | 0.84 | 1.11 | 1.27 | 1.82 | 1.13 | 1.32 |
| | SLS设备 | 1.36 | 0.74 | 0.67 | 0.39 | 0.54 | 0.89 |
| | 3DP设备 | 2.09 | 0.88 | 1.03 | 0.95 | 0.93 | 0.83 |
| | FDM设备 | 1.08 | 1.30 | 0.72 | 1.13 | 0.87 | 0.99 |
| | LOM设备 | 7.34 | 0.59 | 0.16 | 0.39 | 0.31 | 1.11 |
| | 3D打印控制 | 1.32 | 0.87 | 0.93 | 1.05 | 1.08 | 1.07 |
| | 设计软件 | 3.39 | 1.43 | 0.94 | 0.70 | 0.74 | 0.72 |
| 下游 | 医学 | 0.68 | 0.97 | 1.50 | 0.55 | 1.57 | 1.00 |
| | 机械 | 0.29 | 1.43 | 2.20 | 0.67 | 0.74 | 0.82 |
| 3D打印机专利申请量合计/件 | | 850 | 2587 | 2079 | 1871 | 1556 | 947 |

## 二、重点城市3D打印产业结构分布

国内3D打印技术的主要来源地包括北京、广州、上海、深圳和西安，珠海与前述城市专利申请量差距较大。除上海外，其余主要城市3D打印专利结构配比类似，材料专利占比在30%左右，北京、广州、西安应用领域专利占比约为15%，深圳则在10%左右。上海应用领域专利占比超过1/4，比较之下具有优势，制造方法占比则被压缩到了1/2。总体来看，头部城市现有3D打印产业专利结构呈现"小集中、大分散"分布特征，过于围绕中游（3D打印设备），应用领域的示范推广和商业应用规模仍有待发展。

从产业链视角看，我国3D打印头部城市仍存在较大的产业优化探索可能和空间。在3D打印领域，3D打印材料与3D打印技术的发展是相辅相成的，甚至可以说，打印材料技术决定着3D打印技术的应用前景和方向。[①] 目前，我国材料市场仍然以非金属为主，非金属材料与金属材料的占比大约在6∶4，如工程塑料、尼龙、树脂等非金属材料占据了材料市场的大部分份额；剩余的金属材料中，铝合金、不锈钢占比较大[②]，材料研发急需迈向复合化，金属材料的相关专利布局有待强化。从专利上看，近年来我国3D打印材料申请量虽然在世界上位居首位，但目前研究重点主要集中在成型装置、主流塑性材料和金属粉末加工等方向，除了保持现有技术优势，也应关注如新型的高分子复合新材料等3D打印材料，进一步加大对技术的研发和专利布局。此外，我国3D打印的材料制作成本以及使用性能仍然是产业链上游的核心痛点，这是如北京、广州等在材料方面表现较为出色的龙头城市可以考虑的优化方向。

在中游部分，目前我国3D打印设备主要以SLS、非金属的FDM为主，前两者占比约32%，FDM大约占整体的15%，分别对应应用于工业级和桌面级。目前国内的工业级3D打印主要服务于航空、汽车制造等高端领域，桌面级3D打印则主要应用于简单模型制作，更多以出口的形式向国外输出。中游产业应用领域单一、服务对象集中化的问题直接影响到3D打印的下游产业。从图6-3可以看出，六大3D打印龙头城市在应用领域的占比基本在10%上下，仅有上海的占比达到了25.8%。也就是说，对于国内3D打印龙头城市而言，一方面可以考虑在除SLS、FDM以外的3D打印技术及设备方面进行更多

---

① 崔文尧, 闫彭. 近二十年国内3D打印技术专利分析[J]. 中国科技信息, 2022（10）: 14-15, 18.

② 艾瑞咨询. 2022年中国3D打印行业报告[EB/OL].（2022-10-10）[2023-06-06]. https://report.iresearch.cn/report/202210/4074.shtml.

的专利布局；另一方面也应考虑扩展市场，丰富服务对象以及应用领域。

从宏观视角出发，建议整合各地区优势科技资源与先进制造产业链资源，高效推动"3D打印+"细分行业的协调发展。围绕世界级产业集群建设目标，以京津冀地区、长三角地区、珠三角地区、中西部地区的增材制造产业优势聚集地为基础，推进增材制造技术与各地区产业链、供应链的深度融合，推动产业链、供应链的跨区域协同发展，形成具有国际竞争优势的中国增材制造产业链生态。[①]

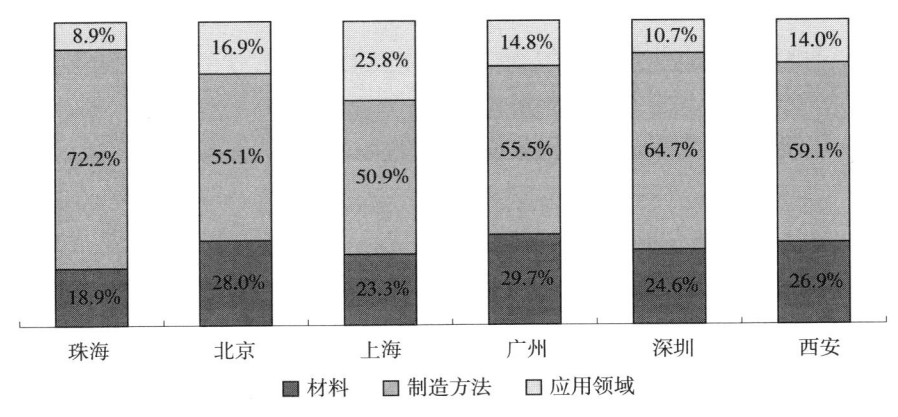

| 城市 | 材料 | 制造方法 | 应用领域 |
|---|---|---|---|
| 珠海 | 18.9% | 72.2% | 8.9% |
| 北京 | 28.0% | 55.1% | 16.9% |
| 上海 | 23.3% | 50.9% | 25.8% |
| 广州 | 29.7% | 55.5% | 14.8% |
| 深圳 | 24.6% | 64.7% | 10.7% |
| 西安 | 26.9% | 59.1% | 14.0% |

图 6-3 国内主要城市 3D 打印产业结构对比

## 第三节 从专利来看打印企业发展路径

企业在市场经济中居于主体地位，在专利导航产业中发挥着关键性作用，产业的发展应积极重视企业的主体地位。我国打印设备产业相关企业不仅应了解龙头企业的技术升级路线，更应学习其布局策略和对专利、技术以及产品的突围机制。本书将重点介绍几家龙头企业值得借鉴之处，供产业内企业参考。

---

① 王磊，卢秉恒. 我国增材制造技术与产业发展研究 [J]. 中国工程科学，2022，24（04）：202-211.

佳能、惠普、Stratasys 作为打印行业的龙头企业，均有其具有优势的特色发展和布局方式。佳能和惠普几乎垄断了喷嘴、打印头、喷墨头等喷墨打印机核心技术，且从 20 世纪 70 年代末至今仍然在核心技术上保持升级优化，加强专利的对外布局，各技术向外输出专利数量均领先其余企业。佳能的策略突围路线和专利管理方式尤其值得本领域企业借鉴。从 20 世纪 80 年代末开始，Stratasys 以 FDM 技术为核心，不断向 3D 打印其余技术领域扩散，但同时保持 FDM 技术的创新活力，明确市场和技术关联度，重视在全球市场的专利布局。我国打印设备企业应积极利用专利技术分析产业技术发展态势和发展前景，并据此制定企业发展规划，提高企业的经营能力和核心竞争力。

## 一、佳能对于我国打印设备企业的启示

佳能 1975 年成功开发激光打印机（LBP），事实上早在 5 年前的 1970 年，佳能就开始在打印机相关专利上布局。1979 年，日本佳能的两位先驱研究员 Endo 和 Hara 成功地推出 Bubble Jet 气泡式喷墨技术，并推出内置半导体激光器的打印机。1980 年 8 月，气泡喷墨技术首次被应用到喷墨打印机 Y-80，从此开始了喷墨打印机的历史。80 年代初，佳能就已经拥有"一体式硒鼓"和"定影膜加热技术"两大关于硒鼓形式和加热技术的专利，并于 1984 年推出世界首创商务用普通纸打印机和世界最小最轻的激光打印机。1985 年推出气泡式喷墨打印机。1990 年在中国设立佳能珠海有限公司；1992 年推出全彩色喷墨打印机。1996 年佳能喷墨打印机和激光打印机产量均达 2000 万台，同年通过改进墨水配方开发出了世界第一款能够在普通纸上进行彩色喷墨打印的打印机 BJC600J。1999 年推出具有新型打印头技术和新"微细墨盒滴技术"的全彩色喷墨打印机。2000 年，利用气泡喷墨打印技术，发明一种制造 DNA 微阵列的新方法。2001 年在中国设立佳能（中山）办公设备股份有限公司。2004 年佳能喷墨打印机出货量突破 1 亿台。2011 年推出生产型喷墨打印机"彩翼 5000"，进入生产型照片打印机市场。2017 年推出高速单页纸彩色打印机和 UV 平板打印机（见图 6-4）。

图 6-4　佳能打印机产业发展历程

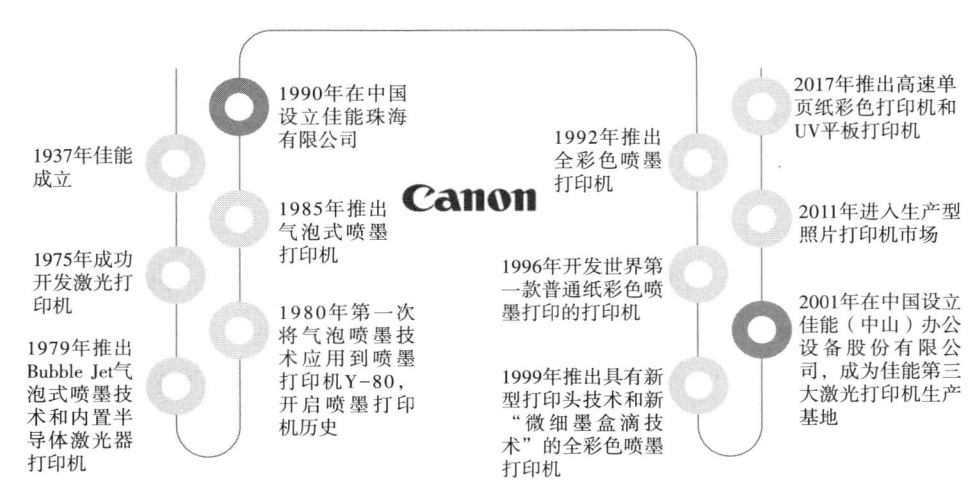

## （一）技术突围

在初创阶段，佳能公司从研发相机到后来的复印件和打印机，一直面临着德国和美国同行业对手的专利围堵和打压。在研究喷墨打印机时，佳能研究采用气泡加热新技术，被业界认为是技术异端分子，但公司上层坚决予以支持，使这项创新性技术最终为佳能公司创造了巨大的市场份额。[1]

从佳能公司的技术发展来看，在市场竞争中，作为后参与者，必须另辟技术路径，开发独特技术，形成垄断专利，才能独霸市场。[2]

早期喷墨打印的原理大多为连续喷墨打印，利用压电驱动装置在足够的压力下将墨输送到毛细管喷嘴，使其连续喷射，再由偏转电极来改变墨水滴的飞行方向，使需要打印的墨水滴飞行到纸面上，生成字符/图形记录，不参与记录的墨水滴由导管回收。而佳能并未选择连续式喷墨打印，而是在早期专利中选择了以 1971 年 12 月 22 日 Stemme 提交的"关于用有色液体进行纸张书写的机制的处理"（SE7100219）为研发基础，在自身的专利中首次提到了"使用电压晶体或磁系统或活塞或在加热下膨胀主体或通过加热或电解气

---

[1] 董建龙. 佳能——企业技术创新和管理创新的典范 [J]. 中国科技产业，2009（05）：52-57.
[2] 肖利. 日本著名企业的技术与管理创新及对我国现代企业的启示 [J]. 科研管理，2008（05）：29-34.

体生产使油墨蒸发"的方法，这一方法相较当时的技术可以降低功耗（是 mW 量级而不是 W 量级）、减小尺寸、无声印刷，可以使用普通纸并实现每秒 1000 个符号以上的打印速度。这是按需式喷墨打印的开端。在接下来的 50 多年，佳能通过对喷嘴、打印头、喷墨头相关技术及墨滴喷射方式的研发继续升级优化喷墨打印机。

图 6-5 为佳能传统打印耗材各三级分支专利量，从专利检索结果来看，佳能在打印领域专利布局数量最多的三个分支依次是墨盒、硒鼓、碳粉，专利申请量均超过一万件，其中墨盒超 18000 件。外壳、树脂原料、成像辊、定影辊专利布局数量也在 6000 件以上，与佳能打印耗材产业中激光打印和喷墨打印专利分布情况相匹配。

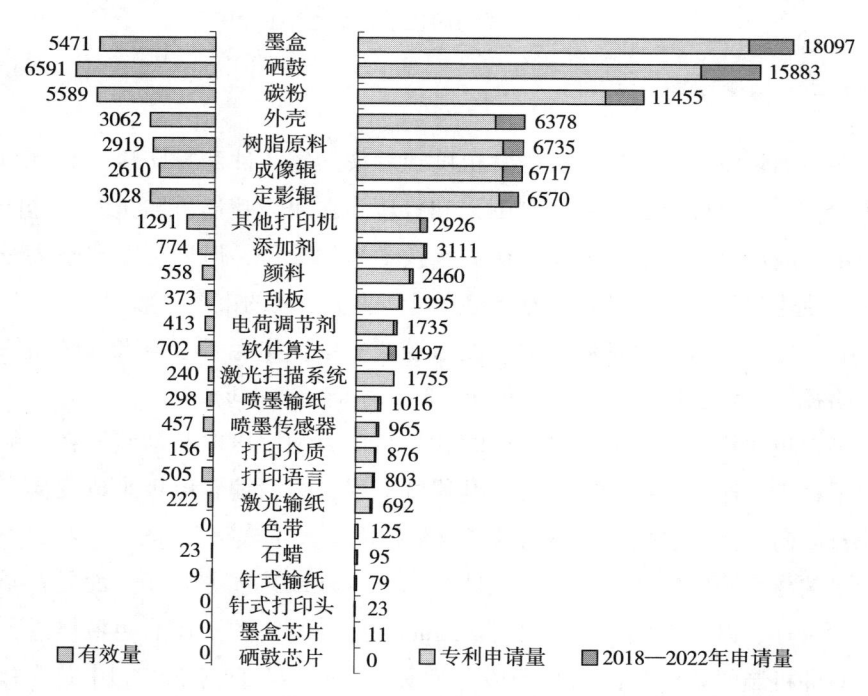

| 技术分支 | 有效量 | 专利申请量 | 2018—2022年申请量 |
|---|---|---|---|
| 墨盒 | 5471 | 18097 | |
| 硒鼓 | 6591 | 15883 | |
| 碳粉 | 5589 | 11455 | |
| 外壳 | 3062 | 6378 | |
| 树脂原料 | 2919 | 6735 | |
| 成像辊 | 2610 | 6717 | |
| 定影辊 | 3028 | 6570 | |
| 其他打印机 | 1291 | 2926 | |
| 添加剂 | 774 | 3111 | |
| 颜料 | 558 | 2460 | |
| 刮板 | 373 | 1995 | |
| 电荷调节剂 | 413 | 1735 | |
| 软件算法 | 702 | 1497 | |
| 激光扫描系统 | 240 | 1755 | |
| 喷墨输纸 | 298 | 1016 | |
| 喷墨传感器 | 457 | 965 | |
| 打印介质 | 156 | 876 | |
| 打印语言 | 505 | 803 | |
| 激光输纸 | 222 | 692 | |
| 色带 | 0 | 125 | |
| 石蜡 | 23 | 95 | |
| 针式输纸 | 9 | 79 | |
| 针式打印头 | 0 | 23 | |
| 墨盒芯片 | 0 | 11 | |
| 硒鼓芯片 | 0 | 0 | |

图 6-5 佳能传统打印耗材各三级分支专利申请量、2018—2022 年申请量和有效量（单位：件）

佳能 2018—2022 年专利申请量最多的技术分支为硒鼓，共申请专利 6591 件，其次为墨盒，共申请专利 5471 件，占墨盒全部专利申请量的 10.2%。碳粉和外壳2018—2022年专利申请量也超3000件。佳能创新热点仍然为激光打印耗材的硒鼓、碳粉以及喷墨打印耗材的墨盒。

佳能打印耗材专利有效量前三技术分支仍然为硒鼓、碳粉、墨盒，其中硒鼓专利有效量超6000件，碳粉和墨盒专利有效量超5000件。在前三技术分支中，专利有效量占该技术分支全部专利申请量的比重最高的为碳粉，占比达42.2%，其次为硒鼓（35.4%）和墨盒（27.2%）。在拥有专利有效量100件以上的技术分支中，专利有效量占分支全部专利申请量的比重最多的为打印语言，其58%的专利均处于有效状态。

从佳能在各技术分支上的专利布局情况来看，激光打印和喷墨打印中的硒鼓、碳粉、墨盒仍然是专利布局核心，但硒鼓近年来创新活跃度和核心专利占比均略优于其他两分支。

如图6-6所示，佳能3D打印整体专利量较少，仅有五个技术分支拥有专利，且仅有SLA材料有近百件专利量，但有近五成处于失效状态，其余分支专利量均不足20件，且均无维持有效状态专利。而FDM设备和SLS设备虽然专利布局较少，但全部为2018—2022年申请。

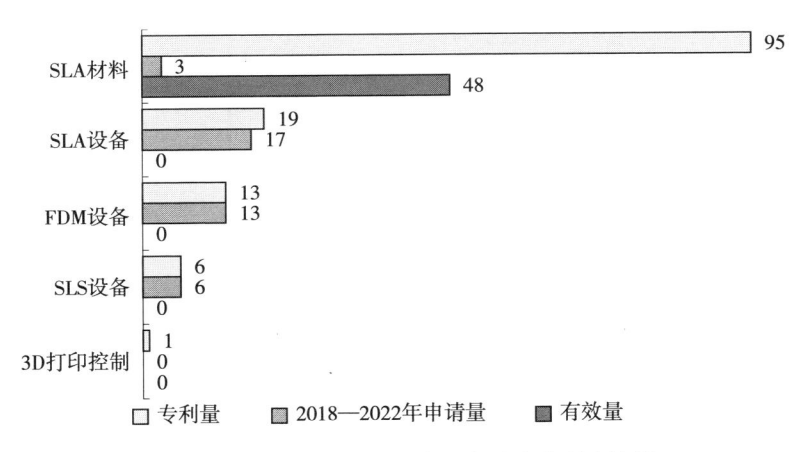

图6-6 佳能3D打印耗材各三级分支专利申请量、2018—2022年申请量和有效量（单位：件）

佳能在技术布局时始终伴随着对产品的保护，在推出运用新技术的产品前夕均有相应的专利申请（见图6-7）。

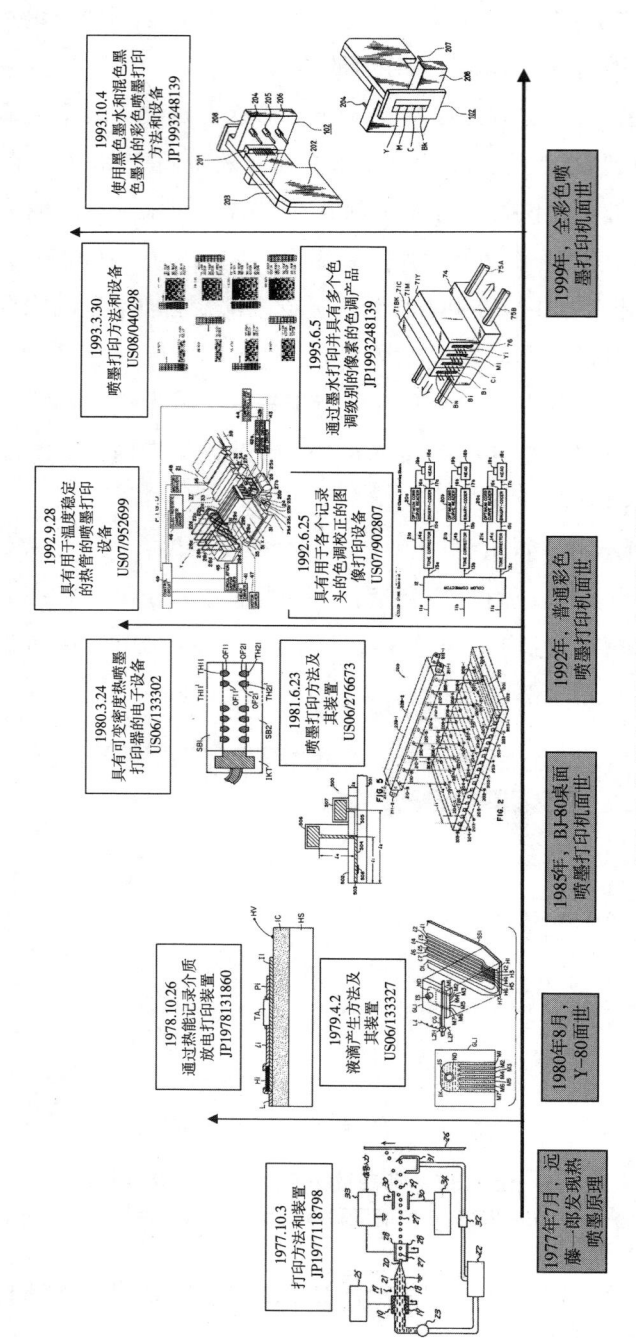

图6-7 佳能专利布局和产品推出情况

佳能运作模式特色鲜明，采用轻资产的运作模式，提前收取客户款项，然后向代工厂发出需求并进行时间规划，其自身并不直接统辖工厂，也几乎无库存。这使佳能的现金流变得非常灵活，不会产生库存积压的情况。

（二）机制突围

佳能公司向来重视知识产权，一直以来对研发人员宣传这样的基本理念：少写技术论文，多写专利申请书和发明建议书；少看技术文献，多看专利公报。公司每周都固定抽出一个工作日，让研发人员撰写专利申请文件，阅读专利公告，专门学习知识产权业务。同时，要求研发人员在申请项目时，注意可填补什么专利空白，怎样去实施，现有技术的优缺点是什么。若在阅读专利公报时，发现佳能公司的技术落入其他公司专利权保护范围时，应要求研发人员变更设计，如不能变更，就应设法去购买或取得其他公司的专利许可，甚至是与对手进行交叉许可。

佳能公司不仅重视知识产权的保护，更注重如何在全球范围内经营开发。公司每年花费几千万美元和占公司1%的人力资源去保护自己的技术领地，严防知识产权的流失，而且十分用心地培植、提升公司品牌和商标。这种经营理念代表了欧、美、日跨国公司的经营战略，用技术、专利、品牌和商标全面维护市场，并全力挤压竞争对手（见图6-8）。

| 01 | 少写技术论文 | 多写专利申请书和发明建议书 | 少看技术文献 | 多看专利公报 |
| --- | --- | --- | --- | --- |
| 02 | 固定工作日 | 研发人员撰写专利申请文件 | 阅读专利公告 | 专门学习知识产权业务 |
| 03 | 申请项目时 | 填补专利空白 | 怎样去实施 | 现有技术的优缺点是什么 |
| 04 | 落入保护范围时 | 研发人员变更设计 | 设法购买 | 取得专利许可，交叉许可 |
| 05 | 全力防止技术流失 | 物品管理 | 人员管理 | 信息管理 |
| 06 | 提高全球化品牌形象策略 | 一手抓专利，一手抓品牌 | 名匠和技师制度独树一帜 | 知识产权经营开发 |

图6-8 佳能专利管理机制

资料来源：项目组根据公开资料整理绘制。

## （三）持续创新

佳能公司拥有 7000 多名研发人员，并对他们按照研发目标进行了分层：2600 人在 4 个核心研发本部工作，主要研发 10~20 年后的技术；其他大部分研发人员分布在 6 个事业本部，针对未来 1~3 年的技术和产品开发。

截至检索日，佳能传统打印专利申请特点显著，以激光打印为主，专利占比超过六成；喷墨打印约占三成；针式打印专利申请量在 300 件以下，2020 年仅有 3 件针式打印专利申请（见图 6-9）。

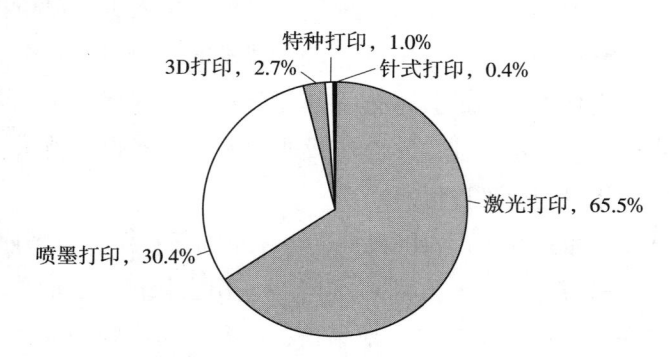

特种打印，1.0%
3D 打印，2.7%
针式打印，0.4%
激光打印，65.5%
喷墨打印，30.4%

**图 6-9　佳能打印设备产业各一级分支专利占比**

考虑佳能目前的专利申请方向，对佳能近十年喷墨打印和激光打印专利申请趋势进行重点分析。如图 6-10 所示，近年来，佳能打印设备产业专利申请量稳中有降，2019 年，激光打印专利申请量降到千件以下，喷墨打印专利申请量降到 500 件以下。

佳能在 2015 年 10 月推出首款完全自主开发的 3D 打印机概念机型，并在该款 3D 打印机上，使用了一种基于树脂的全新方法。虽然佳能近年来对 3D 打印投入力度远不及喷墨打印和激光打印，但 2018—2022 年仍然申请了 139 件 3D 打印相关专利。

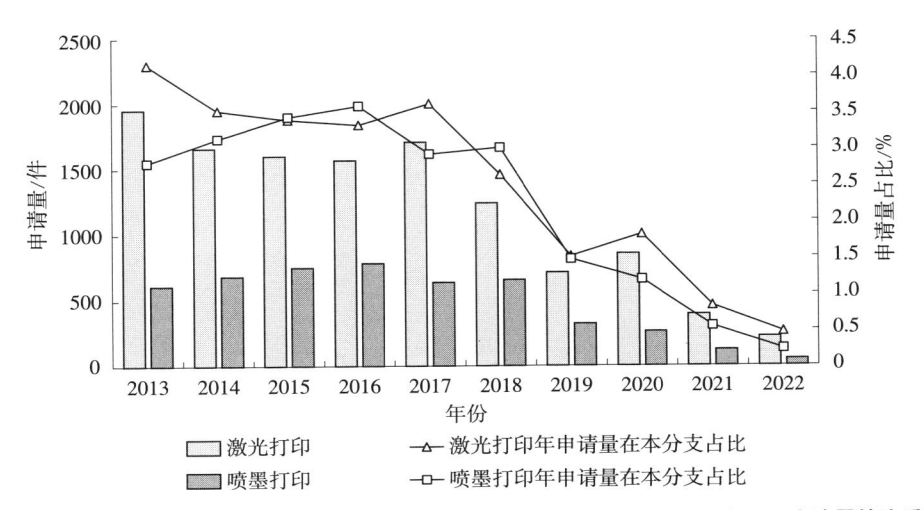

图 6-10　2013—2022 年佳能激光和喷墨打印专利申请量及占佳能本分支专利总申请量的比重

### (四) 强化布局

佳能对技术进行专利布局时，重视本国市场，更重视对外布局。从佳能打印耗材产业专利量在各目标市场分布来看，佳能的技术布局于日本本土较多，布局专利量占佳能打印耗材产业专利量的近五成。佳能在美国也有大量的专利布局，超过两成的专利流向美国。此外，分别有超过 4% 的专利布局于中国、欧洲、韩国和德国，还有 8% 的专利流向澳大利亚等其他 48 个国家和地区。佳能打印耗材产业在全球专利技术布局面较为广泛，且除日本本土外其他国家和地区布局专利量占据五成以上（见图 6-11）。

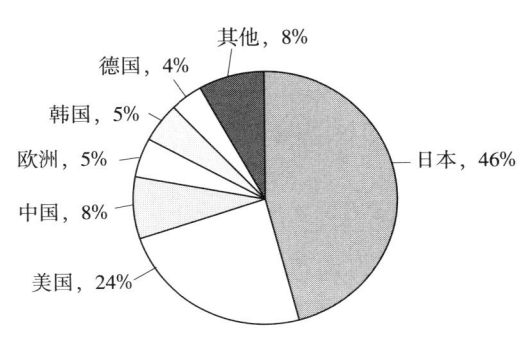

图 6-11　佳能打印设备产业目标市场分布情况

从传统打印三级技术分支专利申请量目标市场分布来看（见图6-12），美国、日本、中国是佳能主要布局国家。佳能硒鼓、碳粉两大技术分支在美国分别布局了近3000件专利，其次便是墨盒，共有2666件专利布局于美国，定影辊、外壳、树脂原料也有超1500件专利流向美国。佳能专利在日本布局较多的技术分支有墨盒、碳粉和硒鼓，专利量分别为2068件、1969件、1313件。佳能在中国布局超千件的技术分支有定影辊、硒鼓、墨盒，专利量分别为1915件、1828件、1053件。

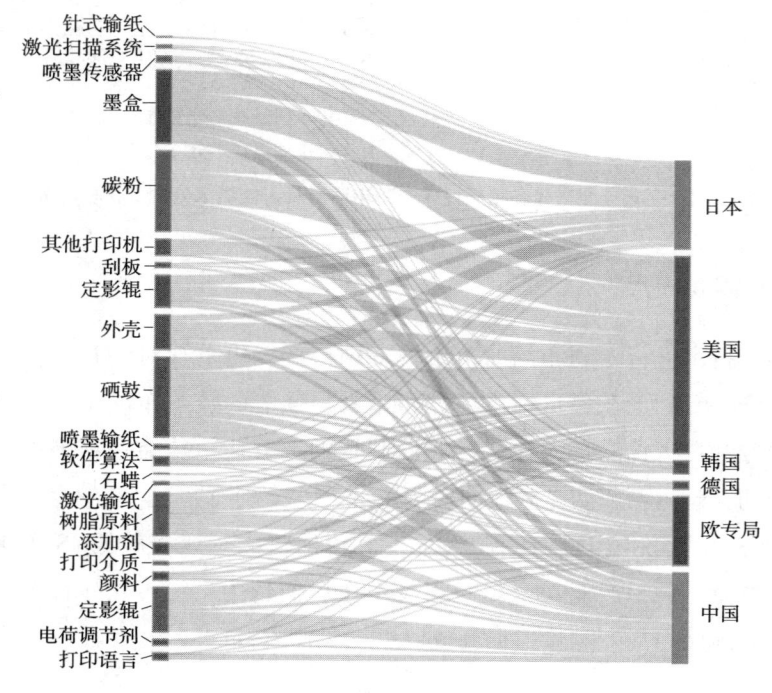

图6-12 佳能打印设备产业三级分支专利技术流向

## 二、惠普对于我国打印设备企业的启示

1982年，惠普开始与佳能合作，引入佳能的CX引擎技术，启动激光打印机的研制和生产，1984年5月发布首款HP LaserJet Classic，随后迅速成为世界上最流行的个人桌面激光打印机，从而发起了桌面激光打印机革命。1987年，又推出了第二代激光打印机。1991年，惠普发布世界上第一款使用

内置打印服务器（Jetdirect）直接连接网络的打印机 LaserJet IIISi。2002 年，惠普推出第一款纵向彩色黑白同速的彩色激光打印机，标志着其进入 1000 美元以下的彩色激光打印机市场。

惠普喷墨打印机也是起源于 20 世纪 80 年代初，1980 年，惠普第一个热感喷墨式产品开发项目正式开始，历时 4 年推出了一款热感喷墨打印机 ThinkJet。随后又设计出第二款打印机，但因价格高昂不具有市场优势。1994 年，具有价格优势的喷墨打印机 DeskJet 上市，提供了彩色打印机升级功能，使惠普当年卖出 400 万台彩色打印机。

惠普打印耗材领域进入中国市场是在 1985 年，成立中国首家中美高科技合资企业惠普中国。1997 年，HP LaserJet 6L 在中国市场问世，是一款惠普专门针对中国纸张特点设计的机型。2006 年，成立惠普打印产品上海研发中心，专注于喷墨打印机、激光打印机和大幅面印刷设备的研发。2017 年，完成对三星电子有限公司打印机业务的收购，此次整合带来三星打印机拥有超过 6500 项打印专利和由近 1300 名研发人员和工程师组成的顶级团队，他们都是激光打印、电子成像及耗材和配件领域的专家（见图 6-13）。

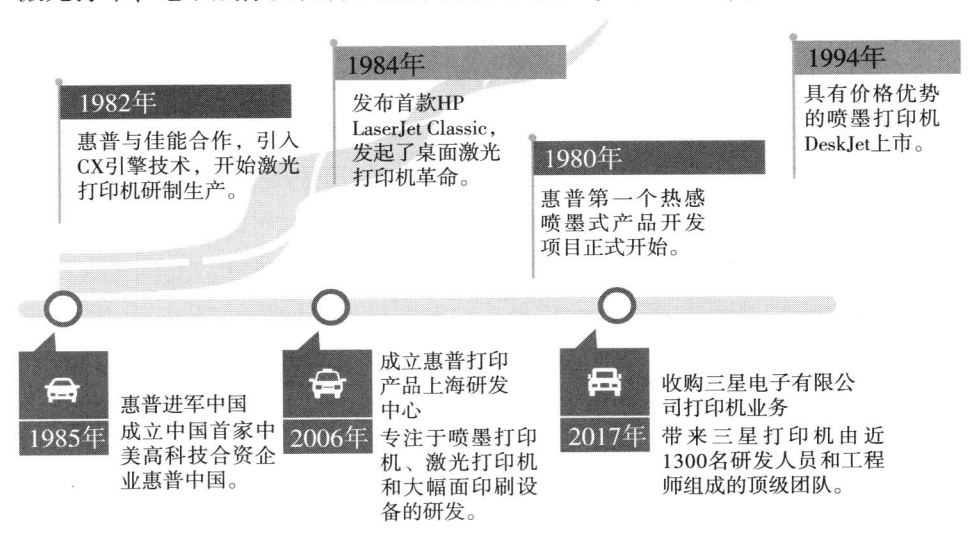

图 6-13 惠普打印设备领域发展历程

## （一）技术布局

惠普于 1979 年开始试水喷墨打印技术，并于 1984 年推出了第一台桌面型热发泡技术的喷墨打印机 ThinkJet。其与佳能几乎同时开发出了可量产的热发泡技术，两家很快达成了共识，以联合研发、专利交叉授权等方式开展合作，并形成市场垄断。1994 年，惠普发布了第一台彩色喷墨打印机 HP DeskJet 525Q。

尽管仍在持续研发，但惠普喷墨打印机目前已大量采用佳能方案，其市场占有率并不仅仅依靠专利控制。由于本身就有计算器和计算机相关业务，在发展之初惠普就为打印机设计了与电脑兼容的接口。随着个人计算机的市场指数级扩增，惠普的打印机随之普及。同时，惠普自有的打印语言 PCL 和 Adobe 的 PostScript 语言已经成为业界标准的两种打印机语言，这也使得惠普的打印机能够更好地接收来自电脑的命令。

惠普在喷墨打印机的打印头上技术布局较为全面，从前述惠普喷墨打印技术路线可知，从 20 世纪 70 年代末开始，惠普在打印头电镀涂层技术、打印头背压调节方式、各类喷墨打印头结构和制造方法、打印头阀组件的改进、打印头供墨系统、打印头电路制造、打印头清洁方法、打印机温度控制及纸张干燥、打印头墨槽制造等技术方面均有专利布局。惠普喷墨打印头中与成膜工序、光刻工序、蚀刻工序等相关的重点专利路线对珠海打印头制造可以起到参照作用。

惠普打印设备各三级分支专利量如图 6-14 所示。从目前专利检索结果来看，惠普墨盒专利量超 5000 件，是专利布局数量最多的分支；其次是颜料专利量超 1800 件；添加剂和打印介质也是专利布局较多的技术分支，布局数量均在 500 件以上。惠普专利布局数量更多集中在喷墨打印耗材和基础原材料。

惠普 2018—2022 年专利申请量最多的技术分支为墨盒，共申请专利 900 余件，占墨盒全部专利申请量的 15.5%；其次为硒鼓，申请专利均为 200 余件，占其全部专利申请量的 55.2%。在 2018—2022 年专利申请量超 100 件的技术分支中，定影辊、打印语言和硒鼓 2018—2022 年申请占比均在五成以上。软件算法的专利申请量仅为 50 余件，但全部为 2018—2022 年申请。

惠普传统打印耗材专利有效量前三技术分支仍然为墨盒、颜料和添加剂，其中墨盒专利有效量超3000件，颜料和添加剂专利有效量超400件。前三技术分支专利有效量占该技术分支全部专利申请量的比重相差较小，均在50%~55%。在拥有专利有效量100件以上的技术分支中，成像辊和树脂原料专利有效量占分支全部专利申请量的比重均超过六成，分别达到了62.3%、62.1%。

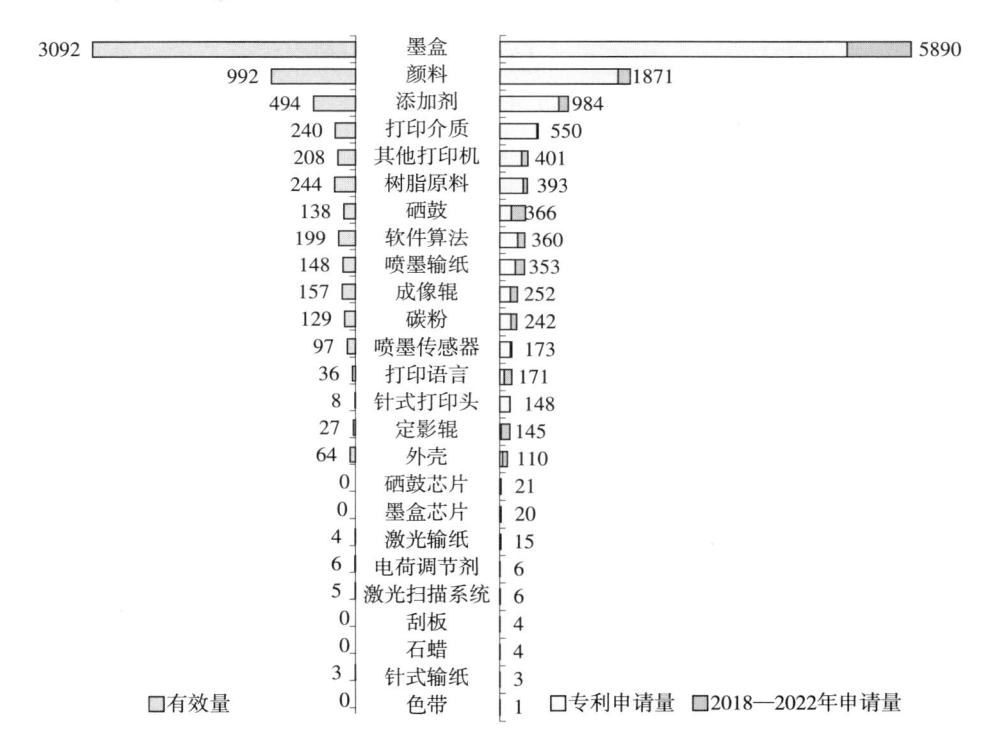

| 分支 | 有效量 | 专利申请量 | 2018—2022年申请量 |
|---|---|---|---|
| 墨盒 | 3092 | 5890 | |
| 颜料 | 992 | 1871 | |
| 添加剂 | 494 | 984 | |
| 打印介质 | 240 | 550 | |
| 其他打印机 | 208 | 401 | |
| 树脂原料 | 244 | 393 | |
| 硒鼓 | 138 | 366 | |
| 软件算法 | 199 | 360 | |
| 喷墨输纸 | 148 | 353 | |
| 成像辊 | 157 | 252 | |
| 碳粉 | 129 | 242 | |
| 喷墨传感器 | 97 | 173 | |
| 打印语言 | 36 | 171 | |
| 针式打印头 | 8 | 148 | |
| 定影辊 | 27 | 145 | |
| 外壳 | 64 | 110 | |
| 硒鼓芯片 | 0 | 21 | |
| 墨盒芯片 | 0 | 20 | |
| 激光输纸 | 4 | 15 | |
| 电荷调节剂 | 6 | 6 | |
| 激光扫描系统 | 5 | 6 | |
| 刮板 | 0 | 4 | |
| 石蜡 | 0 | 4 | |
| 针式输纸 | 3 | 3 | |
| 色带 | 0 | 1 | |

**图 6-14　惠普打印设备各三级分支专利申请量、2018—2022年申请量和有效量（单位：件）**

从惠普在传统打印各技术分支上的专利布局情况来看，喷墨打印的墨盒占据绝对优势，2018—2022年专利申请较为活跃的分支则为软件算法。

如图 6-15 所示，从惠普 3D 打印耗材相关专利各技术分支分布来看，软件算法、3DP 设备和 SLS 设备专利布局较多，均布局了 200 余项专利，其中软件算法专利量超 300 项。3D 打印控制专利量排名第四位，但其中 84.0% 为 2018—2022 年申请，排名第二位的 3DP 设备也有 83.5% 的专利为 2018—2022

年申请。从专利有效量来看，软件算法以 199 件位居 3D 打印各分支首位，占其全部专利的 55.3%；LOM 材料虽然专利量仅有 85 件，但近七成均处于有效状态。总体而言，软件算法是惠普 3D 打印专利储备以及核心技术储备最多的分支，但技术热点更多倾向于 3D 打印控制和 3DP 设备。

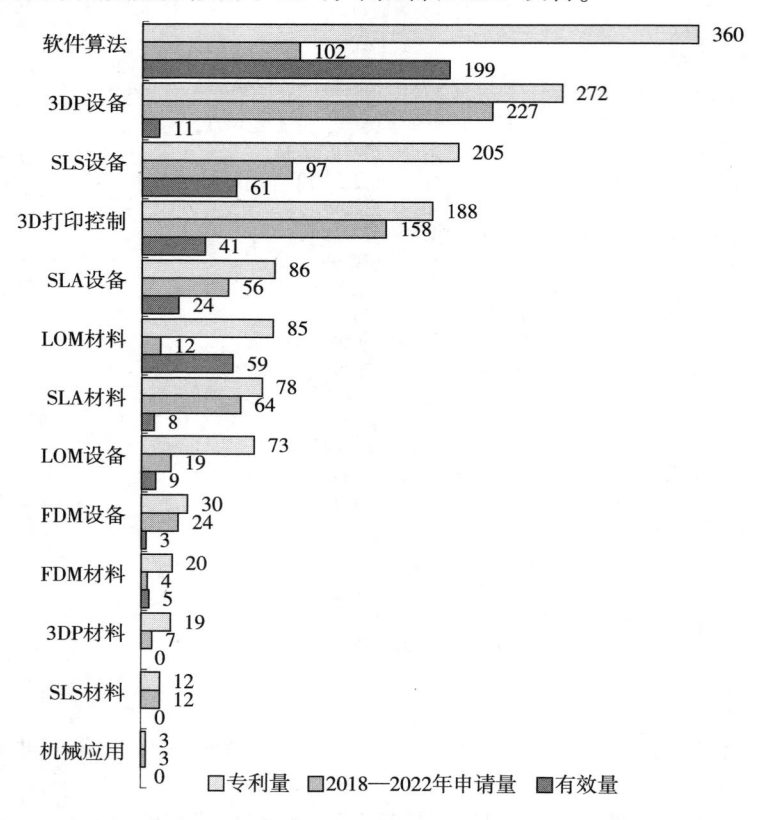

| 分支 | 专利量 | 2018—2022年申请量 | 有效量 |
| --- | --- | --- | --- |
| 软件算法 | 360 | 102 | 199 |
| 3DP设备 | 272 | 227 | 11 |
| SLS设备 | 205 | 97 | 61 |
| 3D打印控制 | 188 | 158 | 41 |
| SLA设备 | 86 | 56 | 24 |
| LOM材料 | 85 | 12 | 59 |
| SLA材料 | 78 | 64 | 8 |
| LOM设备 | 73 | 19 | 9 |
| FDM设备 | 30 | 24 | 3 |
| FDM材料 | 20 | 4 | 5 |
| 3DP材料 | 19 | 7 | 0 |
| SLS材料 | 12 | 12 | 0 |
| 机械应用 | 3 | 3 | 0 |

**图 6-15　惠普 3D 打印各三级分支专利申请量、2018—2022 年申请量和有效量（单位：件）**

（二）持续创新

图 6-16 为惠普打印设备产业各一级分支专利占比情况。截至检索日，惠普在传统打印上的专利申请量分布呈现如下特点：喷墨打印占据绝对主导地位，激光打印专利量次之，而针式打印和特种打印专利量较少。尤其是 2018—2022 年中仅有 1 件针式打印专利，无特种打印专利申请提交。同时 3D 打印产业后来居上，尽管惠普从 2010 年才开始涉足 3D 打印产业，近年来才

开始进行自主研发，但当前公开的专利申请占比已超过激光打印。可以看出，3D打印是惠普近年来的研发重心。

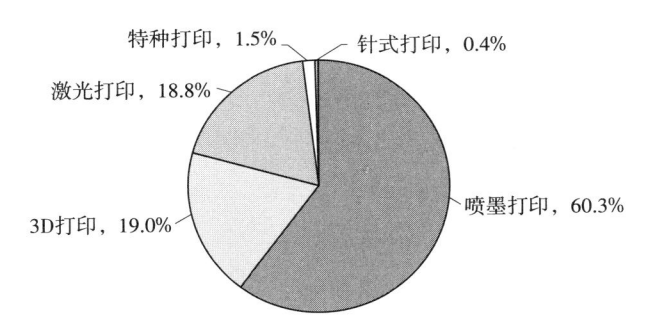

图 6-16 惠普打印设备产业各一级分支专利占比

考虑惠普目前专利申请重点方向，图6-17呈现了惠普2013—2022年喷墨打印和激光打印专利申请量及其占惠普全部打印耗材产业的比重情况。从惠普2013—2022年的打印耗材产业专利申请量变化趋势可以看出，近年来惠普打印设备产业专利申请量先升后降，2018年，激光打印和喷墨打印专利申请量达到峰值，当年激光打印申请量占该公司激光打印总申请量的21.6%，喷墨打印申请量占该公司喷墨打印总申请量的9.4%。2019—2022年激光打印年申请量反超喷墨打印，惠普传统打印研发有所转移。

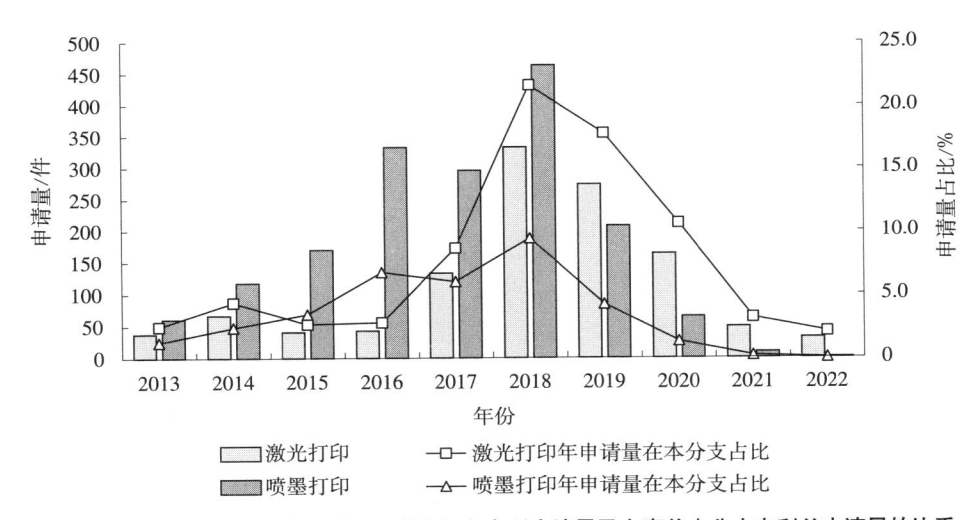

图 6-17 2013—2022年惠普喷墨和激光打印专利申请量及占惠普本分支专利总申请量的比重

2010年，惠普与Stratasys公司合作，由Stratasys公司为其贴牌生产惠普品牌的3D打印机，这种伙伴关系在2012年结束，惠普开始自研3D打印机。2014年10月29日，惠普宣布研发成功多射流熔融技术（Multi Jet Fusion，MJF），这是其商用3D打印解决方案的核心技术。2016年，惠普正式推出Multi Jet Fusion 3D打印解决方案，包括HP Jet Fusion 3D 3200和HP Jet Fusion 3D 4200两款机器。2017年11月13日，惠普推出其3D打印机迭代版——HP Jet Fusion 3D 4210，并发布PA11在内的3种新材料。2018年，惠普发布全彩3D打印——HP Jet Fusion 300/500系列。2018年，惠普与广东兰湾智能科技有限公司合作，成立亚太地区最大的3D打印中心。2019年，基于Multi Jet Fusion多射流熔融3D打印技术，惠普再次推出新品Jet Fusion 5200。2022年9月12日，惠普正式推出全新黏结剂喷射金属3D打印机Metal Jet S100，并在2022年美国国际制造技术展（IMTS）上首次亮相。

如图6-18所示，惠普在2012年便开始申请3D打印相关专利，至检索日已有1500余件，其中600余件为2018—2022年申请，2016—2019年3D打印耗材产业专利量均在200件以上。与传统打印各分支专利申请量相比，惠普研发重心明显向3D打印转移。

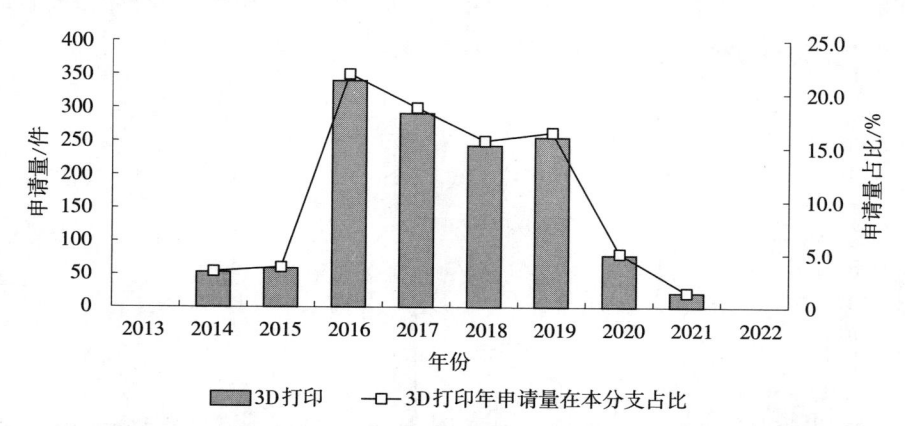

图6-18 2013—2022年惠普3D打印专利申请量及占惠普本分支专利总申请量的比重

（三）全球专利布局

图6-19为惠普在各目标市场的打印耗材产业专利分布情况，惠普的技术布

局于美国本土较多，布局专利量占惠普打印耗材产业专利量的近三成。惠普在WIPO、欧洲和中国也有大量的专利布局，均有一成及以上的专利流向这三个国家/地区。此外，分别有8%和6%的专利布局于日本和韩国，还有23%的专利流向德国、巴西等其他34个国家/地区。惠普打印耗材产业专利布局相较于佳能更侧重于除本土外的其他国家/地区，共布局近七成的专利。

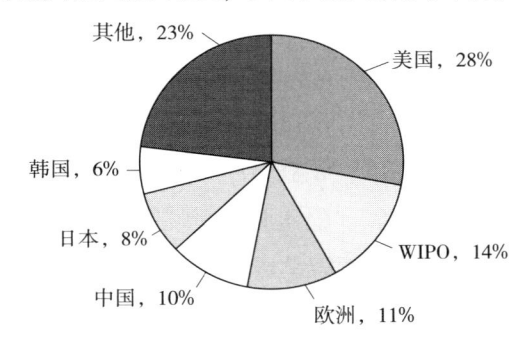

图6-19 惠普打印耗材产业目标市场专利分布情况

## 三、Stratasys公司对于我国打印设备企业的启示

美国Stratasys公司是专门开发3D技术的打印机公司，该公司在高速发展的3D打印产业中始终处于领导地位。

### （一）技术布局

1988年，Stratasys公司创始人Scott Crump发明了3D打印最核心的熔融沉积成型技术——FDM技术，并于次年获得该技术专利，同年成立Stratasys公司。1992年，Stratasys公司售出了首批基于FDM的"三维建模"机器。1996年，推出"Genisys"，第一次使用了"3D打印机"的称谓。2002年，Stratasys公司推出第一款价格低于3万美元的3D打印机。2008年，Stratasys公司推出第一款可用于工业生产的3D打印机。2011年5月，Stratasys公司收购了高精度3D打印机生产商Solidscape公司。2012年，Stratasys公司宣布与Objet公司合并为Stratasys Ltd公司，并于同年末上市。2013年，Stratasys公司收购桌面级3D打印服务企业MakerBot公司。2014年，Stratasys公司推出第一款彩色多材料3D打印机。同年，收购了两家在美国非常有名的3D打印服务公司——Solid Concepts公司和Harvest Technologies公司，加上Stratasys公司已经有一家3D打印输出服务子公司RedEye公司，Stratasys公司极大增强了在打印服务市场的实力。2016年，Stratasys公司推出一款高精度、多颜色、多材料3D打印机Stratasys J750。

截至2022年底，Stratasys公司共有上千件3D打印专利，占该企业全部专利申请量的近八成，而喷墨打印和激光打印专利均仅有百余件，3D打印专利申请主要集中在2010年之后，3D打印专利申请呈加速增长态势，2010—2016年更是呈直线型增长，年均增速高达38%，在2016年达到年申请量峰值195件。2017年和2018年虽然有所下降，但申请量均在百件以上（见图6-20）。在Stratasys 3D打印专利申请量增长较为迅速的阶段，企业也完成了一大批在3D打印相关领域具有一定影响力的企业的收购。

从Stratasys打印耗材产业三级分支来看，无论是全部专利申请量、2018—2022年专利申请量，还是处于有效状态的专利量，占据主导地位的仍然是3D打印三级分支，且以中游制造方法为主，专利申请量前四分支均来自中游制造方法。上游材料专利申请量次之，主要有SLA材料和LOM材料专利。从检索结果来看，下游应用领域相关专利仅有机械应用涉及的21件。

从专利申请量来看，数量最高的为FDM设备分支，这与Stratasys公司以FDM技术起家并围绕该技术进行研发相匹配。截至检索日，FDM设备共有699件专利，且2010—2019年年申请量均在20件以上，2016—2018年年申请量均为100件及以上。FDM同样是2018—2022年专利申请量和有效量最多的分支，2018—2022年专利申请量占比和有效量占比分别为57%、31%。3D打印中，专利申请量排名第二位的三级分支为3DP设备，共提交专利申请530件，其中69%为2018—2022年申请。

从2018—2022年专利申请量占该分支全部专利申请量的比重来看Stratasys公司的技术创新热点方向，占比最高的为3DP材料，达100%，但其专利申请总量仅为16件，且均是在2018年提交申请。除3DP材料外，共有七个分支2018—2022年申请量占比均在40%及以上，且全部专利申请量均在200件

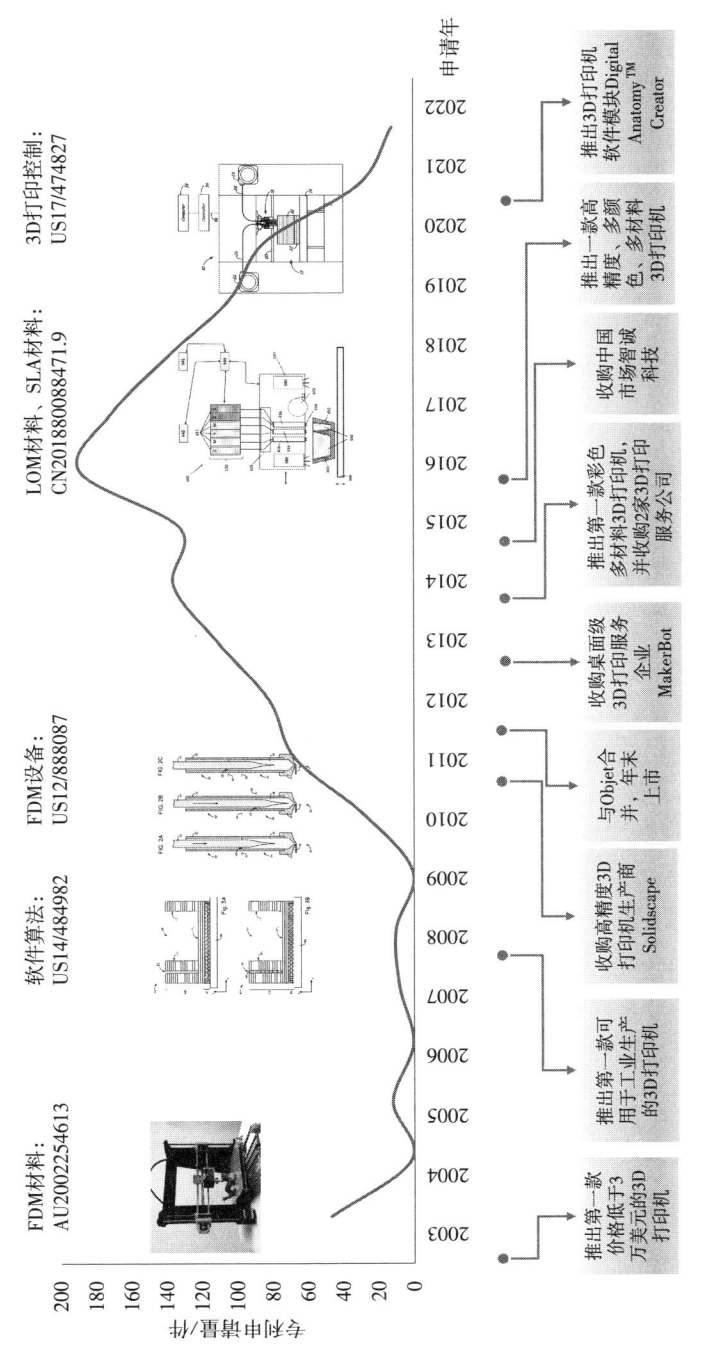

第六章　我国打印设备产业的发展建议

图6-20　Stratasys 3D打印发展历程和专利申请趋势

左右及以上。其中，SLA 设备共有 245 件专利，79% 为 2018—2022 年申请；SLA 材料、3DP 设备 2018—2022 年专利申请量占比均为 69%，SLA 材料共有专利申请 240 件；FDM 设备、LOM 设备和 LOM 材料 2018—2022 年专利申请量占比均超 50%。结合总专利申请数量和 2018—2022 年专利申请占比可以看出，Stratasys 公司的研发热点方向偏向于 SLA 设备、SLA 材料和 3DP 设备。

从有效量占全部专利申请量的比重来看 Stratasys 公司的核心技术集聚方向，占比最高的仍然是专利量仅有 16 件的 SLS 材料。除此之外，占比在 50% 以上的有 3D 打印控制、机械应用、软件算法、SLS 设备，但仅有 SLS 设备专利申请量超 200 件，其余三分支专利申请量均不足 100 件，其中机械应用仅有 21 件。有效量占比相对较高的还有 FDM 设备和 3DP 设备两分支，均有 20% 以上专利处于有效状态。SLA 材料、SLA 设备均有 200 余件专利申请，但有效量占比分别为 15%、12%，均不足两成。综上所述，Stratasys 公司的核心技术方向主要偏向于 SLS 设备、FDM 设备、3DP 设备（见图 6-21）。

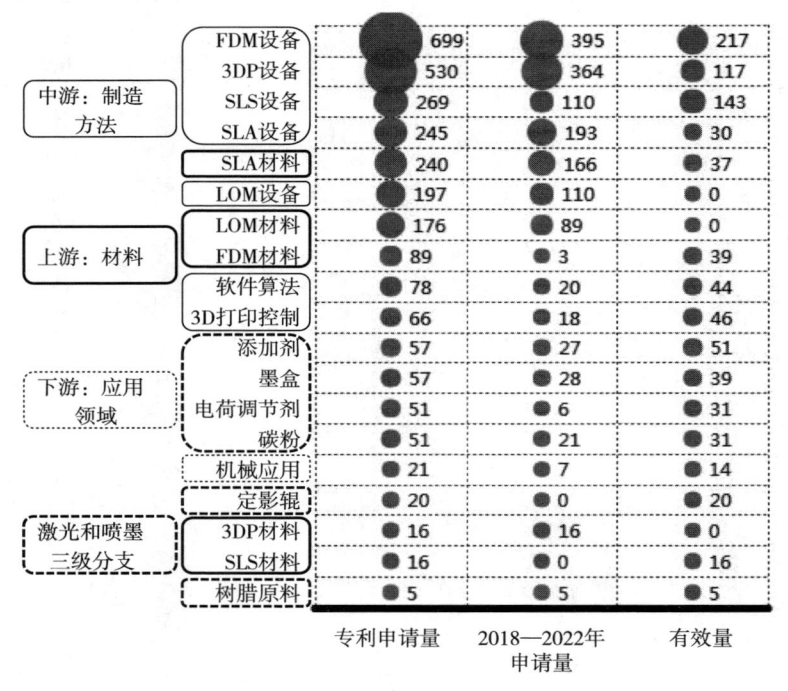

| 分类 | 技术分支 | 专利申请量 | 2018—2022年申请量 | 有效量 |
|---|---|---|---|---|
| 中游：制造方法 | FDM设备 | 699 | 395 | 217 |
|  | 3DP设备 | 530 | 364 | 117 |
|  | SLS设备 | 269 | 110 | 143 |
|  | SLA设备 | 245 | 193 | 30 |
| 上游：材料 | SLA材料 | 240 | 166 | 37 |
|  | LOM设备 | 197 | 110 | 0 |
|  | LOM材料 | 176 | 89 | 0 |
|  | FDM材料 | 89 | 3 | 39 |
|  | 软件算法 | 78 | 20 | 44 |
|  | 3D打印控制 | 66 | 18 | 46 |
| 下游：应用领域 | 添加剂 | 57 | 27 | 51 |
|  | 墨盒 | 57 | 28 | 39 |
|  | 电荷调节剂 | 51 | 6 | 31 |
|  | 碳粉 | 51 | 21 | 31 |
|  | 机械应用 | 21 | 7 | 14 |
|  | 定影辊 | 20 | 0 | 20 |
| 激光和喷墨三级分支 | 3DP材料 | 16 | 16 | 0 |
|  | SLS材料 | 16 | 0 | 16 |
|  | 树脂原料 | 5 | 5 | 5 |

图 6-21 Stratasys 打印耗材领域专利核心技术分布（单位：件）

第六章　我国打印设备产业的发展建议

## （二）全球专利布局

Stratasys 公司 3D 打印领域各技术分支专利主要通过 PCT 途径申请。Stratasys 公司在 FDM 设备专利申请量最多，其中 58% 的专利是通过 PCT 申请的方式获得保护，29% 的专利布局于本国，该分支流向中国的专利仅占 4%。3DP 设备是 Stratasys 公司技术研发第二活跃分支，通过 PCT 布局专利 323 件，分别进入美国、中国和以色列。SLA 设备是专利申请量百件以上且 2018—2022 年创新较为活跃的热点技术，通过 PCT 布局专利申请 145 件，占 Stratasys 公司 SLA 设备全部专利申请量的 59%。

Stratasys 公司 3D 打印领域各技术分支流向中国市场的专利分布较为均衡，除 LOM 设备、软件算法和机械应用无专利流入中国外，其余十分支均有专利，其中专利量最多的为 SLA 设备，共有 77 件专利。其次为 3DP 设备和 SLA 材料，分别布局专利 41 件、33 件（见图 6-22）。

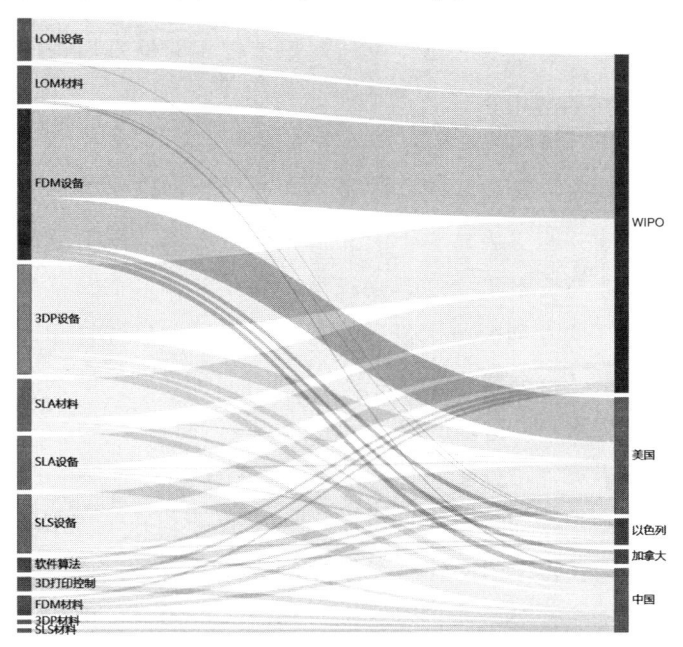

图 6-22　Stratasys 3D 打印领域各技术分支专利流向

# 结 语

中国进入"十四五"时期以来,大力发展现代产业体系,推动经济体系优化升级,既是建设现代化经济体系、推动经济高质量发展进入新发展阶段的必然要求,也是重塑我国产业竞争新优势、构建新发展格局的重要举措。为探索互联网、新一代人工智能、大数据与制造业深度融合,推动"中国制造"向"中国智造""中国创造"跃升,打印设备产业专利导航有了其必然存在的时代要求与市场需求。对产业和知识产权相关信息情报的综合研究必须充分立足战略和全局的高度,准确把握中央关于加快发展现代产业体系、落实经济体系优化升级的战略内涵和决策部署。

经过多年的发展,目前我国打印设备产业的发展已经取得瞩目成就。通过自主研发、企业并购等方式,不断完善产业链布局,逐渐涌现出一批行业领先企业,其产业与技术集中度越来越高,并在世界多个国家和地区进行了大量的专利布局。从专利的申请量和持有量出发,在传统打印产业,我国打印设备产业专利量已占全球总量近半数;在3D打印产业,我国的专利持有量更是处于世界领先水平。这样的成就反映在了我国打印企业的市场认可度上,诸如天威、纳斯达等打印企业的产品先后获得ISO 90001、ISO 14001、RoHS、Reach等国家权威安全认证标准,其打印耗材产品不仅在中国市场上立足,更是销往世界各国,获得了国内外消费者的认可。

随着技术的不断升级以及世界各国对知识产权的日益重视,专利技术的争夺与世界政治经济格局演化交互影响,逐步成为高科技企业竞争的主要战场,深刻影响国际力量对比,也成为决定国家未来和竞争优势的关键。国内国际竞争格局也有微妙的变化，但总体随市场对打印行业需求的变化而调整，同时全球打印产业结构也在不断优化。近年来，国内国际市场龙头企业对打印产业的投资均聚焦3D打印设备和3D打印应用。未来随着云计算、大数据、5G等新一代信息技术的发展，我国打印设备产业仍能实现全球信息技术和产业新一轮分化和重组带来的弯道超车。

一个国家及地区在一个产业的竞争能力及市场广度决定了其技术原创实力，也决定了该产业的竞争格局。放眼传统打印市场和3D打印市场的国际竞争格局，不难发现，在打印机及耗材产业，日本、美国在技术来源分布、技术布局及创新主体数量上遥遥领先，但在创新主体活跃度上，中国申请人较全球龙头申请人更甚。综观国内市场，广东省、浙江省、江苏省、上海市抢占前排座席，这与当地省市科技政策、科技布局紧密联系。

打印设备产业结构优化并非一朝一夕，需要围绕产业链部署科研链、研发链、产品链，最后完整交付创新链，并将全球龙头企业的技术路线作为产业调整的参考。专利导航理念对专利导航产业的发展起着重要的思想指导作用。因此，专利导航产业的发展要始终坚持专利导航理念，将专利导航理念引入产业技术发展规划中，运用专利分析引导产业创新发展，促进产业结构优化升级，提高产业的竞争力和创新驱动能力，加强对产业发展的思想引领，实现产业的高端转移升级。作为一项根植于创新发展、服务于创新发展的工作，专利导航从产业发展的现状入手，梳理产业布局，分析产业发展现况及趋势，揭示产业的整体发展态势，基于专利数据，运用专利制度的信息功能和专利信息分析技术来引导产业发展。打印设备产业专利导航可通过完善数据来源、把握检索策略、找准检索关键词来实现，可以发挥打印设备专利信息分析对于产业运行决策和企业经营决策的引导作用和专利制度对于产业创新资源的配置作用，提高产业创新效率和水平，更好地防范和规避产业知识产权风险，强化产业和企业在知识产权方面的竞争力，提升产业创新驱动发展的能力。

本书以专利导航为视域，梳理了打印设备产业专利导航的内容，综合了专利预警等具体应用场景，实现了依托大数据将聚焦于专利权保护的分析拓展到全面支撑创新发展决策的分析，有效地将专利信息与产业现状、发展趋势、政策环境、市场竞争等信息相结合。同时，以路径导航的方式将专利信息运用提升到有效配置创新资源的制度层面，通过提供全面的打印设备专利信息和技术趋势分析，明确中国之于全球打印设备产业竞争格局的定位，掌握知识经济深入发展的经济全球化进程节点，紧跟抓牢打印设备产业专利申请热点和布局方向，提升专利核心技术协同创新能力，促进行业高质量协作，优化调整打印设备产业的产业结构，从而给国内打印设备企业提供在相关技术领域进行技术革新和产品革命并向全球化发展的路径，也为各省市制定符合当地具体情况的科技政策，推动当地产业升级提供充分的参考依据。

提升打印设备产业链供应链包括稳定性和竞争力在内的现代化水平，畅通产业循环，是推动"中国制造"向"中国智造""中国创造"跃升的重要抓手之一。前路漫漫，道阻且长，行则将至。不可否认，中国在打印设备产业的突围之路仍有众多荆棘和坎坷，通过打印设备产业专利导航的引航，中国各打印设备企业不仅要学习国内外龙头打印企业的技术升级路线，还要吸收借鉴其布局策略和对专利、技术以及产品的突围机制。行而不辍，未来中国打印设备产业必将再创辉煌。